西北高教评论

第十卷

宋觉 主编

中国社会科学出版社

图书在版编目(CIP)数据

西北高教评论．第十卷／宋觉主编．—北京：中国社会科学出版社，2023.10
ISBN 978-7-5227-2745-5

Ⅰ．①西…　Ⅱ．①宋…　Ⅲ．①高等教育—文集　Ⅳ．①G64-53

中国国家版本馆 CIP 数据核字(2023)第 218061 号

出 版 人　赵剑英
责任编辑　郭如玥
责任校对　周　昊
责任印制　郝美娜

出　　版　中国社会科学出版社
社　　址　北京鼓楼西大街甲 158 号
邮　　编　100720
网　　址　http：//www.csspw.cn
发 行 部　010-84083685
门 市 部　010-84029450
经　　销　新华书店及其他书店

印　　刷　北京君升印刷有限公司
装　　订　廊坊市广阳区广增装订厂
版　　次　2023 年 10 月第 1 版
印　　次　2023 年 10 月第 1 次印刷

开　　本　710×1000　1/16
印　　张　21.75
插　　页　2
字　　数　357 千字
定　　价　128.00 元

目　　录

高教理论

高教管理

教学研究

思政课程与课程思政

研究生教育

Contents

Higher Education Theory

Higher Education Management

Teaching and Learning

Ideological and Political Education

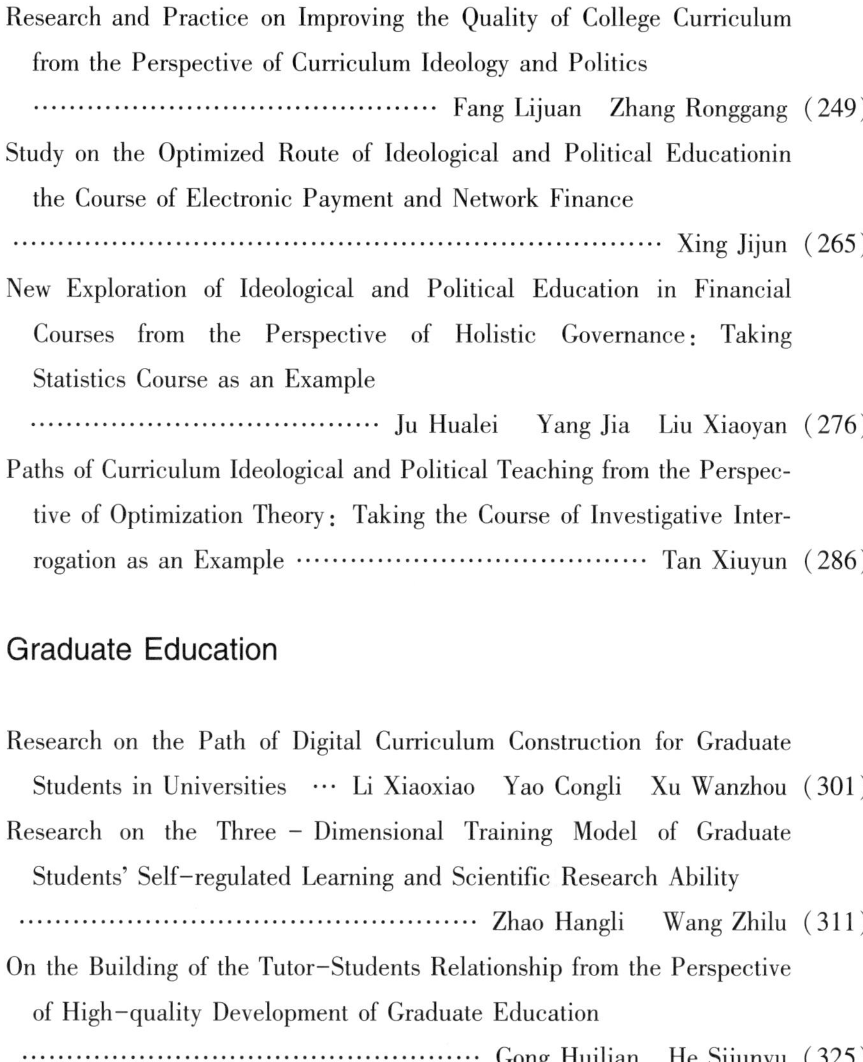

Graduate Education

高教理论

新时代高校教师课程思政能力培养机制探析*

王若梅**

摘　要：高校教师课程思政能力是影响课程思政课程效果的决定性因素，是成为大先生不可或缺的重要方面。鉴于当前存在的突出问题，高校教师课程思政能力培养机制构建主要应注重：强化顶层设计；成立推进课程思政工作领导小组；研制新时代高校教师教学能力框架体系；形成蕴含思政元素的教师培训、评价、激励等制度架构；为提升教师课程思政能力创设必要的条件；切实发挥校院两级及有关职能部门的联动作用等。

关键词：新时代；高校教师；课程思政能力；培养机制

自2016年习近平总书记在全国高校思想政治工作会议上首次提出各类课程与思想政治理论课同向同行以来，“课程思政”已成为新时代提高人才培养质量的重要着力点。2018年《教育部关于加快建设高水平本科教育全面提高人才培养能力的意见》指出，“强化课程思政和专业思政。在构建全员、全过程、全方位‘三全育人’大格局过程中，着力推动高校全面加强课程思政建设，做好整体设计，根据不同专业人才培养特点和专业能力素质要求，科学合理地设计思想政治教育内容。强化每一位教师的立德树人意识，在每一门课程中有机融入思想政治教育元素，推出一批育人效果显著的精品专业课程，打造一批课程思政示范课堂，选树一批课程思政优秀教师，形成专业课教学与思想政治理论课教学紧密结合、同向同行的育人格局”。2019年，党中央首次召开以办好学校思想政治理论课

---

* 基金项目：2022年度陕西省教师教育改革与教师发展研究项目“高校教师课程思政能力培养机制研究”（项目编号：SJS2022YB037）。

** 王若梅：西北政法大学教务处副处长，研究员，硕士生导师，研究方向为高等教育评估、高校教师与教学。

为主题的座谈会，会上习近平总书记再次强调，要坚持显性教育和隐性教育相统一，挖掘其他课程和教学方式中蕴含的思想政治教育资源。上述一系列关于课程思政的要求实际上直指广大教师的课程思政能力。立德树人的人必先立己，高校教师作为高等教育人才培养的主力军，是完成立德树人任务不容忽视的重要力量，这就要求高校教师必须具备涵盖课程思政能力在内的多元教学能力，即能够在进行专业知识教学的过程中，潜移默化地融入思想政治教育。这是时代赋予高校教师的重要使命。

从目前研究领域来说，虽然近年来课程思政已成为我国高等教育教学领域研究的重点及热点，吸引了众多研究者的目光，他们聚焦课程思政的内涵、价值意蕴、理论基础、特点、难点、关键环节、制度构建、生成路径、课程思政与思政课程的同向同行等方面，取得了大量的研究成果，但研究视角相对单一，主要是立足于政府及高校管理视角展开的研究，从某种意义上说，对课程思政的研究尚未形成立体化、多维度观察的态势。

本研究认为，课堂是人才培养的主阵地，广大教师是课程思政的第一实践主体，是课程思政得以持续有效推进的核心和关键，课程思政要想切实在高校取得实质性效果，必须充分依赖该群体。从现实路径而言，课程思政应成为我国广大高校教师具备的一项教学能力，只有将其纳入教师教学能力范畴，使教师认识到推进课程思政是自身义不容辞的责任与义务时，课程思政方能行稳致远。从这个意义上说，把课程思政能力纳入教师教学能力范畴加以研究和分析，是优化课程思政研究及实践的又一重要视角。然而，当前立足于教师自身教学能力建设视角的研究却较为匮乏，使其形成稳定长效机制的成果更是寥寥无几。从这个意义上说，当前的课程思政研究仍略显滞后，相关研究亟待加强。

一 高校教师课程思政能力内涵与特征

（一）课程思政能力的内涵

对于课程思政能力的解读应基于“课程思政”和“教学能力”两个概念。笔者赞同有研究者将“课程思政”理解为“在所有的课程教学中将知识传授与价值引导有机统一，提炼出课程中蕴含的爱国情怀、社会责任、文化自信、人文精神等价值范式，使学生在认知、情感和行为方面有正确的方向"[①]。关于教学能力的研究，历史较长，多年来从心理学、教育学、社会学视角加以展开的均有，其中，心理学研究的"个性心理特征说"认同者最多，基于此，本研究的教学能力也偏重于从心理学出发，主要指的就是广大教师为顺利完成教学活动所必需的知识、技巧、心理特征和个性特征的内在功能体系，是教师的个性、创造性与教学要求的内在统一，是一般能力与特殊能力的结合，有助于卓有成效地达到教学目的。有研究指出，国内外研究表明教师的教学能力是影响教学效果的教师因素中最直接、最明显、最具效力的因素。[②]

基于以上认知，本研究认为，课程思政能力是我国高校教师教学能力体系的有机组成部分，是高校教师应具备的教学能力之一。它具备一般性教学能力的基本特征，具体而言，课程思政能力就是各学科教师在大思政格局下，秉持教书育人理念，强化课程内涵建设，为促进学生知、情、意、行的统一，能够主动充分地挖掘多样化思政元素融入专业教学的意识与行动，以及确保该项行动得以顺利实现的本领，进一步说，就是教师个体为顺利达成立德树人目标的个性心理特征、知识、技能的综合体。该能力是广大教师个人能力结构的有效挖掘、拓展与提升，深刻影响着立德树人教学活动的效率，是影响课程思政效果最具决定性的因素，是成为塑造学生品格、品行、品位"大先生"不可或缺的重要方面。[③]

（二）课程思政能力的特征

首先，看普遍性的一面。古今中外的经验表明，课程作为人才培养的基本手段，其发展的应然状态应该是实现其理性价值和工具价值统一、科学教育与人文教育的融通，这即是"思政课程"到"课程思政"同向同行重要的理论基础，也是高校教师教学能力发展重要的理论指导。基于此，课程思政能力应是我国高校教师能力系统不可或缺的一个方面，离开了该能力，高校教师的能力结构则是不全面、不完备的，教书育人的

---

① 肖香龙、朱珠：《"大思政"格局下课程思政的探索与实践》，《思想理论教育导刊》2018 年第 10 期。

② 余承海、姚本先：《论高校教师的教学能力结构及其优化》，《高等农业教育》2005 年第 12 期。

③ 习近平寄语教师金句：要成为塑造学生的"大先生"（2018-09-07）［2020-06-10］，http：//cpc. people. com. cn / xuexi / n1 / 2018 / 0906 /c421030-30276689. html。

“育人”在一定程度上无法有效落到实处。从这个意义上说，课程思政能力应是高校教师教学能力的有机组成部分。

其次，从特殊性来看，课程思政能力既是一般教学能力的有机组成部分，又高于一般性教学能力，这是其特殊性的第一个方面。之所以这样说，主要是从能力达成的教学效果来看。课程思政能力的效用不在知识技能方面，主要在于思想品质、情感意志方面，在于使学生求真求美的心灵得到浇灌，正如有研究指出的那样，“课程思政”呼唤“深度教学”，用以揭示课程知识所蕴含的文化属性与文化精神，实现课程涵养学生精神成长的文化价值。大学课堂教学不能止步于高深知识，而是要通过坚持合规律性与合目的性相统一、事实与价值相统一的原则，将课程知识背后的“智慧与德性”呈现出来。[①] 从这个意义上说，课程思政能力高于一般性教学能力，是一种高层级的教学能力。很难想象，仅具有一般性教学能力的教师能够培育出德才兼备的、具有使命担当意识的高素质人才。

此外，与一般教学能力相比，课程思政能力的特殊性还表现在获取难度更大、历时更长。与相对稳定、单一的专业化的知识体系相比，任何一门专业课的课程思政所涉内容都是丰富的、多样化的，课程思政本身对学生开展的并不是相对集中的专业知识技能教育，而是中国特色社会主义理论和中国梦教育、社会主义核心价值观教育、法治教育、劳动教育、心理健康教育、中华优秀传统文化教育等方面的有机统一，是政治认同、家国情怀、道德修养、法治意识、文化素养等教育的有机统一，从这个意义上说，课程思政能力的培养将是对相关部门管理智慧的极大考验，同时也是对教师个人学习能力的极大考验。

（三）课程思政能力的构成

本研究认为，高校教师课程思政能力主要由以下三个部分构成：

第一，课前挖掘、获取本专业课程思政元素的能力。该能力指的就是教师课前在备课过程中，能够努力打开思路，从与本专业教学密切相关的知识体系中对思政元素进行收集、鉴别、提炼、整合以及在已有的教学资源中学习、获取等等，这是课程思政能力的首要方面。“课程思政”取得

---

① 伍醒、顾建民：《“课程思政”理念的历史逻辑、制度诉求与行动路向》，《大学教育科学》2019 年第 3 期。

实效的关键在于引导高校教师立足专业课程自身特点，挖掘专业知识蕴藏的人文精神与科学精神，激活专业课程内涵的教化功能，将内隐的价值理念进一步外化为师生的外在表现。这种挖掘具有较大的难度，它需要跨越多个学科、具备多样化的知识背景，仅凭教师个体一己之力，只能是简单的、粗线条的。同时，在已有的教学资源中去甄别选取，对教师的能力也是一种考验，何况目前不少学科教师课程思政可借鉴的资料仍然明显不足。所以，目前虽然课程思政得到了广大教师的深刻认同，实践中也取得一定效果，但是问题也显而易见，首当其冲的就是有相当一批专业课教师对于课程思政元素挖掘及获取能力薄弱，使课程思政和专业教学的结合停留于肤浅呆板的表层，这已成为课程思政深入持久推进的痛点、堵点。

第二，课中将思政元素与专业知识教学融会贯通的能力。该能力是指教师在进行专业课教学中，能够合理安排教学内容，充分恰当地掌握教学进程，深入浅出而巧妙自然地将思政元素加以融入，且整个进程能够做到得心应手、不露出刻意为之的痕迹，这是课程思政能力的关键，也深刻影响着教学效果。诸多研究表明，目前课程思政教学中最突出的不足就是课程思政和课程教学“两张皮”，专业知识教学与课程思政成了相对独立的两个部分，不能有效合二为一使学生在进行知识学习的同时也潜移默化地得到思想品质的锤炼，其结果就是课程思政生硬、不自然，某种程度上流于形式，引不起学生兴趣，教学效果因而也大打折扣。

第三，课后开展课程思政教学反思能力。教学反思能力原本是教师教学能力的重要组成部分，是教师对教学理念及教学方式的再思考、再认识，是教师提高教育教学能力的有效途径，是教学论中教师教学能力有效发展的重要经验。本研究认为，对于高校教师课程思政能力而言，同样存在教学反思问题。所谓课程思政教学反思能力就是教师在课后能够主动充分地回忆教学进程中课程思政开展细节，在“量”的方面，回望其中课程思政的意味够不够，如果不够，可能的突破点在哪里；在“质”的方面，总结其中具有合理性可继续坚持的一面，同时更主要的还在于剖析开展生硬刻板的一面，以及今后如何加以克服。在课程思政能力建设难度凸显的情况下，依靠教学反思能力开展教学反思是不断提升课程思政能力行之有效的方式之一。

二　高校教师课程思政能力培养现状及问题

（一）个人方面

1. 教师个体对于提升课程思政能力缺乏应有的认识

长期以来，受惯性思维影响，相当数量的高校专业课教师对人才培养存在认识上的误区，不少人认为，学生思想政治教育应由专门的思政教师进行，专业课教学主要是向学生传授专业知识与技能，这种简单割裂的育人观没有从根本上认识到任何一位教师的根本职责都是要将学生塑造成一个有理想、有情怀、有担当的大写的人。在这种情况下，一些教师往往仅专注于专业领域的知识性教学，历练的也只是一系列专业教学能力，而缺乏塑造自身课程思政能力的主动性与积极性。

2. 教师个体对于提升课程思政能力仍处于一种自发自为的状态

虽然随着政策的持续发力，课程思政已得到广大教师的广泛认同和积极参与，但实事求是地说，这一过程还存在较明显的模糊性和盲目性。由于学校在相应政策建设方面反应迟缓、相对滞后，相应的制度要求尚不健全，不少学校总体是一种柔性推进，数量上可多可少，质量上也无更进一步的要求。导致教师对课程思政的推进在某种程度上处于一种摸索状态，对于思政元素的选择较为随意，缺乏深入调查和系统构想，碎片化的植入现象较为严重。上述情况下，教师个体课程思政能力提升主要处于一种自发自为的状态，有时甚至还存在形式大于内容的急功近利的问题。

（二）学校方面

1. 对培养教师课程思政能力尚缺乏清醒的认识

高校专业课教师获取课程思政能力本身具有相当的难度，仅靠教师自身的揣测、琢磨根本不能达到理想的状态，学校管理部门必须对此要有清醒的认识，主动作为，全面介入，进而将课程思政能力纳入全校教师发展战略加以统筹。但目前看来，很多学校在广大教师课程思政能力的塑造方面、认识上仍不够到位，无论是在长远的战略层面还是现实操作层面都还缺乏足够的重视，落实到行动上主要是应急式的下发文件提出一些具体要求，这种简单化处理的方式与教师课程思政能力的重要性相比极不相称，仅能应付一时之需，根本无法满足师资队伍建设长远战略性发展的需要。

2. 尚未形成卓有成效的课程思政能力培养机制

近年来，虽然在国家的明令要求下，课程思政得到广泛的推广与实施，但深层次的矛盾和问题也日益暴露出来，其中之一就是教师课程思政能力培养机制尚未有效形成，管理部门对课程思政要求多，实际对教师的帮扶不足，导致教师系统开展课程思政教学困难重重。有研究指出，由于缺乏系统布局，造成“思政元素”的重复或遗漏：一些知识点在不同课堂被反复提及，而另一些知识点却无人问津。① 事实上，无论从该能力获取的难度来说，还是从该能力的作用效力来说，课程思政能力建设绝对不只是教师个人的事或是某个教研室、某个学院的事，它归根结底应该是管理部门统筹规划综合施策的事情，应该是管理部门对国家政策的积极回应与全面融入，在体制机制层面形成战略性构想并付诸实施，其中牵涉到多个部门的有机协同与联动，仅仅依靠教师自身或教研室加以推动，显然远远不够，根本无法撼动既有的偏专业教学、轻课堂育人的教学模式。

三 构建高校教师课程思政能力培养机制的几点思考

上述分析表明，要想使课程思政长期植根于我国高校教育教学这片沃土，必须力戒一哄而上的盲目做法、短期行为，积极将其纳入高校教师能力建设范畴，遵循认识论的有关原则，冷静思考课程思政发生发展的机理，认真总结分析教师课程思政能力建设及发展规律，打造相关培养机制。事实上，目前多项研究结论或多或少都隐含了教师课程思政能力培养问题，如引用率较高的一项研究认为课程思政的推进策略主要是转换思政教育理念、构建大思政模式、形成教育共同体、开发课程资源②，而这四个方面无一不和教师课程思政能力培养密切相关。所以，打造相关培养机制必须尽快提上议事日程，只有在相关机制作用下，课程思政才有可能尽快在教师心目中生根发芽，才能使他们的专业教学自觉自然地聚焦于政治认同和国家意识、品德修养和人格养成、学术志向和专业伦理等方面的价

① 张弛、宋来：《“课程思政”升级与深化的三维向度》，《思想教育研究》2020 年第 2 期。

② 何红娟：《“思政课程”到“课程思政”发展的内在逻辑及建构策略》，《思想政治教育研究》2017 年第 5 期。

值引领。

（一）充分领会构建课程思政能力培养机制重要性及必要性，强化顶层设计

在构建教师课程思政能力培养机制问题上，学校领导及管理部门首先需要更新观念，提高认识。有研究指出，课程思政是解决教育首要问题的重要举措，是构建更高水平人才培养体系的有效切入，是完善“三全育人”格局的关键载体，高校“课程思政”已经到了升级与深化的关键期①。上述方面要想加快落实，从根本上离不开教师的课程思政教学能力，该能力与其育人成效密切相关，甚至是决定育人成效的第一影响因素，它直接关系到我们能够培育出怎样的人，这些人能不能顺利成为合格的社会主义事业的建设者和接班人，从这个角度说，教师的课程思政能力就会成为一个影响全局的大问题，有关管理人员必须充分认识开展教师课程思政能力建设的重要性及必要性，并积极加以研究和推进。

构建教师课程思政能力培养机制是一项系统工程，涉及多个部门和性质不同的诸多工作内容，为此必须强化顶层设计，这是构建教师课程思政能力培养机制的根本遵循。顶层设计应包括阶段性及长期的工作构想，不论是阶段性还是长远的设计，都应该充分考虑静态的组织保障、内容保障、制度保障、条件保障等方面，以及动态的部门之间的协同与联动。内容保障主要是新时代教师教学能力发展的创新及拓展；组织保障主要是成立促进相关工作的领导机构，统筹协调工作的有效开展；制度保障就是要设计涵盖教师课程思政能力建设的培训培养制度、考核评价以及激励制度等；条件保障主要是指为优化教师课程思政能力积极创设有利条件。部门之间的协同联动是切实落实有关上述系统性构想的重要方面，很难想象，单凭某个部门的一己之力能够有效推动组织、研究、设计、实践、评价等工作的有效开展。

（二）组织保障：成立推进课程思政工作领导小组

对于新时代人才培养质量而言，课程思政是影响全局的一项极其重要的工作，其意义与价值非同一般。有鉴于此，为了在短时间内能够有较明

① 张弛、宋来：《“课程思政”升级与深化的三维向度》，《思想教育研究》2020 年第 2 期。

显的进展，学校层面应积极寻求突破点，成立推进课程思政工作领导小组就是重要举措之一。该领导小组可依托本科教学指导委员会和研究生教学指导委员会，由主要校领导出任组长及副组长，成员应包括教务处、教发中心、宣传部、人事处、教学质量评价中心等多个职能部门的负责人，还应该包括有关思想政治教育专家及学科专家、学校教学指导委员会有关人员。教师课程思政能力培养应是该领导小组的重要工作任务之一，领导小组可以通过一系列非常规化手段等促进教师课程思政能力的提升，包括打造跨专业的教育教学共同体、组织多样化力量研制有关涵盖思政元素的教学资源库等。

（三）内容保障：研制新时代高校教师教学能力框架体系

为促使课程思政能力建设真正能够落到实处，必须打破传统认知，以创新性思维开展工作，聚焦中观及微观层面，积极研制新时代教师教学能力框架体系。该体系应坚持符合时代逻辑的教学能力构建观，拓宽并深化对专业教学能力的认识，将课程思政能力充分融入高校教师教学能力系统。在这样的能力框架中，课程思政能力具有一定的特殊性。这主要表现在：

当前，该能力是原有高校教师教学能力体系的重要补充，与其他教学能力是一种并存关系，应坚持课程思政能力与专业教学能力并重的原则，在对专业教学能力做出合理解析的同时，集中力量科学研究课程思政能力的系统内涵及构成要素，将前述提及的课程思政要素的挖掘及获取能力、课程思政融入教学的能力、课后课程思政教学反思能力等进一步细化分解，从而进一步下沉至操作层面。

未来，上述并存关系将进一步发展为融合关系，申继亮等研究认为，教学能力最终可归结为三种：即教学监控能力、教学认知能力、教学操作能力，① 随着人们对课程思政的广泛接纳以及实践层面的普遍推广和不断深化，课程思政能力体系未来将充分融会贯通在教学监控、认知、操作相关的各种具体教学能力之中，人们会在教学的全过程中，将教学活动本身作为意识的对象，不断地对其思政元素进行积极主动的计划、检查、评

① 申继亮、王凯荣：《论教师的教学能力》，《北京师范大学学报》（人文社会科学版）2000年第1期。

价、反馈、控制和调节，随时结合教学目标、教学任务、学习者特点、教学方法与策略以及教学情境等，对课程思政教学进行分析判断，随时结合课堂组织管理、教学手段等对课程思政的操作层面进行调整改进，到此时，课程思政能力就从外在的一种要求进而真正质变为内在的能力层面，成为教师个体素质构成的基本血液，比如课堂讲授能力的历练过程中，自然就会在内心深处不断唤起育人的元素和灵感，并且自然地和专业知识教学合二为一。

（四）制度保障：形成蕴含思政元素的教师培训、评价、激励等制度体系

1. 打造融汇思政要素的教师培训制度

当前，为确保高校教师都能够稳定获取并有效提升课程思政能力，学校教师培训体系必须进行创新和优化，这个体系涵盖的不仅仅是新教师的培训问题，还包括已入职较长时间教师的知识体系的更新和优化等问题。

首先，在培训工作的指导思想上，管理者必须提高站位，应切实站在造就一支德才兼备育人队伍的高度，使培训的主导思想或着眼点不应只停留于教育教学技能方面，管理者应主动地有意识地为优化教师课程思政能力积极创设条件。

其次，在培训内容设计上，组织涵盖多学科的专家集体攻关，分科类加强设计，重点围绕习近平新时代中国特色社会主义思想，党史、国史、改革开放史、社会主义发展史、宪法法律、中华优秀传统文化等方面设定课程模块，形成有关课程的课程思政能力提升指南。

再次，在培训组织管理上，需要管理部门从培训效果出发，充分做到刚性管理与柔性管理相结合，个别学习和集体辅导相结合，短期学习和长期学习相结合，特别是对于入职有一定年份的教师，要强调融课程思政、现代教育理念与技术等为一体的回炉再造。

2. 构建融汇思政元素的教学评价制度

由于教学评价以了解教师教学效果为目的，从而为教师的奖惩、晋升、改进等提供依据，具有甄别、诊断和发展功能，因此，该制度对教师的教学工作发挥着重要的指挥棒作用。为了促使教师切实将课程思政元素融入教学，当前的教学评价体系必须进行一系列与之相适应的改造。针对多主体、多层级的教学评价制度体系，改造的重点就是要对指标重新进行

研究和设计，将课程思政元素充分贯穿于多样化教学评价的主要指标之中，不仅应体现于教学内容评价之中，而且教学态度、教学方法、教学效果等方面都应有所体现。由此，一定程度上可以反向助推广大教师课程思政能力的提升。

3. 发展旨在促进课程思政教学的激励制度

课程思政是对高校整个教育教学领域具有深远影响的一项大工程，它是对原有教育教学秩序的积极性改造，如何使广大教师积极扭转专业课教学偏重于知识性教学的传统惯性做法，进而能够积极融入其中，在管理上必须运用一定的激励手段，这对于调动广大教师参与的主动性、营造重视课程思政教学的良好氛围很有必要，比如进行课程思政教学比赛、评比课程思政教学名师、选育课程思政教学团队等。2019 年国家印发的《关于深化新时代学校思想政治理论课改革创新的若干意见》指出，“整体推进高校课程思政，深度挖掘高校各学科门类专业课程蕴含的思想政治教育资源，解决好各类课程与思政课相互配合的问题，发挥所有课程育人功能，构建全面覆盖、类型丰富、层次递进、相互支撑的课程体系，使各类课程与思政课同向同行，形成协同效应。建成一批课程思政示范高校，推出一批课程思政示范课程，选树一批课程思政教学名师和团队，建设一批高校课程思政教学研究示范中心”。文件中就重点强调了示范激励效应。

（五）条件保障：为提升教师课程思政能力创设必要的条件

提升教师课程思政能力不仅需要多方发力，管理部门还应该想方设法地提供有力的经费、资源等条件保障，比如研制或引进红色资源数据库、涵盖思政元素的各专业教学资源数据库；努力为教师提供外出参与课程思政教学培训的机会；邀请教学效果突出的教师举办课程思政教学经验交流会，等等。在信息化时代，充分利用网络资源是确保课程思政得以推进的重要方面。特别是数字化资源保障是当务之急，在疫情背景下，线下会议、外出学习普遍受限，一些网络化的学习资源有利于突破时空界限，使广大教师能够得到切实有效的帮助。总之，提升教师课程思政能力工作的综合性、复杂性、长期性都说明，一定的物质条件保障不可或缺。

（六）行动提效：切实发挥校院两级等有关部门的联动作用

无论从哪一个角度来说，提高教师课程思政能力都是一项颇具难度的系统工程。首先，从课程思政的承担者来说，是数量众多的而且已经有了较强固定教学认知及模式的广大专业课教师，扭转其固有认知及传统教学模式的难度非同一般；其次，从课程思政实施过程来说，它一定程度上是对原有教学秩序的打破和重塑，教学设计、教学内容、教学组织等都存在较大程度的改造与重构，这一过程工作相当艰巨；最后，从课程思政的效果来说，是要将学生塑造成思想素质与专业知识并重的人才，人才培养目标达成的挑战性进一步加大。因此，提高各专业课教师的课程思政能力应是学校一项齐抓共管的重要工作，不仅各学院、各教研室应该积极行动起来，学校的相关职能部门也应该积极行动起来，在领导小组的带领下，形成充分沟通、协同联动的工作机制，这是课程思政能够在学校真正落到实处的必要之举。

Analysis of the Mechanism for Cultivating the Ideological and Political Ability of College Teachers in the New Era Curriculum

Wang Ruomei

Abstract: The ideological and political ability of university teachers in the curriculum is a decisive factor that affects the effectiveness of ideological and political education, and is an indispensable aspect of becoming an excellent university teacher. Given the current prominent problems, the construction of a mechanism for cultivating the ideological and political abilities of university teachers in curriculum should mainly focus on: strengthening top-level design; Establish a leadership group to promote ideological and political work in the curriculum; Develop a framework system for the teaching ability of university teachers in the new era; Establish a system framework for teacher training, evaluation, and motivation that incorporates ideological and political elements; To create necessary conditions for improving teachers'ideological and political abilities in the curriculum; Effectively bridge the efforts among the school, college, and relevant functional departments.

Keywords: new era; university teacher; curriculum ideological and political ability; training mechanism

大学治理现代化的研究图景及主题变化

——基于2014—2022年CSSCI源刊文献的分析

侯　佳　杨青茹　李　雁*

摘　要：大学治理现代化是高等教育在新时代实现高质量内涵式发展的必然要求。本研究运用SATI、Ucinet、Netdraw等研究工具，对2014—2022年CSSCI源刊中的103篇大学治理现代化研究文献进行多维度分析发现：大学治理现代化研究文献的年发文量整体呈上升趋势，同时存在"政策依赖"倾向；大学治理现代化研究仍处于初步探索阶段，具有明显的跨学科特征，且发文作者与发文机构的生产效率与合作频率均有待提升；大学治理现代化研究领域已形成一些核心内容，学者们较为关注的研究主题为大学治理与现代化、治理体系与治理能力，但研究深度有待增加；已有大学治理现代化研究以理论思辨为主，缺乏实证研究。通过描绘大学治理现代化的研究图景，结合国家宏观政策与大学治理实践，发现大学治理现代化的研究主题经历了从制度性与共治性到合法性与领导力，再到协同性与逻辑性的变化过程。提出了未来大学治理现代化的研究方向。

关键词：大学治理现代化；研究图景；主题变化

伴随着国家治理体系和治理能力现代化的深入推进，中共中央、国务院于2019年2月印发《中国教育现代化2035》实施方略，这是新中国成立以来第一个以"教育现代化"为主题的中长期战略规划，为新时代推进教育现代化、建设教育强国提供了明确的战略目标。大学治理现代化内蕴于教育治理现代化的框架之中，相关理论与实践已成为"教育之治"

* 侯佳，山西大学教育科学学院副教授、硕士生导师，教育学博士，研究方向：高等教育和教育管理。杨青茹，山西大学教育科学学院硕士研究生，专业方向：高等教育管理。李雁，山西大学教育科学学院硕士研究生，专业方向：高等教育管理。

的重要组成部分。为此，有必要分析大学治理现代化的研究图景，探索大学治理现代化研究的主题变化，指明大学治理现代化研究的未来方向。据目力所及，针对大学治理现代化这一主题进行专门研究的文章出现于2014年，这得益于《中共中央关于全面深化改革若干重大问题的决定》（以下简称《决定》）的出台。《决定》指出要“推进国家治理体系和治理能力现代化”，同时“深化教育领域综合改革”，推动了大学治理现代化研究的兴起。截至2022年，大学治理现代化的研究方法仍较为单一，多以理论思辨为主，缺少实证主义范式指导下的定量研究。基于此，本文将做文献分析，采用定量研究与定性研究相结合的方法，从年发文量、发文作者、发文机构、研究主题和研究方法五个方面，对2014—2022年CSSCI来源期刊中有关大学治理现代化研究的文献进行统计分析，以期对我国大学治理现代化的研究动态形成较为系统的认识。在此基础上，揭示不同阶段大学治理现代化研究主题的变化规律，推动我国大学治理现代化的研究与实践不断向前迈进。

一 研究设计

研究设计是开展研究活动和确保研究质量的关键环节，具体包括明确研究框架、选择研究方法与处理研究数据三项内容。

（一）分析框架

本文将从研究现状分析、研究主题变化、研究结论与启示三个方面对2014—2022年大学治理现代化的研究成果、特征及成因展开分析和探讨。第一，研究现状分析涉及大学治理现代化研究的时空分布、内容分布和方法分布三个维度，分析要素主要包括年发文量、发文作者、发文机构、研究主题和研究方法五个方面。第二，研究主题变化主要结合国家宏观政策背景、大学治理实践情况以及已有研究成果进行阐释。第三，研究结论与启示主要是归纳分析结果，并对未来研究方向进行讨论和展望。

（二）研究方法与工具

本文在统计有关大学治理现代化文献基本信息的基础上，综合使用内容分析法、聚类分析法和社会网络分析法，利用SATI、Ucinet、Netdraw

等研究工具对 2014—2022 年有关大学治理现代化研究的文献进行统计分析。作为一种定量研究方法，内容分析法主要是对文献的具体内容进行一系列客观系统的分析。对大学治理现代化研究文献进行内容分析，目的是从微观角度把握大学治理现代化研究文本中的本质性事实，揭示研究文本中所隐含的内容，并对未来研究方向进行预测。聚类分析法是将具有相似性质的研究对象聚为一类的统计分析方法。对大学治理现代化研究文献的主题进行聚类分析，有利于发现该研究领域的核心主题及各主题之间的亲疏关系。社会网络分析法是一种通过绘制可视化图谱来分析网络成员之间的关系，探讨网络结构和属性的数据分析方法。通过绘制大学治理现代化研究的社会网络图谱，可以从宏观角度探究该研究领域的社会关系结构及其属性，同时挖掘未来的研究热点。

在研究工具上，利用 SATI 软件对大学治理现代化研究文献的发文机构、发文作者以及关键词等分析对象进行提取，获得频次数据，在此基础上构建关键词共现矩阵，为绘制大学治理现代化研究的社会网络图谱提供数据源。利用 Ucinet 软件绘制大学治理现代化研究的关键词凝聚子群图谱，同时结合 Netdraw 软件生成大学治理现代化研究的关键词社会网络图谱，在可视化的基础上对该研究领域的整体属性、中心性和核心—边缘结构开展社会网络分析。

（三）数据来源与处理

在 CNKI 数据库高级检索中以“主题 = 大学治理现代化或篇名 = 大学治理现代化”“时间范围截至 2022 年 12 月 31 日”“来源类别为 CSSCI”为检索条件，共找到 155 条检索结果。在剔除会议综述、新闻报道、人物访谈等无关文献后，筛选出有关大学治理现代化研究的样本文献共 103 篇，样本期刊共 38 本。在获得样本数据后需对数据进行处理，具体步骤主要分为以下三步。第一步，将检索得到的 103 篇样本文献按照 SATI、Ucinet 和 Netdraw 软件能够识别的格式进行转化。第二步，选取不同数据源并运行不同的文献分析软件，得到共现矩阵、聚类图谱与社会网络关系图谱等。第三步，根据软件运行后得到的数据或图表进行分析，主要包括共现矩阵分析、凝聚子群分析和社会网络分析等，以期形成关于大学治理现代化研究的系统认识。

二 研究现状分析

本文围绕时空分布、内容分布和方法分布三个方面，从宏观和微观两个维度，由表及里、由浅入深地对有关大学治理现代化的研究现状进行分析，为进一步探讨大学治理现代化研究主题的变化奠定“循证”研究基础。

（一）大学治理现代化研究的时空分布

1. 时间分布

年发文量是反映某研究领域发展状况与研究水平的重要指标之一，分析年发文量能够对某一研究领域的变化情况与发展趋势进行判断，以进一步分析变化产生的深层次原因。通过对样本文献的发表时间进行统计，利用 Excel 软件绘制出 2014—2022 年大学治理现代化研究的年发文量趋势图（图 1）。从年发文量来看，2014—2022 年大学治理现代化研究的年均发文量约 11 篇，发文量最高的年份为 2021 年（15 篇），占比约为 14.56%；发文量较低的年份为 2017 年（8 篇），占比约为 7.77%。从年发文趋势来看，大学治理现代化研究的年发文量自 2014 年开始整体呈上升趋势。整体来看，大学治理现代化这一研究主题受到了学界广泛关注，并将持续发展成为未来的研究热点。同时，年发文量的变化趋势揭示出大学治理的研究与实践过程存在“政策化”倾向。结合大学治理现代化不同阶段的时代背景和现实环境来看，国家的政治制度、经济体制、文化观

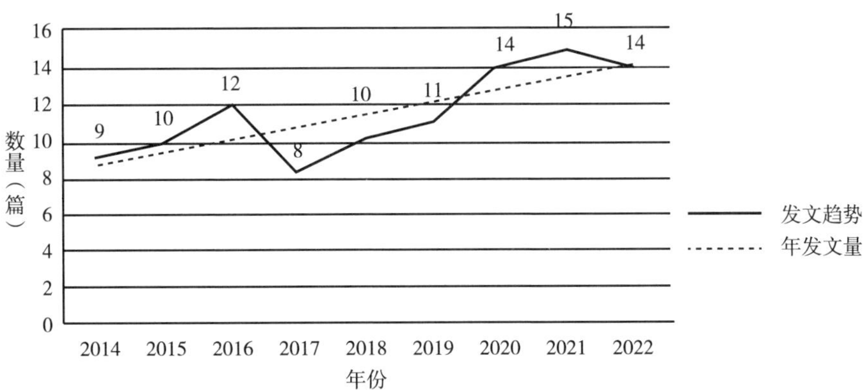

图 1 2014—2022 年大学治理现代化研究年发文量趋势图

念等因素影响着高等教育政策的变革，进而影响了大学治理现代化的进程，体现出我国高等教育政策变迁背后蕴含的制度结构逻辑。由于制度改革和政策变革之后会产生学习效应和协同效应，我国大学治理现代化过程中存在着明显的“政策化”现象，加之相关高等教育法律的供给不足，导致大学治理现代化的研究与实践呈现出“政策依赖性”特征。

2. 空间分布

（1）发文作者

发文作者分析能够揭示某一研究领域中的学术研究群体和核心研究力量，主要包括作者生产力状况、核心作者测定和作者合作情况三个方面。据统计，103 篇样本文献的发文作者共计 131 人。在作者生产力状况方面，根据洛特卡定律对发文作者及其发文量进行统计，得到大学治理现代化研究的发文作者分布表（表 1）。由表 1 可知，发文量为 2 篇及以上的作者数占发文量为 1 篇的作者数比例均低于定律所规定的标准比例，这表明大学治理现代化研究领域发文作者的生产力偏低。在核心作者测定方面，根据普赖斯定律计算得知，发文量达 2 篇及以上的作者为该研究领域的核心作者。在大学治理现代化研究中，发文量达 2 篇及以上的作者共计 14 人，发文量共 29 篇，低于总发文量的 50%（占比约 28.16%），说明大学治理现代化研究的核心作者群尚未形成。在作者合作情况方面，发现与他人存在合作关系的作者共计 76 人（占比约 58.46%）。在合作形式上，主要为 2 人之间的合作（占比约 29.13%）。在发文作者网络中，中心度较高的作者有 9 位，分别为肖念、王绽蕊、齐书宇、陆风、崔华华、王一宁、管培俊、阎凤桥、曹晓婕。这些作者不仅与机构内的其他作者进行了合作，而且与其他研究机构的作者建立了合作关系，是大学治理现代化研究领域的重要力量。大学治理现代化研究领域的学者们具有不同的学科背景，包括政治学、公共管理、法学、经济学等。由于有关治理的研究兴起于政治学领域，大学治理现代化研究一开始就具备明显的跨学科特征，这也在某种程度上揭示了大学治理现代化实践过程中的复杂性与特殊性。总体来看，大学治理现代化研究还未形成能够持续展开工作且具有一定影响力的研究团队。同时，该研究领域的学者们从不同的理论视角出发，采用不同的研究方法得出自己的结论，其生产效率与合作关系均有待进一步提升。

表 1　　2014—2022 年大学治理现代化研究发文作者分布表

发文量	作者数	占全部作者数的比例	占发文量为 1 篇的作者数比例	洛特卡定律规定的标准比例
1 篇	117 人	89. 31%	100%	—
2 篇	11 人	8. 40%	9. 40%	25%
3 篇	2 人	1. 53%	1. 70%	11. 11%
4 篇	1 人	0. 76%	0. 85%	6. 25%
合计	131 人	100%	—	—

（2）发文机构

分析发文机构有助于整体感知大学治理现代化研究领域学术资源的分布状况，主要包括发文数量、机构性质、地域分布以及合作情况分析。据统计，大学治理现代化研究文献的发文机构共 104 个，在发文数量上，发文量达 2 篇及以上的机构共 15 个（占比约 14. 42%）。其中，发文量最多的为南京师范大学教育科学学院、浙江大学高等教育研究所和中国人民大学教育学院（4 篇）。在机构性质上，104 个发文机构中属于大学教育研究机构的有 24 个（占比约 23. 08%）；属于校院研究机构的有 55 个（占比约 52. 88%），其中属于非教育学院的有 25 个（占比约 24. 04%）；属于大学党委机构的有 13 个（占比约 12. 5%）。这表明大学治理现代化研究不仅具有跨学科特征，而且受到了高校党组织的关注。在地域分布上，来自东部地区的发文机构有 60 个（占比约 57. 69%），说明与中西部地区相比，东部地区较为重视开展大学治理现代化研究。在合作情况上，发现存在合作关系的机构共有 50 个（占比约 48. 08%），合作形式以两机构间的合作为主，且存在明显的地域性和阶段性特征。通过中心性分析可知，中心度较高的发文机构有 12 个，其中，浙江大学教育学院和浙江大学高等教育研究所在网络中心有较为重要的作用，与其他机构的合作关系较为紧密。浙江大学教育学院与《探索与争鸣》杂志社于 2018 年共同举办了以“一流大学内部治理结构创新研究”为主题的高层论坛，讨论了高校内部治理的理论与实践问题，推动了大学治理现代化研究的深入。总体来看，大学治理现代化研究机构的研究力度及其之间的合作频率均有待加强。

（二）大学治理现代化研究的内容分布

关键词是对一篇文献研究主题和核心内容的高度概括，为探讨

2014—2022 年大学治理现代化研究的内容，文章以关键词为基础，从宏观和微观两个维度对研究主题进行共现矩阵分析、凝聚子群分析和社会网络分析，以便了解大学治理现代化研究领域的各类主题及其相互关系，同时测量不同研究主题在社会网络结构中的位置和差异。

1. 共现矩阵分析

关键词共现指两个或两个以上的关键词在同一篇文献中同时出现，其揭示了各研究主题之间的关联程度。关键词共现矩阵是一种由元素相同的行和列组成的框架，行和列对应的矩阵元素代表两个关键词的共现次数。通过利用 SATI 软件生成大学治理现代化研究的关键词共现矩阵可知（表 2)，第一，“大学治理与现代化”“治理体系与治理能力”是大学治理现代化研究领域中学者们较为关切的话题，共现频次分别为 12 次和 7 次。2014 年召开的全国教育工作会议将“加快推进教育治理体系和治理能力现代化”确定为今后我国教育领域改革与发展的行动议题与中心目标，“大学治理体系与治理能力现代化”遂成为学界关注的热点话题。第二，“大学治理现代化与学术权力”“大学治理与现代大学制度”“大学治理与善治”研究之间存在一定联系，说明学者们较为关注大学治理现代化过程中的权力配置和制度建设等方面的问题；第三，“大学治理与大学章程”研究主题的共现频次较弱，说明该研究领域的学者们对大学章程的关注度不足，这与“大学章程现象”① 有关。截至 2015 年底，基本完成了在《全面推进依法治校实施纲要》中提出的大学“一校一章程”的建设目标。然而，大学章程却未能在大学治理中发挥规则制定和程序保证的双重作用。整体来看，大学治理现代化研究中不同关键词的共现频次偏低，各研究主题之间的关系较为疏远。

2. 凝聚子群分析

凝聚子群分析是指根据关键词之间的相似性和密切度，通过 CONCOR 迭代相关收敛法将研究主题进行聚类和划分，从而将复杂的关键词社会网络进行简化。文章选取了频次达 3 次及以上的关键词，通过 Ucinet 软件进行凝聚子群分析，以直观呈现大学治理现代化研究领域的内部结构状态，揭示不同研究主题之间的相似性和差异性。由图 2 分析可

① 刘益东、周作宇、张建锋：《论“大学章程现象”》，《中国高教研究》2017 年第 3 期。

表 2　2014—2022 年大学治理现代化研究关键词共现矩阵（部分）[①]

关键词	大学治理	现代化	治理现代化	大学治理现代化	治理体系	治理能力现代化	治理能力	大学治理体系	现代大学制度	学术权力	大学章程	善治	大学治理能力	治理体系现代化
大学治理	41	12	5	1	3	4	3	0	2	0	1	2	0	1
现代化	12	20	0	0	4	0	3	0	1	0	0	1	1	0
治理现代化	5	0	15	0	0	0	0	0	1	1	1	0	0	0
大学治理现代化	1	0	0	14	0	0	0	1	0	2	1	1	0	0
治理体系	3	4	0	0	9	0	7	0	0	0	0	0	0	0
治理能力现代化	4	0	0	0	0	9	0	1	0	0	1	0	1	0
治理能力	3	3	0	0	7	0	8	0	0	0	0	0	0	0
大学治理体系	0	0	0	1	0	1	0	7	1	0	0	0	3	1
现代大学制度	2	1	1	0	0	0	0	1	6	2	0	0	0	1
学术权力	0	0	1	2	0	0	0	0	2	5	0	0	0	1
大学章程	1	0	1	1	0	1	0	0	0	0	4	0	0	0
善治	2	1	0	1	0	0	0	0	0	0	0	4	0	0
大学治理能力	0	1	0	0	0	1	0	3	0	0	0	0	4	0
治理体系现代化	1	0	0	0	0	0	0	1	1	1	0	0	0	4

① 因篇幅原因，表中仅列出频次达 4 次及以上的关键词的共现矩阵。

知，25 个关键词被分为 7 个 3 级子群，后被归类为 4 个 2 级子群，最终形成大学治理现代化研究的群集合。若以凝聚子群中的 2 级子群为依据，可将大学治理现代化的研究主题分为四大类。第一类是以“双一流”建设为目标优化大学内部治理的目的性研究，涉及高等教育治理和高校治理等内容，关注的是大学治理现代化与外部高等教育宏观系统之间的关系。第二类是以依法治校和法治建设为重点推进大学治理现代化的研究，涉及的关键词有善治、大学章程等。第三类是以大学治理现代化建设为重点的系统性研究，涉及治理结构、一流大学和现代大学制度等内容。第四类是以大学治理体系和治理能力为重要内容的研究，主要关键词包括高质量发展、学术权力。整体而言，大学法治这一研究主题备受学者们关注，这与国家依法治国方针的全面推进密切相关。大学治理法治化既是大学治理现代化的重要特征之一，也是在高等教育领域贯彻落实依法治国总目标的应有之义和现实路径。大学治理的实质即依法治校，大学治理现代化需要发挥法治在大学治理现代化过程中的引领性、基础性、规范性、保障性等作用。

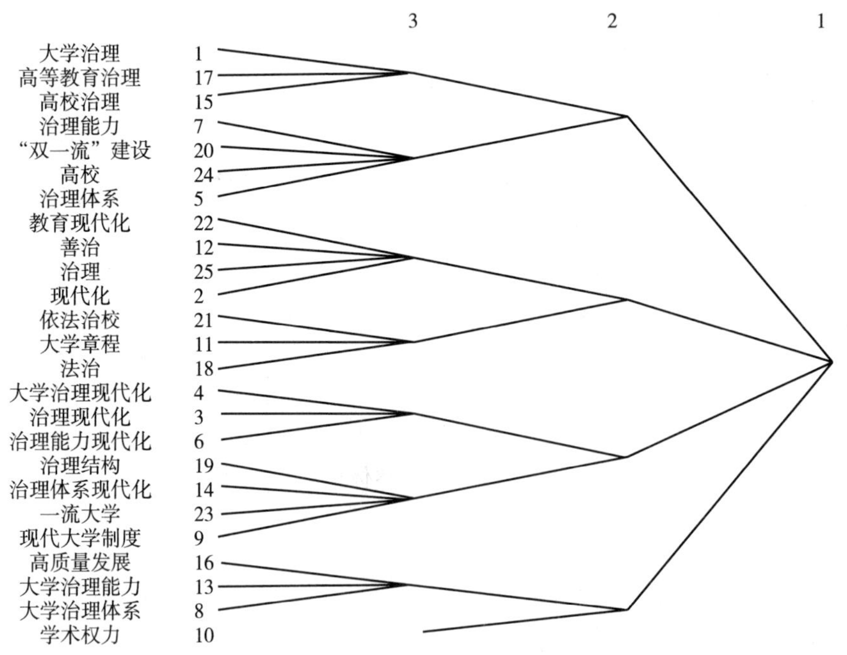

图 2　2014—2022 年大学治理现代化研究关键词凝聚子群图谱

3. 社会网络分析

社会网络分析是分析研究对象的关系结构和关系属性的一套规范和方法，能够揭示大学治理现代化研究关键词之间的关系。将关键词共现矩阵导入 Ucinet 和 Netdraw 软件可以生成大学治理现代化的关键词社会网络图谱（图 3），图谱由若干节点和连线组成，节点大小代表关键词在网络中的影响力，连线粗细代表关键词之间联系的紧密度。① 文章将从整体属性分析、中心性分析以及核心—边缘结构分析三个方面对大学治理现代化研究领域中的研究内容展开分析，以探究各研究主题之间的结构和关系。

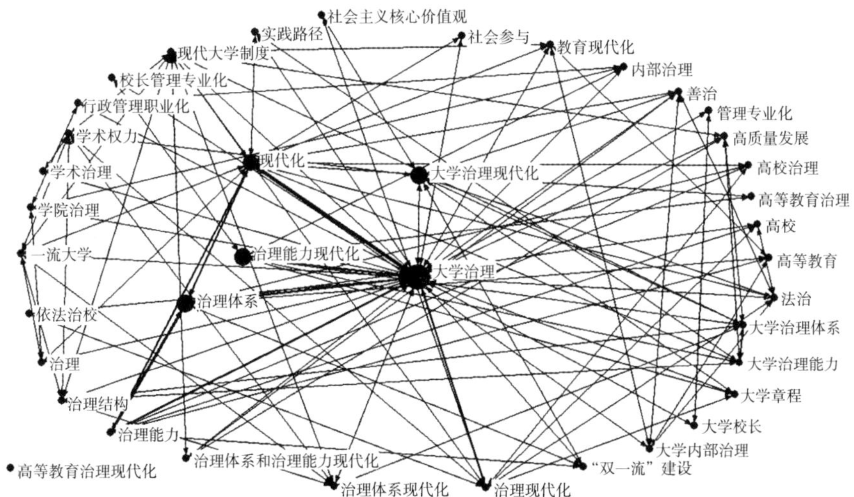

图 3 2014—2022 年大学治理现代化研究关键词社会网络图谱

（1）整体属性分析

社会网络分析包括密度分析和网络聚集度分析两个方面，可以反映各研究主题之间联系的强弱，弥补关键词凝聚子群分析的不足。第一，密度是指社会网络中各节点之间联系的紧密度，阈值为［0～1］，密度越接近1，社会网络中各节点的联系越密切，整体网络对个体节点的影响也越大。通过利用 Ucinet 软件将关键词共现矩阵转化为二值关系矩阵，② 计算出关

① 罗家德：《社会网分析讲义》，社会科学文献出版社 2005 年版。

② Callon M.，Courtial J. P.，Laville F.，“Co-word Analysis as a Tool for Describing the Network of Interactions Between Basic and Technological Research：The Case of Polymer Chemsitry”，*Scientometrics*，No. 7，2005.

键词社会网络的密度为 0.04，这表明大学治理现代化研究中各主题间的联系不够紧密，这是由于发文作者缺乏信息交流和资源共享的机会，合作程度低。第二，网络聚集度反映的是关键词节点之间的紧密程度，阈值为[0~1]，值越大表明整个社会网络的凝聚力越强。同样，利用 Ucinet 软件计算出关键词社会网络的聚集度为 0.38，这表明大学治理现代化研究领域的聚集度比较松散，不利于研究的进一步开展。总体来看，与高等教育领域其他的研究主题相比，大学治理现代化是一个研究不充分的新兴领域，研究主题以宏观层面的大学治理体系和治理能力为主，缺少针对大学内部治理和基层学术组织治理进行的微观研究。随着知识生产方式、大学内外部利益相关者与大学理念的不断变化，大学内部治理成为高等教育治理体系现代化的紧要议题。从组织生态理论与系统论的视角来看，大学既是以多学科、专业为基础的教学机构，也是由领导权力、行政权力、学术权力以及民主管理权等要素按一定规则构成的彼此高度关联的学术组织，其职能的发挥不仅取决于大学内部诸要素，还取决于这些要素依靠何种关系进行联结和互动。因此，应关注大学内部治理体系的构建，加强大学内部各组织间关系结构并加快运行程序的创新。

（2）中心性分析

作为衡量关键词社会网络中心化程度的一个重要指标，中心性能够揭示出不同研究主题的影响力及其关键属性，包括中心度分析和中心势分析。前者测量的是单一研究主题处于网络中心的程度，后者测量的是整个社会网络的集中趋势。

一方面，中心度分析能够反映出某一研究主题在整个大学治理现代化研究网络中的地位及重要性，包括点度中心度、中介中心度和接近中心度。① 其中，点度中心度反映的是某一节点在社会网络中的权力大小；② 中介中心度反映的是某一节点在社会网络中控制其他节点的程度；③ 接近中心度反映的是某一节点不受社会网络中其他节点控制的程

① 林聚任：《社会网络分析：理论、方法与应用》，北京师范大学出版社 2009 年版。

② 马蒙、李秀霞、逄顺欣：《基于点度中心度及其均衡性的期刊主题分布特征分析》，《情报理论与实践》2021 年第 2 期。

③ L. C. Freeman, "Centrality in Social Networks Conceptual Clarification", *Social Networks*, No. 3, 1978.

度。根据表 3 分析可知：第一，点度中心度较高的关键词有大学治理、现代化、治理体系等，同时结合图 3 分析可知，这些关键词位于社会网络中心，具有较大的影响力。第二，中介中心度较高的关键词有大学治理、治理现代化与治理能力现代化，这些关键词在社会网络中具有较强的控制能力，大部分节点都要通过这些关键词与其他节点发生联系。第三，接近中心度较高的关键词有大学治理、治理现代化与现代大学制度，这些关键词在社会网络中较少受到其他节点的影响，具有较高的独立性。第四，接近中心度较高、点度中心度和中介中心度较低的关键词往往代表着某一研究领域的研究趋势，这类关键词有学术权力、大学章程和善治等。学术既是大学诞生的逻辑起点，也是大学理念的重要内容。作为一种学术研究机构，大学须在治理过程中遵循自身发展规律，回归学术组织的本原，切实按照国家相关法律法规和大学章程进行治理。

表 3　2014—2022 年大学治理现代化研究中关键词中心度（部分）①

关键词	A	B	C	关键词	A	B	C
大学治理	55.000	367.703	32.500	治理能力现代化	11.000	21.862	21.000
现代化	35.000	85.629	25.833	大学治理现代化	9.000	31.623	22.000
治理体系	18.000	19.080	21.500	学术权力	9.000	9.074	19.667
治理能力	17.000	19.080	21.500	大学治理能力	8.000	7.409	19.667
治理现代化	14.000	43.465	22.500	大学章程	4.000	2.579	20.167
现代大学制度	13.000	31.326	24.000	善治	7.000	8.878	21.500
大学治理体系	9.000	8.864	19.667	治理体系现代化	6.000	3.744	20.500

另一方面，对中心势进行分析能够反映大学治理现代化研究网络中各研究主题的差异性程度。每个网络都只有一个中心势，包括点度中心势、中介中心势和接近中心势三种，值域为［0—1］，越接近 1 程度越大。通过观察表 4 发现：第一，点度中心势为 10.84%，说明社会网络的中心性较低，集中趋势较弱。第二，中介中心势为 50.92%，说明大学治理现代化研究领域已经形成一些核心内容，但研究的深度有待加强。第三，接近中心势为 70.59%，说明社会网络中的节点具有一定的差异性，这与不同

① 因篇幅限制，表中仅列出频次达 3 次及以上的关键词的相对中心度数据，A 代表点度中心度；B 代表中介中心度；C 代表接近中心度。

发文作者与不同发文机构之间较低的合作程度有关。

表 4　2014—2022 年大学治理现代化研究中关键词社会网络的中心势

名称	点度中心势	中介中心势	接近中心势
数值（%）	10. 84	50. 92	70. 59

（3）核心—边缘结构分析

通过对核心—边缘结构进行分析，可以观察各关键词在社会网络中的具体位置。采用 Ucinet 的 CONCOR 算法对大学治理现代化的关键词社会网络图谱进行计算，结果显示实际数据与理想模型之间的相关系数为 0. 72（相关系数值域为［-1—1］，越接近 1 正相关程度越高），属于强相关，因此，大学治理现代化关键词社会网络存在核心—边缘结构。将核心度大于 0. 1 为标准，经统计可知，位于网络核心位置的关键词共 6 个，分别为：大学治理、现代化、治理现代化、治理体系、治理能力、治理能力现代化。由表 3 分析可知，这 6 个核心关键词的中心性也较高，反映出这 6 个关键词是大学治理现代化的研究热点。大学治理现代化研究兴起的宏观背景是国家治理体系与治理能力现代化，在教育领域表现为实现教育治理体系与治理能力的现代化。基于此，大学治理现代化研究一开始也是在宏观层面讨论大学治理体系与治理能力现代化的问题，体现出大学治理过程中“自上而下”的变迁逻辑。

（三）大学治理现代化研究的方法分布

通过对 103 篇样本文献的研究方法进行统计，发现文献采用的研究方法主要涉及 6 种（表 5）。从横向的方法类别来看，在 2014—2022 年大学治理现代化研究中，大部分属于理论思辨研究，其中，使用语义分析法的文章共 87 篇，占比约为 84. 47%；在属于质性研究的文章中，案例分析法和文本分析法占比约为 4. 85%；有 4 篇文章使用了定性研究与定量研究相结合的方法，属于混合研究。从纵向的时间变化来看，研究初期使用较多的是思辨研究中的语义分析法，思辨研究在研究方法中占据较大比例。随着大学治理现代化研究的广泛开展，质性研究、混合研究的使用频率逐渐增加。总体来看，大学治理现代化研究以理论思辨研究为主，实证研究偏低，研究方法较为单一。大学治理理论源于全球各国政府对公共事务管理的关注，是直接借鉴治理理论而生成的解决高等教育领域发展问题的理论工具。随着大学治理实践的广泛深入开展，大学治理理论陷入了从概念探讨到理论体系再到对策措施的困境之中，表现出结论的客观性不够、解释的科学性不足以及应用的可推广性不强等缺陷。尽管大学治理理论已在其理论范式等相关问题上达成了部分共识，但基于实证研究的体系建构暂未取得实质性进展。

表 5　　2014—2022 年大学治理现代化研究范式与研究方法

方法论	具体方法		篇数（篇）	比例（%）
定性研究	思辨研究	语义分析法	87	84.47
		历史研究法	4	3.88
		比较研究法	3	2.91
	质性研究	案例研究法	3	2.91
		文本分析法	2	1.95
混合研究			4	3.88

三　研究主题变化

大学治理现代化既是大学治理的终极目标，也是大学治理不断变革和完善的过程，而这一过程要使目标实现就必须坚守正确的价值理念、遵循合理的价值逻辑。从价值论的角度对不同阶段大学治理现代化的研究主题进行探讨，有利于发现大学治理现代化实践过程中的主题变化历程，进一步总结其阶段性、动态性和多元化等特征，从而揭示大学治理现代化的价值追求与实践原则。通过描绘大学治理现代化的研究图景，结合国家宏观政策与大学治理现代化实践进行分析后，发现大学治理现代化研究与实践的主题均经历了一个不断变化的过程，在不同研究阶段主要呈现出以下特征：制度性与共治性、合法性与领导力、协同性与逻辑性。

（一）2014—2017 年：制度性与共治性

制度性与共治性是 2014—2017 年大学治理现代化的研究重点与实践导向，这与当时的政策背景和大学治理所面临的现实问题密切相关。作为大学治理现代化的前提，制度性是研究初期学者们集中讨论的问题之一。2013年，《决定》中首次明确提出“推进国家治理体系和治理能力现代化”的重大命题，创造性地将“制度”与“能力”联系起来，同时突出强调治理体系与治理能力的现代化，掀起了学界关于大学治理现代化新的讨论热潮，推动了大学治理现代化新的实践进程。随后，2014年召开的全国教育工作会议将“加快建设现代学校制度”确定为推进教育治理体系和治理能力现代化的基本要求。在此背景下，大学治理现代化建设成为高等教育领域的重要任务。这一阶段的研究主要是在理论层面围绕大学治理中的制度问题展开，包括大学治理改革的制度供给、大学治理体系的构建和大学治理能力的现代化建设等。在大学治理改革的制度供给上，面对大学治理改革中存在的碎片化和表象化等风险，有必要寻找制度供给背后的逻辑，并为大学治理实践提供制度改革的“抓手”。在大学治理体系与制度的关系上，大学治理体系实际上就是一整套治理大学的制度体系，是由各种紧密相连、相互协调的制度形成的一个治理框架，包括各种体制机制和规章制度等。[①] 在大学治理能力与制度的关系上，大学治理能力现代化的整体水平直接取决于大学制度的质量，大学治理能力现代化过程实质上表现为大学制度变迁过程。由此来看，大学治理体系的构建取决于制度建设，大学治理能力的提升取决于制度执行。大学治理现代化必须注重制度建设，制度所具备的公正性、客观性、规范性等特征使其能够促进大学治理的有序推进，因而成为大学治理现代化的关注重点和价值取向。

作为“大学治理”与“现代化”共同的价值旨归，共治性也是研究初期文本中出现频率较高的词汇。共治性本身即强调多元主体的共同治理，这一主题不仅满足“现代化”的目标要求，而且符合“大学治理”的内在规律。2015年，国务院印发了《统筹推进世界一流大学和一流学科建设总体方案》，提出了“加快高等教育治理体系和治理能力现代化”的总体目标，部署了“完善内部治理结构、扩大有序参与、加强议事协商”等改革任务，促使大学治理现代化的理论研究与实践探索更加关注共治性。随着高等教育规模的不断扩大，大学传统管理模式的弊端与治理结构的日益复杂化导致大学陷入治理困境。这一阶段的大学治理现代化研

---

① 龙献忠、周晶、董树军：《制度逻辑下的大学治理能力现代化探析》，《江苏高教》2015年第3期。

究除了关注大学治理体系和治理能力现代化等问题，还开始注重探讨大学治理结构和治理模式在大学治理现代化中的重要性。大学治理结构是大学治理现代化的重要条件，其实质是通过改变权力配置和运作机制，使各利益相关者共治共享，实现高等教育利益的最大化。① 大学治理模式应适应大学治理现代化的发展方向，具体呈现为协商式的共同治理，这遵循了大学作为学术性组织的特性，突出了尊重、平等、合作与沟通等价值，保障了治理的成效与质量。大学治理现代化的基本逻辑是要实现多元利益主体间的权力耦合，最终发展成为一个共识下的利益共同体，而共治是实现这一目标的根本路径。

（二）2017—2019 年：合法性与领导力

2017—2019 年大学治理现代化的研究重点强调合法性与领导力，这与依法治国的全面推进以及党对教育工作全面领导的持续深化相关。制度性和共治性是推进大学治理现代化建设的必要条件，合法性与领导力则为大学治理现代化的实现提供了重要保障。2017 年，党的十九大报告强调“坚持全面依法治国”，同时“深化教育改革，加快教育现代化”。此前，《国家教育事业发展“十三五”规划》《关于深化高等教育领域简政放权放管结合优化服务改革的若干意见》等文件已强调了法治在大学治理现代化过程中的价值输出和制度保障等功能。新时代背景下，大学治理现代化改革的重心已逐渐从外部治理转向内部治理，学者们多从法治角度来思考大学内部治理中的权力配置、章程建设等问题。在权力配置问题上，大学法治作为以权力制约和权利彰显为关键特征的管理机制、组织方式和秩序状态，② 其所蕴含的自由与秩序是构建中国特色现代大学制度的基本依据，也是影响大学治理现代化实现程度的重要因素。在大学章程建设问题上，依章治校则进一步彰显了大学治理现代化对于合法性的根本要求，促进了大学内部治理从浅层的遵守法制向深层的实施法治转变。此外，在“双一流”建设持续推进的背景下，大学治理的有效性也备受学者关注，

① 徐蕾：《系统治理：现代大学治理现代化的现实路径》，《复旦教育论坛》2016 年第 14 期。

② 黄彬：《大学法治：价值证成、秩序追求与自由目的》，《教育发展研究》2018 年第 Z1 期。

具体包括教育政策的有效执行、大学资源的有效配置、大学有效治理的实现机制等问题。

组织理论和领导力理论认为，治理结构并非是提升大学治理能力的唯一因素，在大学治理结构确定后，由谁来担任治理主体是增强大学治理成效的关键所在。领导力是引导组织及其成员共同实现大学治理现代化目标的核心要素，主要表现为大学党委的政治领导力、大学校长的行政领导力和学术人员的学术领导力。2019 年 2 月，中共中央、国务院印发《中国教育现代化 2035》，将“坚持党的领导”作为教育现代化的基本原则。这为大学治理现代化的推进指明了方向，增强了学者们对领导力这一治理主题的广泛关注。此阶段关于领导力的研究主要围绕大学和院系的党组织建设等进行讨论。在大学层面，由我国政治体制决定的党委领导下的校长负责制，是符合我国大学治理实际情况的必然选择，实际上，贯彻党对大学全面领导的重要内容即是推进大学治理体系和治理能力现代化。[①] 在院系层面，院系基层党组织已成为当前落实党对大学全面领导的工作重心，这既为大学确立正确的办学方向、形成治理新格局提供了政治保证，也为深化高等教育综合改革、实现高等教育内涵式发展给予了重要保障。从认识论的角度来看，大学治理是传统“管理”理念的重要转变和思想升华，这一过程不仅标志着大学领导方式的重大转变，也标志着大学治理领域民主思想与共治文化的逐步彰显。

（三）2019—2022 年：协同性与逻辑性

协同性与逻辑性现已成为大学治理现代化的研究热点，这与“双一流”建设、治理体系和治理能力建设的深入推进紧密相关。与共治性强调的多元化和公平性相比，协同性还具备动态性、有序性和创新性等特征，使得协同治理在提升大学治理效能、厘清责权利关系等方面体现出非凡的优越性。《中国教育现代化 2035》文件提出“推进教育治理体系和治理能力现代化”的战略任务，明确“形成全社会共同参与的教育治理新格局”的主要目标，赋予大学协同治理更深刻的价值内涵和实践意义。在大学治理过程中，突破行政权力的垄断，形成多元共治的格局虽早已成

① 郑少南：《坚定不移推进高校治理体系和治理能力现代化建设》，《中国高等教育》2020 年第 2 期。

为一种共识，但大学治理实践中依旧面临治理体系不健全、治理能力孱弱、治理理念缺失、治理主体缺位等诸多难题。面对“双一流”建设对大学治理现代化提出的更高目标和要求，这一阶段的研究重点针对大学治理现代化的本质进行深入探讨。部分研究者指出，大学治理现代化的本质是国家领导与社会协同下的大学自治，目标是实现“善治”，即一切相关利益主体对大学公共事务的协同治理；① 部分研究者聚焦校院治理现代化，明确提出推进校院两级管理体制改革的关键在于由自上而下的“管制”向多元参与的“善治”的转变。② 协同治理具备主体的多元化、过程的有序性和机制的创新性等良好性状，能够协调政府、大学与社会等各治理主体之间的关系，推动大学治理中的利益相关者进行相互对话和共同协商，最终形成大学协同治理新格局。

对大学治理现代化的逻辑脉络的梳理，有利于推动大学治理现代化的理论建构和实践进程。2022 年，教育部、财政部和国家发展改革委共同印发《关于深入推进世界一流大学和一流学科建设的若干意见》，进一步指出“全力推进‘双一流’高质量建设”，鼓励大学“探索自主特色发展新模式”，这对大学治理现代化提出了更高要求。厘清治理现代化的内在逻辑对大学特色发展具有重要意义，该阶段的研究重点围绕大学治理现代化的内在逻辑展开。从横切面来看，价值逻辑是推进大学治理现代化的维度指引，主体逻辑是推进大学治理现代化的内生动力，实践逻辑是推进大学治理现代化的恰切之路。③ 从纵切面来看，大学治理体系现代化背后的逻辑图景经历了一个从单纯的学术共同体逻辑到“学术-国家”共同体逻辑再到“学术-国家-市场”共同体逻辑的发展过程。④ 大学治理现代化进程体现了历史逻辑与实践逻辑的辩证统一、大学外部逻辑与内部逻辑的互动融合。由上观之，大学治理现代化在追求合法性和协同性的同时，更要从自身的价值出发，致力于内在逻辑的探寻，实现大学治理现代化理论

① 孙杰远：《国家治理背景下大学治理现代化的本质与策略》，《国家教育行政学院学报》2020 年第 2 期。

② 王红梅：《从“管制”走向“善治”：校院两级管理体制改革的实践与思考》，《国家教育行政学院学报》2022 年第 5 期。

③ 王雨晨、许传红：《“双一流”建设背景下推进大学治理现代化的内在逻辑》，《学校党建与思想教育》2021 年第 5 期。

④ 唐世纲：《大学治理体系现代化的三重逻辑》，《现代教育管理》2020 年第 7 期。

建构与实践进程的统一。

四 研究结论与启示

通过对2014—2022年CSSCI源刊中的103篇大学治理现代化的研究文献进行分析，从时空分布、内容分布和方法分布三个维度描绘了大学治理现代化的研究图景，在此基础上分析并归纳了大学治理现代化研究主题的变化历程。研究发现：在时空分布上，从年发文量来看，大学治理现代化这一主题近年来受到了学界广泛关注，并将继续发展成为未来的研究热点，但大学治理现代化的研究与实践过程均存在“政策化”倾向；从发文作者来看，大学治理现代化研究具有明显的跨学科特征，同时，相关研究处于初步探索阶段，还未形成能够持续展开工作且具有一定影响力的研究团队，发文作者的生产效率和合作频率均有待于进一步提升；从发文机构来看，发文机构以东部教育研究机构为主，各发文机构的研究力度及其之间的合作程度有待加强。在研究内容上，不同关键词的共现频次较低，各研究主题之间的联系不够紧密，互动程度偏低。大学治理现代化的研究主题大致可以分为四类：第一类是以“双一流”建设为目标优化大学内部治理的目的性研究；第二类是以依法治校和法治建设为重点推进大学治理现代化的研究；第三类是以大学治理现代化建设为重点的系统性研究；第四类是以大学治理体系和治理能力为重要内容的研究。从关键词社会网络图谱来看，该研究领域的密度、聚集度和中心性都较低，不利于研究的进一步开展。大学治理现代化研究已形成一些核心内容，位于网络核心位置的关键词有大学治理、现代化、治理现代化、治理体系、治理能力和治理能力现代化，代表了该领域的研究热点，但研究的深度有待加强。在研究方法上，大学治理现代化研究以理论思辨研究为主，实证研究较少，研究方法较为单一。总体来看，大学治理现代化的研究主题经历了一个不断变化的过程，从2014—2017年的制度性与共治性到2017—2019年的合法性与领导力，再到2019—2022年的协同性与逻辑性，无不揭示出我国大学治理现代化过程中的阶段性、动态性和多元化等特征。

纵观大学治理现代化的研究图景和主题变化历程，已有大学治理现代化的研究虽取得了一定的进展，但仍有广泛的研究空间。未来大学治理现代化研究可从以下四个方面进行：

第一，转换研究视角，促进研究视野的多元化。已有研究多从结构功能主义、新制度主义等思想的逻辑出发，缺乏对大学内部治理问题进行更深层次的分析和讨论，导致了治理理念的泛化、治理结构的空洞化和治理模式的理想化。研究未来应从多角度对大学治理现代化的建设进行观照，加强大学治理现代化研究中的学科交叉力度，通过与法学、政治学、经济学等学科进行深度融合，构建更加科学完备的大学治理现代化研究体系。

第二，拓展研究内容，增强研究主题的关联性。已有研究中的各研究主题之间具有较强的差异性，尚未形成系统的研究体系，不利于大学治理现代化理论研究和实践探索的开展。未来研究一方面应注意挖掘不同研究主题之间的联系，加大边缘主题的研究力度，重视中心性较高的研究主题在大学治理现代化研究社会网络中的地位和作用；另一方面加大对协同治理、文化治理、质量治理、战略治理等新兴治理模式的研究。

第三，丰富研究方法，提升研究结果的客观性。已有研究以理论思辨研究为主，研究过程缺乏客观数据的支撑。未来研究应在加强实证研究的基础上倡导研究方法的多样化，提升大学治理现代化研究过程的科学性与研究结果的客观性。

第四，培养问题意识，推动研究目的的理性化。在已有研究成果中，多数研究的目的源于对国家治理实践的要求和对国家教育政策的响应，表现出强烈的“政策依赖”色彩。然而，大学是一种不同于政府和企业的组织机构，大学治理有别于国家治理，具有特殊性。未来研究应多关注大学治理现代化进程中遇到的现实问题，致力于应对大学治理实践中的多重挑战，增强理论研究的现实关照度，从而为新时代大学治理提供行动方略，切实推进大学治理现代化进程。

The Research Landscape and Theme Change of Research on Modernization of University Governance:

Based on the Analysis of CSSCI Source Journal Literature from 2014 to 2022

Hou Jia Yang Qingru Li Yan

Abstract: The modernization of university governance is an inevitable requirement for higher education to achieve high-quality connotative development in the new era. The study uses SATI, Ucinet, Netdraw and other research tools to conduct a multi-dimensional analysis of 103 research documents on university governance modernization in the source journals of CSSCI from 2014 to 2022. It is found that the annual publication volume of university governance modernization research documents is on the rise as a whole. There is a tendency of "policy dependence". The research on university governance modernization is still in the preliminary stage of exploration, with obvious interdisciplinary characteristics, and the production efficiency and the frequency of cooperation between the author and the publishing organization need to be improved. Some core contents have been formed in the research field of university governance modernization. Scholars are more concerned about the research topics of university governance and modernization, governance systems and governance capabilities, but the depth of research still needs to be strengthened. The existing research on the modernization of university governance is mainly based on theoretical speculation and lacks empirical research. By depicting the research landscape of university governance modernization, combining national macro policies and university governance practices, it is found that the research topics of university governance modernization have experienced changes from institutional and co-governance to legitimacy and leadership, and then to synergy and logicality. The research on the modernization of university governance in the future can be carried out from four aspects.

Keywords: modernization of university governance; research landscape; theme change

基于 NLP 神经逻辑层次的课堂教学设计*

郑 华 龚 萍**

摘 要：课堂教学是实现立德树人根本目标的基本途径，其质量和效果一直是教育教学领域研究的重点。本文立足于教育神经科学的研究成果，论述了基于 NLP 神经逻辑层次模型进行课堂教学设计的主要内容，从而为实现高效课堂教学提供一定的创新思路。

关键词：NLP；教学设计；神经逻辑层次；具身认知

教学是由多种要素构成的复杂系统，需要预先进行系统规划，教学设计是对诸多要素的有序安排和有效组合，是教师组织教学活动的施教蓝图。随着人类对大脑及学习机制的研究不断深入，教育神经科学也得到了相应的发展。本文主要基于 NLP 神经逻辑层次对教学设计及课堂教学过程进行深入的探讨。

一 NLP 神经逻辑层次概述

罗伯特·迪尔茨（Robert Dilts）是当代著名的行为培训师和教练，他在人类学家格里高利·贝特森的学习逻辑层次基础上（1954 年），发展了 NLP（神经语言程式学 Neuro-Linguistic Programming）领域的神经逻辑层次理论（Neuro-Logical Levels），该理论模型被广泛应用于培训和创新等领域。神经逻辑层次也被称为理解层次或逻辑层次，是指个体或组织中各种活动所在不同层次之间的等级关系（迪尔茨，2009），具体包括精神

---

* 基金项目：云南省 2022 年教育科学规划教师教育专项《基于大数据的“P-C-T”课堂教学模式和评价研究》（BFJSJY002）；玉溪师范学院一流课程建设项目《师范生身心健康教育》。

** 郑华，云南玉溪师范学院教师教育学院副教授，教育学硕士，研究方向：教师教育。龚萍，云南玉溪师范学院教师教育学院副教授，理学硕士，研究方向：现代教育技术。

(系统)、身份、信念价值观、能力、行为和环境六个层级①。迪尔茨认为,任何事物或者人类的行为与思想,都可以从逻辑层次的六个层面来理解。

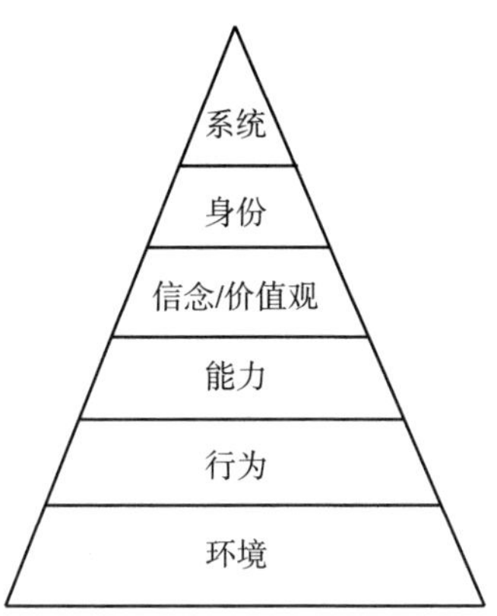

迪尔茨研究了六个层次所对应神经系统的具体位置,并阐述了相应的影响,认为精神层次超越于个人的身份,使人归属于更大的系统,同时,任何一个系统都是一个更大系统的子系统,这就使得系统之间的关系在不同层次上产生了多项活动并相互影响,高层次发生的改变必然会带来下面层级的改变。比如中国古圣先贤关于“君子慎言”“敏于事讷于言”“静者安”的要求,其本质就是因为语言本身对神经系统产生了包括暗示在内的诸多影响,能直接影响人的身心状态。常言道,良言暖心,恶语伤人,可见语言能直接影响到身体的状态,甚至人生病或病愈,有时候也是因为在“行为”层面发生的语言活动对“信念”层面产生了影响。举例来说,假如一位老师的教学被同行认为非常糟糕,同行们的评价和描述往往在不同的层面产生影响。如果认为这节课的失败是因为“外部的建筑工地噪声导致的”,这就归因为外部的环境因素;“是因为课前准备不足”,归因为具体行为;因为“不懂得如何进行课堂教学的调控”,是在能力方面做出的评价;因为“教育观、学生观、课堂观有问题”,涉及的是教师的内在信念和价值观;如果说是因为“没有达到合格教师的标

① [美]罗伯特·迪尔茨:《从教练到唤醒者》,黄学焦等译,河南人民出版社 2009 年版,第 253 页。

准”，这已经是针对教师的身份做出评判。不难想象，同样是消极评价，上述不同层面的语言表述，当事人产生的反应是不同的，从环境到身份，越往上走，对人的深层冲击和影响越大。同理，在神经逻辑层次的视野中，不同层面的教学设计将直接影响课堂教学在不同的层次水平开展。

二　神经逻辑层次视野中的课堂教学

在日常的教育活动中运用 NLP 神经逻辑层次模型审视课堂，可以帮助教师从系统的角度对各种要素构成的教学活动进行整体规划和综合安排。教师要有效地帮助学生解决“如何学”的能力问题，“为什么学”的“意义”问题，还要能赋予学生更高的“身份”与“使命感”，激发他们的精神力量，才能取得最好的教学效果。借助神经逻辑层次模型，教师能够更容易看到课堂教学的全貌，有利于以全观的视野更好地进行课堂教学设计。

（一）环境层次：创设教学情境，建立心理连接

环境提供开展教学活动的基本物质基础，教师在这一层面需要思考这节课或本单元教学将在怎样的环境中发生，创设怎样的物理环境和心理环境才能帮助学生学得更好，备课时要分别从教师和学生的角度来思考如何维护教与学的良好环境。一个适合学习的外部环境包括教室中适宜的光照、舒适的桌椅、有利于大脑学习的情境模型和各类学习物品等，包括可以满足不同优势感官学习者（视觉学习者、听觉学习者、触觉学习者）的学习材料和教具准备，也包括提供给学生心理上的安全感和舒适感，创设良好的心理氛围所需要的一切条件。

迪尔茨认为，环境层次对应神经末梢，感知外在环境并进行信息反馈，从而建立反射活动。因此，教师在课堂教学环境建设方面要关注与教室布置、学习材料等感官直接相关的要素。具体如提供简洁的学习材料而不是繁杂的各类教辅资料；调整合适的桌椅布局，使之既利于个体独立学习，又利于同伴合作，或者利于教师一对多的精讲；增加与学生多种感官经验直接接触的物品等。教学中要考虑音乐的运用，激发人的意识与潜意识，使用好自己的声音、肢体、表情与动作，同时减少多媒体设备的使用，因为过多地使用多媒体会将学生们的三维学习经验剥夺成二维经验；

针对教学对象的特点提供不同的教学资源，以满足不同感官类型学生的学习需要，比如为视觉学习者提供所需要的色彩、图画、板书，为听觉学习者提供文字资料和声音，为触觉学习者提供直接感知的物品与模型等；认识到不同年龄学生在一天和一周的不同教学时段能量状态的不同，考虑到小学不同学段，初中和高中不同年龄段孩子的环境需求，采用隐喻故事、音乐、场景、活动等，把创设良好物态环境和心理环境作为备课及教学的重要关注点，使学生与学习环境之间建立起良好的心理连接。

（二）行为层次：增加具身实践，加强心理体验

行为层面关注的焦点是具体的身体行为，是具身认知得以发生的主要层面。一般来说，外在行为往往是运动系统活动的结果，某种外部行为的产生必然有内部感觉系统的支持，同时，外在行为的改变往往带来内在感觉的不同。

行为层次与运动神经系统相联系，可以进行有意识的训练，教学中需要解决“做什么”的问题。教学设计过程中教师应该思考具体要做什么，要求学生具体做什么，如何引发学生的学习行为等。这一层面展现的是教与学的主要活动流程，如导入、讲授新课、练习巩固、课后拓展等不同阶段的具体教学活动。从教师的角度而言，包括调整自己、激发学生、设定意愿、明确目标与任务、有效示范、运用声调、表情和肢体语言、运用幽默、引导和观察学生、及时指导或精讲、有效的激励和回应、及时的帮助与干预、节奏的把握、评估教学进程等；从学生的角度而言，包括调整学习状态、设定学习意愿、清晰学习目标与任务、学习或思考、加工和整理、合作和分享、欣赏自己与他人、交流和表达、练习与巩固、回顾与总结、反思与计划等。

值得一提的是，教师要思考自己的行为要如何引发学生学的行为，了解学生的最近发展区之所在，课堂教学中保持觉知，对自己的状态有明确的认知和掌控，整个教学过程能始终围绕教学目标开展活动。教师要认识到“体验”的重要性，在具体的教学行为上，需要有效利用教育教学技巧，采纳多样化的教学策略，以实践和体验为主调动学生的多种感官参与学习，由学生自己去感知去学习并获得收获。

（三）能力层次：注重教学策略，创新教学方法

在神经逻辑层次的语境中，能力是指人们发展出的用于指导具体行为的内在心理策略和心灵地图（大脑产生的内部活动），其中包括大脑中的策略、方案、方法、计划、程序和选择等。能力层次主要解决“如何做”的问题，师生在教学过程中的种种行为，均需要内在的心灵地图来管理。与这个层次相联系的是大脑皮质系统，与前述行为层面不同，能力层面不再是可以直接感知的，而是开始进入看不到的内在部分，教师的教育教学能力将透过课堂教学的流程设计、方法选择、活动组织等得以呈现。

在课堂教学过程中，“怎样做”包括了如何教与如何学，教师需要考虑整个过程中如何守住自己的中心，如何明确目标与任务，如何组织教学，如何有效示范，如何提出问题，如何感知学生状态变化并运用自己的行为调控课堂状态，如何教会学习方法，如何激发学生，如何处理突发情况等一系列问题。能够引导学生做好记录、整理笔记，提出问题，教会学生聆听、表达、记忆、规划、管理自己的情绪等。

在能力层面要明确学生已具备的能力以及每次教学活动需要提升和训练的能力是什么等目标性的问题，不断调整教学策略，创新教学方法，重视对学生学习能力及学习策略的训练。要提升教学的效果，教师要关注并配合学生现有的学习能力和方法，而不能只是单一地讲授，或要求学生不停地记忆或抄写等，在教学活动开始时要花足够的时间“授之以渔”，加强对学习方法的研究和训练。

（四）信念价值观层次：增强学习信念，赋予价值意义

信念是指人们坚信某种观点的正确性并以之支配自己行动的倾向，价值观则是人对外界事物的判断、评估和选择。信念是人的高级心灵结构，是我们对外界事物产生反应的核心枢纽，教师在教育活动中相信什么，在课堂教学中追求什么价值，将影响教师的教学设计和教学行为。现实中的任何行为都有其内在的支持系统，比如学生沉迷于玩手机，是因为这一行为能带来所需要的心理感受，所以要改变学生玩手机这一外部行为，着力点是其内在信念价值层面，从根本上改变“支持”他上课玩手机的内在观念系统。

信念层面受自主神经系统的控制，是习惯性的无意识反应，信念的改

变会直接影响一个人能力和行为的变化。如果一个老师坚信“记问之学不足以为人师”，课堂教学中就不会致力于简单的知识传授，不会沉迷于站在讲台上滔滔不绝，所追求的必然是“记忆知识点”之外的东西；倘若教师相信“学习应该是轻松和愉快的”这样的信念，就会致力于帮助学生寻找“轻松愉快”的学习方法，运用“轻松愉快”的策略进行教学，相应地课堂就会出现学生的灵动、笑声不断和放松的画面；教师若秉持“学海无涯苦作舟”的信念，则认为“拼命做题、挑灯夜读、作业堆积如山”是正常的现象。

所以，促进有效教学需要我们进一步审视自己内在的教育观、学生观、课堂观和教学观，思考应该追求怎样的课堂价值，培养什么样的人，达到怎样的育人目标，教师需要通过课堂教学引导、激发或启迪学生，为学生树立正确的观念，帮助学生生命的成长。可以说，教师秉持的信念、理念和价值，直接左右其日常教学行为。同时，教师还需要检视师生的限制性信念是如何阻碍了学习，思考如何打破它们，需要审视自己在教学中需要提升与建构何种信念与价值观，才能更好地提升自己的课堂，使教学活动真正符合自身及学生发展的需要。

（五）身份层次：审视教育隐喻，重视自我认同

身份层面涉及的首先是对个体身份的认知，从而将自己的信念、能力、行为糅合进一个系统中，对身份的认同或重塑决定了教师的角色意识和教育使命感。现实中关于教师角色身份的认识常常用隐喻来表达，比如“引导者”“支持者”“导师”“导演”等，与传统的“蜡烛”“人梯”“桥梁”“工程师”等隐喻一样，每一个隐喻背后都意味着人们在不同时代背景下对教师身份的某种界定以及教师自己对身份内涵的认同。

在这一层面，教师要面对“教育过程中我是谁?”的问题，在身份层面可以进一步思考：如果教师是引导者或是支持者会秉持什么信念来设计自己的课堂，教学中会追求什么价值？需要的相应能力是什么？会如何训练学生？要教会学生相信什么？然后会如何做？如果是桥梁、是导演、是蜡烛或是工程师呢？……透过自我审思可以看到，身份的层级高于信念这一层级，某些信念暂时不能改变的时候，可以先经由身份意识的改变，对信念、能力和行为等层面产生相应的影响。

迪尔茨认为身份层面与免疫系统和内分泌系统相连，连接了整个神经

系统，具有深层生命的维持功能。如同神经系统指挥人所有的活动，身份的转换和改变可以对人产生巨大的影响，教师在身份层面的改变也因此可以直接影响课堂教学的设计理念和实际实施。现实生活中常见“屁股指挥脑袋”的情形，其实就是因为所处位置赋予的身份决定了其思想意识的不同。

身份定位对学生的学习影响非常大，许多学业不良儿童，往往在学校没有获得正面的身份支持，他们被当成“差生”“问题学生”等，而正是这些负面的身份标签的暗示，以及教师不同的对待方式引起的感受，使他们日渐远离了良好的发展轨道。这就是著名的罗森塔尔效应产生的原因之一。因此，有的教师让成绩稍差的学生承担一定的社会工作，常常能够带来一些神奇的改变，其原因就在于赋予合适的角色能唤醒学生新的身份意识。所以，教育中要考虑赋予学生怎样的身份可以帮助他们获得更多的成长和支持。例如师范学生内心认同自己的“准教师”身份，意识到自己是未来的教师并思考教师角色的特殊性以及教师生命的终极意义，在学习过程中就会有意识地做出选择，为自己的发展主动地投入到相应的专业训练和学习活动中。

（六）系统层次：树立教育理想，不断超越自我

系统层次涉及“我与世界的关系和影响”①，与人们在精神层面的体验是相连的，这是一个超越个体所处物态环境的、深入而广阔的层面，这个层次的体验直接关系到人生的目标感和使命感，对应于人类集体的神经系统或更大的力量与存在，属于“道”的层面。我们可以用集体意识和集体潜意识来描述，也可以简单地理解为“团队意识”“集体精神”“民族自豪感”等常见的概念。

这个层面的连接是全方位的，不同的个体共同构成一个更大的系统，就如同无数的神经细胞构成完整的神经系统一样。在这个层面需要思考的是“为了谁?”教育中可以连接到班集体、学校、社区、城市、国家、人类、地球等更为宏观的场域，在更大的场域中感受个人的使命与来自系统的召唤，并感受到来自系统的更大的力量，包括动力和支持力。基础教育阶段很多学生愿意为“集体荣誉”而付出努力，连接的就是系统的力量。

---

① 李中莹：《简快身心积极疗法》（上），世界图书出版公司 2012 年版，第 90 页。

中国古代典籍《孝经》，在开宗明义章以“立身行道，扬名于后世，以显父母”为“孝之终也”，激励了多少读书人为“光宗耀祖”而“头悬梁，锥刺股”地刻苦学习，其动力就来自系统和精神的层面。同样的，著名的横渠四句“立心立命，继绝学，开太平”，以及我们所熟悉的“为中华之崛起而读书”，其中蕴含的力量皆源于个体意识到高于自身存在的部分，从更高的系统和场域中获得巨大的动力。

在系统层面上，教师不仅要看到教师职业在社会系统中的地位，体会到教育活动在社会系统中独特的价值，同时还要清晰地知道自己承担的课程在学科体系的位置，以及该学科对学生个体发展的意义，帮助学生认识到自己与世界的关系和相互影响，在此基础上审视教学内容，才能更加深入地挖掘育人内涵，实现情感态度价值观方面的教学目标。比如授课的对象是师范学生，所选择的教学内容和采用的教学方法策略，要有助于学生从空间上看到“教师”这一职业身份在家庭、学校和社会系统中的位置，从时间上看到教育是薪火相传的事业，认识到教师职业对学生个人、家庭乃至整个社会系统的优化所具有的重要作用，从而感受到学习对自己个人、家庭系统及社会系统的意义，只有在这样的基础上，学生才能真实而坚定地生发出“好好学习，将来做一个好老师”的意愿。

通过对教育系统的观察和审思，我们会发现教育教学活动中确实存在不同的层级，每一层次超越了下面的层次，同时又包含其下层次的活动。神经逻辑层次模型可以帮助教师更好地以育人为主线，既从认知的层面支持人的整体发展，同时又与我们周围更大的系统相连接，从家国情怀中获得力量。

三 结语

神经逻辑层次模型经过不断的发展和丰富，已经成为很多 NLP 技术的基础，现代心理学的研究成果不但反映了学习与教学领域的内在规律，与中国古老文化智慧的高度契合，可以清晰地感受到“知行合一”“修齐治平”等基本的传统教育理念。本文以该模型初步探讨了课堂设计的优化路径，而如何更好地利用这些研究成果，在不同的层面加强教学设计，更好地实现教育培养人的目标，值得我们进一步探索和实践。

Classroom Teaching Design Based on NLP Neuro-Logical Levels

Zheng Hua　Gong Ping

Abstract: Classroom teaching is the basic way to achieve the fundamental goal of establishing morality and cultivating people, andit's quality and effect have always been the focus of research in the field of education and teaching. Based on the research results of educational neuroscience, this paper discusses the main contents of classroom teaching design based on NLP Neuro-Logical Levels model, so as to provide some innovative ideas for achieving efficient classroom teaching.

Keywords: NLP; instructional design; neurological level; embodied cognition

高教管理

高校思想政治工作监督的现实困境及路径创新*

张　泽　康　鹏　王　浩**

摘　要：思想政治工作是高校各项工作的生命线。中央出台了一系列制度加强高校思想政治工作的监督。然而，在高校的实际工作中却出现了对思想政治工作监督的意识不强、监督的权威性不高、监督的可操作性不强等问题。从根源上看，产生这些问题是对“为什么监督”的思想认识不深，对“谁来监督”的认识定位存在偏差，对“监督哪些”的内容把握不准造成的。这背后存在着政治站位不高、理论学习不足、风险认识不够，以及对监督的定位不准、对监督体系认识不全、监督没有形成合力等更深层的原因。应当通过完善领导体制、明确工作标准、开展巡视巡察、强化问责等措施，探索高校思想政治工作监督的新路径。

关键词：高等院校；思想政治；监督体系；路径创新

高等院校是培养中国特色社会主义建设者和接班人的地方，是我们党的人才培养基地。近年来，随着国内外形势的深刻变化，不同思想文化交流交融交锋，社会思潮多元多样多变，互联网等新的传播渠道的迅速发展，高校思想政治工作面临许多新情况新任务新课题。2016 年，全国高校思想政治工作会议将高校思想政治工作纳入全面从严治党的战略部署中，习近平总书记在讲话中指出，“必须坚持党的领导，牢牢掌握党对高

---

* 基金项目：西北政法大学 2023 年研究生教学改革研究项目“大思政背景下研究生信访课程建设的探索与实践”。（项目编号 YJZC202326）。

** 张泽，西北政法大学行政法学院讲师，博士，研究方向：纪检监察学。康鹏，西北政法大学纪委副书记，研究方向：纪检监察学。王浩，西北政法大学纪委综合室副主任，研究方向：纪检监察学。

校工作的领导权，使高校成为坚持党的领导的坚强阵地”①。在这一背景下，加强高校思想政治建设要求“加强教育管理和纪律约束”②。然而，高校思想政治工作的监督却在现实中遭遇了不同程度的困境。通过分析其现状、困境及原因，对探索符合新时代中国特色社会主义要求和标准的高校思想政治工作监督的新路径具有重大的现实意义。

一　高校思想政治工作监督的研究现状

为了加强高校思想政治工作的制度建设，中央层面先后出台《关于加强和改进新形势下高校思想政治工作的意见》《关于深化新时代学校思想政治理论课改革创新的若干意见》《关于加快构建高校思想政治工作体系的意见》等一系列重要文件。《关于加强和改进新形势下高校思想政治工作的意见》是由中共中央与国务院联合下发，《关于深化新时代学校思想政治理论课改革创新的若干意见》是由中共中央办公厅、国务院办公厅联合下发的党内规范性文件，属于混合性规范性文件③，代表着这项工作既属于党在宏观上对意识形态的管控，也是在中观、微观上需要高校在各项行政工作加以执行的指导意见。“我国的高校是党领导下的高校”④，高校的思想政治工作应当在党要管党、全面从严治党的背景下开展。根据马克思主义基本理论，没有不受监督的权力。党和国家对高校思想政治工作的各项具体要求需要在监督中推动，高校思想政治工作的实施效果也需要在监督中评价。2020 年 4 月 22 日，教育部等八部委联合发布的《关于加快构建高校思想政治工作体系的意见》更是将建立相应的评估督导体系作为重点内容。自此，高校思想政治的监督有了正式的制度依据。在顶层制度架构已经搭建完成的背景下，学界对这一问题的研究主要集中于教

---

① 习近平：《把思想政治工作贯穿于教育教学全过程 开创我国高等教育事业发展新局面》，《人民日报》2016 年 12 月 9 日。

② 《坚持党对高校的领导 加强改进思想政治工作》，《人民日报》2017 年 2 月 25 日。

③ 尽管这些文件不具备党章、准则、条例、规则、规定、办法、细则等党内法规的规范形式，但这些文件在实际中起到了指引、评价、预测、教育等规范功能，应当被视为混合性的“党内规范性文件”，纳入广义的党内法规体系中。

④ 习近平：《把思想政治工作贯穿于教育教学全过程 开创我国高等教育事业发展新局面》，《人民日报》2016 年 12 月 9 日。

育学视角下高校思想政治的教育内容、理论课的创新、教师的培养、辅导员的引领作用等领域[①]，不同文化对于高校思想政治工作的功能[②]，以及高校监察体制改革的研究等。[③] 而对于高校思想政治工作监督的研究仍存在着较大的研究空白，根据 CNKI 的检索，目前相关的研究论文仅有 1 篇，这与当前高校思想政治工作监督的重要性和紧迫性的现实要求不符。

二　高校思想政治工作监督面临的现实困境及原因剖析

（一）高校思想政治工作监督面临的现实困境

课题组对 S 省 X 市的 27 所高校进行了调研，总体上高校思想政治监督工作均取得了良好的效果。各高校普遍重视加强和完善党的全面领导，贯彻党的教育方针，通过围绕立德树人的根本任务，巩固了马克思主义在高校的指导地位。不过，高校思想政治监督工作也面临一些困境，具体而言，包括以下三个方面。

1. 监督的意识不强

高校思想政治工作的监督既包括负有具体责任的党委（党组）、相关部门以及活动覆盖的干部师生党员等作为监督主体，也包括高校党委书记、校长、学校党政领导班子成员、基层党组织书记、基层党政领导班子成员、党政干部和共青团干部、辅导员和班主任、心理健康教育教师、专任教师、思想政治理论课教师、哲学社会科学教师、基层党支部书记和师

① 高德毅、宗爱东：《从思政课程到课程思政：从战略高度构建高校思想政治教育课程体系》，《中国高等教育》2017 年第 1 期；赵庆寺：《高校思想政治理论课集体备课制度探析》，《思想理论教育》2020 年第 8 期；陈帅、叶定剑、张碧菱：《构建高校辅导员谈心谈话长效机制探析》，《学校党建与思想教育》2020 年第 12 期。

② 李素芳：《中华优秀传统文化融入高校思想政治教育的路径——评〈中华经典文化融入大学生思想政治教育研究〉》，《教育发展研究》2020 年第 5 期；卞成林：《红色文化创造性地融入高校思想政治教育的实践路径》，《社会科学家》2020 年第 5 期。

③ 秦前红：《我国高校监察制度的性质、功能与改革愿景》，《武汉大学学报》2020 年第 4 期；邓洪禹、常业军：《高校纪检监察部门推进“三转”工作存在的问题及对策》，《廉政文化研究》2014 年第 6 期。

生党员等监督客体。[①] 在很多情况下，主体与客体高度重合。高校教师和大学生是特殊的群体，象牙塔中的教师干部与在校学生富有民主意识和权利意识，却往往纪律意识和政治意识淡薄，忽视政治纪律与政治规矩，这一群体往往专注于学术而疏远政治。出现这一现象的原因从根本上与中国传统知识分子"正心、诚意""致良知"强化自律而非他律有关，也与中国传统知识分子莫谈国事、远离官场的特点有关。高校教师和大学生作为接受监督的对象，主观上不能适应被监督。这种认知错位还体现在高校党委在学习习近平总书记关于高校思想政治工作讲话精神和中央文件要求时，大多只停留在书面的学习上，专题研究研讨不多，对精神实质领会掌握不够，结合单位实际针对性制定落实办法的较少，离"学懂弄通做实"的要求还有较大差距。

2. 监督的权威性不高

我国高校实行党委领导下的校长负责制，民主集中制下的党委采取集体领导的方式。实践中，集体领导的权威在高校学术氛围中可能被虚化，加之我国高校采取的一直是内设监察模式，高校纪检监察机构功能主要在于政纪监察与维持学术自律[②]，对于思想政治监督是否属于"主责主业"在《关于加快构建高校思想政治工作体系的意见》出台之前并没有明确的制度依据，按照"法无授权即禁止"的公法原理[③]，高校纪委此前对思想政治工作的监督并无明确授权，即便能将对思想政治工作的监督视为一种政纪监察，高校纪委往往也瞻前顾后，不动用权威性较高的监督权，仅以谈心、谈话、提醒等措施进行监督，导致监督权威弱化、成效不彰。

3. 监督的可操作性不强

高校思想政治工作监督的内容包括思想政治理论课、哲学社会科学课、其他各类课、校园文化、社会实践活动、宣传思想和意识形态工作、大学生心理健康教育工作、资助工作、学业就业指导工作等。从调研的27所高校落实领导干部上思政课情况看，当前高校普遍开设《马克思主

---

① 李忠军：《关于高校思想政治工作监督几个基本问题的探讨》，《思想理论教育》2017年第4期。

② 秦前红：《我国高校监察制度的性质、功能与改革愿景》，《武汉大学学报》2020年第4期。

③ 监察权是一种对公权力的监督，也应适用公权力的限权原则，而非私权领域中的扩权原则，尽管当下监察权有扩张的倾向，但依然是在法治轨道中遵循相关法理。

义基本原理》《毛泽东思想和中国特色社会主义理论体系概论》《中国近现代史纲要》以及《思想道德修养和法律基础》等4门思想政治理论课必修课。从当前高校思想政治理论课课程设置看，“习近平新时代中国特色社会主义思想”独立开课的现象没有普遍存在，在研究生教育培养中大多还未设置此研究方向。根据教育部的要求，学校党委书记、校长要带头走进课堂，每学期讲授思政课不少于2次，领导班子其他成员每学期讲授思政课不少于1次，但调研发现，27所高校中有8所院校领导未落实讲思政课要求，还有一些学校以报告会、座谈会等形式代替思政课。从课程思政建设看，缺乏统一的考核标准，思政元素的挖掘主要靠教师自觉，缺乏党组织的领导和政治把关。

（二）深层次原因剖析

习近平总书记指出，“思想政治工作从根本上说是做人的工作”①。实践中高校的思想政治监督工作表现出监督意识不强、监督权威不高、可操作性不强等问题，剖析其背后的深层次原因，都源自于有权监督主体对于“做人的工作”这一命题的认知出现了不同程度的偏差，主要表现在以下几个方面：

1. “为什么监督”的思想认识不深

“为什么监督”既包含将监督视为工具意欲达成的目的，也包含监督权力被授予或被认可的来源。换言之，“为什么要监督”与“为什么能监督”是在实施高校思想政治监督之前需要思考的，如果缺乏对这一问题的认识，就会导致监督的缺位或者越位。目前绝大多数高校党组织和领导干部都能认清加强对高校思想政治工作监督的重要性和必要性，但同时也存在一些模糊认识。

（1）政治站位不高

“两个责任”下高校党委和纪委作为监督者的政治站位决定了高校全体干部师生的思想高度，习近平总书记在《求是》发表文章称：“思政课建设情况要纳入学校党的建设工作考核、办学质量和学科建设评估等，督

① 习近平：《把思想政治工作贯穿于教育教学全过程 开创我国高等教育事业发展新局面》，《人民日报》2016年12月9日。

促学校切实把这项工作抓起来、抓到位。”① 为高校思想政治工作的监督指明了具体方向，但一些高校还是把对思想政治工作的监督作为一项业务工作来对待，并没有树立正确的政治导向。

高校党委负有思想政治建设的主体责任，党委书记是第一责任人，纪检监察机构负有监督责任，以国家监察体制改革为契机，监察机关作为“政治机关”既有别于立法机关、也有别于司法机关和行政机关，尽管学界对监察权的属性还莫衷一是，但监察机关极强的政治性却是毋庸讳言的。② 在高校的纪检监察机构的派驻制度不断完善的情况下，高校思想政治工作的监督应当全面加强党的领导，在“大监督”体系下拓宽监督对象、监督事项。

（2）理论学习不够

高校是精英和智识的聚集之所，但并不会产生大量通才、全才。调研中发现，大部分师生对于以马克思主义为代表的中国特色社会主义政治理论的学习仅停留在“主观主义”或是“经验主义”的阶段。③ 部分师生未读过《资本论》《共产党宣言》等马克思主义原典，对于马克思主义中国化的原理也仅具有感性认识。马克思、恩格斯在领导政党建设过程中深刻认识到权力制约和内部监督对于政党权力正常运行的重要性，在《共产主义者同盟章程》等文件中对如何开展监督进行了详细论述，例如其中一种监督就是“中央委员会向代表大会报告工作”④，形成了权力制约下内部监督的基本思想。

党的十八大以来，习近平总书记加深了对党内监督规律性的认识，提出了一系列关于党内监督的新思路、新观点和新理念，实现了对马克思主义经典作家监督思想的创新与发展。绝大多数高校党委能够将习近平总书记关于高校思想政治工作的重要论述和中央关于高校思想政治工作的一系列文件规定精神纳入理论学习中心组学习重要内容，但由于客观上各个高校的主流专业不同，高校领导干部和教师的知识背景不同，主观上学习马克思主义理论的积极性也不相同，导致高校对思想政治工作精神实质掌握

① 习近平：《思政课是落实立德树人根本任务的关键课程》，《求是》2020 年第 17 期。

② 闫鸣：《监察委员会是政治机关》，《中国纪检监察报》2018 年 3 月 8 日。

③ 参见毛泽东《整顿党的作风》，《毛泽东选集》第三卷，人民出版社 1991 年版。

④ 《马克思恩格斯全集》（第 4 卷），人民出版社 2016 年版，第 574 页。

不全面、理解不透彻，对高校思想政治工作监督的重大意义、目标定位、主要任务和基本要求缺乏正确的理解和认识。

（3）风险认识不足

中华民族五千多年文明的历史，就是一部饱含忧患意识、历经艰辛磨难、抗击各种风险的历史。[①] 习近平总书记强调指出，“世界正处于百年不遇的大变局之中。”[②] 从国际格局看，中国作为发展中国家迅速崛起，已然成为世界政治经济版图的一个主要力量。从发展动力看，新一轮科技革命和产业变革带来的新陈代谢和激烈竞争前所未有。从治理变革看，全球治理体系与国际形势变化的不适应、不对称前所未有，人类正处在一个挑战层出不穷、风险日益增多的时代。国际大环境总体上比以往任何时候都更复杂，面临的矛盾、风险、博弈也前所未有，不稳定性不确定性突出，各种可能预料和难以预料的风险挑战增多。

高校意识形态工作与国际形势曲折、斗争、变革的发展大势息息相关。在国际国内形势的深刻变化下，各种社会思潮纷纭激荡、多样价值观念不断碰撞，给高校意识形态工作带来强烈冲击。作为意识形态工作的前沿阵地，高校肩负着为国家立心、为民族立魂的重要使命，但一些高校党委对当前意识形态斗争的长期性、艰巨性、复杂性认识不清，风险防范意识不强，化解危机能力不够。甚至，一些高校思想政治在工作中日渐出现了西方化、官僚化、骑墙化、贵族化、精英化、门阀化、教条化、形式化、中立化、自娱化等现象。[③] 针对高校意识形态领域问题多发频发的现实，切实掌握意识形态工作的领导权、管理权、话语权，加强对高校思想政治工作的监督尤为重要。

2. “谁来监督”的认识定位存在偏差

大多数高校党组织和领导干部认为加强对高校思想政治工作的监督要划清责任、明确监督主体，但在实际工作中却存在一些偏差。

---

① 颜晓峰：《习近平总书记关于防范风险挑战 重要论述的三维释读》，《求索》2020 年第 4 期。

② 《习近平关于中国特色大国外交论述摘编》，中央文献出版社 2020 年版，第 20 页。

③ 黄蓉生、唐登然：《论高校坚持“党管意识形态”的必然遵循》，《国家教育行政学院学报》2018 年第 1 期。

（1）对各层次监督主体职能定位不准

高校思想政治工作的监督体系，涉及校内各类监督主体、监督制度，是一项艰巨复杂的系统工程。高等学校的党政主要负责人，着重于完善党委领导下的校长负责制体系，监督检查思想政治工作决策的落实情况；高校各职能部门的负责人是校内各项思想政治工作相关规章制度的制定者，他们对制度本身理解不清，对制度之间的相互协调性把握不准，深入基层开展调研的程度不深，直接影响思想政治工作监督的执行；各二级院系的党政负责人，对思想政治工作监督的理解认识存在差异，高校基层管理者、教师员工对思想政治工作的全局认识不足，监督落实能力欠佳。

很多高校党委及其主要领导认为，对思想政治工作的监督责任应该由学校纪检监察机构来承担。殊不知，在高校纪检监察机构“三转”背景下纪检监察机构职责定位是对“监督的再监督”，而非简单的监督。纪检监察机构从以往需要全程参与并负责的议事协调和日常监督中退出，把工作重点转移到加强对职能部门履职特别是自我监管的再监督上。对于如何实施“监督的再监督”职责、进一步做好高校的思想政治工作的认识不足，可能造成监督缺位。三转后，纪检工作是对“权力行使再监督”。高校纪委在融入高校治理中，要抓住组织、制度、方式等嵌入要素，把监督嵌入到学校权力运行的各个方面。

（2）对监督体系认识不全

党建立健全了党中央统一领导，党委（党组）全面监督，纪律检查机关专责监督，党的工作部门职能监督，党的基层组织日常监督，党员民主监督的党内监督体系，形成了党内监督体系。现实中，大多数高校党委及其主要领导和班子成员把对思想政治工作的监督仍停留在纪委的监督上，对自身肩负的领导责任认识不清，从而忽略了领导责任本身就包含管理和监督的责任。除了党内监督以外，高校思想政治工作的监督还包含了党外监督。广义上，高校的党外监督还包含人大监督、民主监督、行政监督、司法监督、群众监督、舆论监督、审计监督、统计监督等，这些主体均可以监督国家宪法和法律法规在高校中的贯彻落实情况；中国共产党和人民政府的重要方针政策策略在高校中的执行情况；高校各级党委依法执政以及党员领导干部履行职责、党风廉政等方面表现情况。由此形成了互联互通的多元监督体系，交织着不同主体以不同价值为导向的监督网络，但这个网络的重点还应落实在党内监督，正如习近平总书记所言：“外部监督是必要的，但从根本上讲，还在于强化自身监督。”①

（3）监督没有形成合力

监督就其本质而言既包括自上而下的纠举，如先秦时期出现的“诽谤之木”“告善之旌”，也包括自上而下的监察，如自秦代至清末的御史制度。② 高校思想政治工作的监督本应是由公众参与，以党内监督为主，以群众监督、民主监督、舆论监督等相辅相成的有机整体。但在“家长制”和“官本位”等不良政治生态的影响下③，其他监督主体对自己拥有的监督权的来源不掌握、不清楚，即使清楚自身监督职责，也不善发挥监督作用，以致没有形成监督合力。“系统内部各要素相互掣肘与摩擦、持续内耗，使各子系统无法正常发挥功能，还使整个系统陷入混乱无序状态”④，导致思想政治工作责任落实不到位，效果欠佳。以民主监督为例，高校集中了大量民主党派人士，他们在教学、科研工作中发挥了重要作用，也愿意承担民主监督的职责。在调研中发现，民主党派成员对高校思想政治工作的监督知情渠道和知情范围有限，并且在沟通环节以及反馈环节缺乏必要的制度保证，也没有科学合理、协调有序、全面稳定的长效制约机制。

3.“监督哪些”的内容把握不准

由于高校思想政治工作是一种“人的工作”，而人的工作是目的而非手段，这项工作不可能也不应该有着封闭的、刚性的内容，而应当是开放的、柔性的，即在一定原则和理念的指导下随着政治理论与国内外形势的变化而调整。因此，对思想政治工作的监督也不同于典型的监督执纪工作，更多的是对党的路线、方针、政策和政治规矩、党规党纪的把握，但实践中这种具体的把握往往会出现偏差。

（1）对谋划部署的监督偏浅

由于思想政治工作是一项基础工程、隐性工程，各级党组织在进行目标责任制考核时，对思想政治工作的标准要求往往是宽泛的，具体的、刚

---

① 习近平：《在第十八届中央纪律检查委员会第六次全体会议上的讲话》，《人民日报》2016年5月3日。

② 参见张晋藩《中国古代监察制度史》，方正出版社2019年版。

③ 刘海年、李林主编：《依法治国与廉政建设》，社会科学文献出版社2018年版，第11—15页。

④ 蒋来用：《健全党内监督体系要理清四个关系》，《中国党政干部论坛》2020年第2期。

性的指标偏少，这给思想政治工作的具体操作提供了一定弹性，消解了“唯指标论”对本应以人为本的思想政治工作的负面影响。然而“不谋全局者，不足谋一域”缺乏对思想政治工作监督的整体谋划和部署必将伤害这项工作本身。监督实施主体履行监督责任时往往关注程序性的工作比较多，对党组织在如何统筹谋划思想政治工作上的监督检查偏浅偏少。习近平总书记认为，宣传思想工作要“胸怀大局、把握大势、着眼大事，做到因势而谋、应势而动、顺势而为”①，“做好高校思想政治工作，要因事而化、因时而进、因势而新”②。可见，发挥监督作用既要整体上的谋划部署，又需要具体地灵活变通。

（2）对执行落实的监督偏松

如前所述，中央层面对高校思想政治工作做好了位阶分明、任务清晰的顶层设计，提出了具体要求。但“纸面上的制度”如何转化为“行动上的制度”仍然存在应然与实然两分这个难以回避的命题，实践中还存在各级部门都不愿意投入过多精力开展监督工作的情况，即使开展监督工作，也囿于体制机制障碍而监督乏力。没有落实意识形态工作责任制，抓住党建和思想政治工作、办好思想政治理论课等关键环节，将“立德树人”融入政治监督、日常监督、审查调查等工作的全过程，也没有把纪检监察工作成效转化为立德树人的政治成果。

三　关于高校思想政治工作监督的路径创新

通过对高校思想政治工作监督的现实困境及其成因的分析和研究，可以对加强高校思想政治工作监督的路径创新做出如下思考。

（一）完善领导体制、落实主体责任

党委统一领导，党政齐抓共管，纪委组织协调，部门各负其责，依靠群众支持和参与是高校思想政治监督工作的运行机制。具体而言，可以设

① 习近平：《胸怀大局把握大势着眼大事 努力把宣传思想工作做得更好》，《人民日报》2013年8月21日。

② 习近平：《把思想政治工作贯穿于教育教学全过程 开创我国高等教育事业发展新局面》，《人民日报》2016年12月9日。

立以下主体维度：

第一个维度为学校党委的主体监督和纪委的专责监督。校党委书记作为实施监督工作的第一责任人，应当履行所在高校思想政治工作监督第一责任人职责，校长和其他班子成员按照“一岗双责”要求，领导、检查、督促分管部门的思想政治监督工作。高校纪委坚持“监督的再监督”职责定位，着力对主责部门和责任人员履职情况进行监督，当好“裁判员”、种好“责任田”，不越俎代庖，切实做到协助有帮助、推动有行动、到位不越位。

第二个维度为高校各行政管理部门、职能部门和高校机关党委的监督。这些机关是党委抓监督的具体执行机关，应当在党委统一领导下充分发挥职能作用，在职责范围内抓好监督相关工作。高校机关党委作为党委派出机关，应当统一组织、规划、部署本级机关的监督工作，指导机关开展监督工作，指导机关各级党组织实施对党员特别是党员领导干部的监督和管理。

第三个维度为各二级学院党委的监督。各二级学院党委应当聚焦主责主业，充分发挥职能作用，协助校党委落实监督主体责任。

第四个维度为其他监督，包括来自广大在校师生、员工、社会以及媒体的监督等。

以上四个维度之间形成科学的分工和有效的协作，使各层级各司其职，各负其责，协调配合，从不同的角度，以不同的方式开展工作，实现全方位、多角度监督高校思想政治工作的目标。为了进一步落实主体责任，还应建立相应的工作制度。具体而言，各级党组织每年至少召开一次思想政治工作会议。下级党组织每学期向上级党组织汇报一次思想政治工作开展情况。学校纪检监察机构每学期对二级党组织开展思想政治工作情况至少进行一次监督检查。学校党委和纪委主要负责人每学期就思想政治工作中存在的倾向性问题约谈二级党组织主要负责人。当然，由于学校各级党组织的实际情况也有很大的差异，而且其外部环境是不断变化的，这就要求各级基层组织在设置子目标的时候要结合自己的实际、要依据外部环境的变化，总目标和子目标也需要做相应的变动，从而使思想政治工作在总目标下的责任制中得到科学的贯彻落实。

（二）明确工作标准、对标对表监督

标准是衡量事物的准则，是评价评估的指标，也是监督检查的标尺。明晰高校思想政治工作标准是加强监督的前提和基础。全国高校思想政治工作会议后，中央出台了一系列重要文件，对高校思想政治工作提出了一系列具体要求，为高校做好思想政治工作提供了重要依据。为使中央部署的各项任务得到有效落实，教育主管部门正在研究制定内容全面、指标合理、方法科学的评价体系，将定性分析和定量分析相结合、工作评价和效果评估相结合，共同推动高校思想政治工作制度化。

在全国统一的监督标准还未出台之前，“建立多元多层、科学有效的高校思政工作测评指标体系，完善过程评价和结果评价相结合的实施机制，推动把高校党建和思想政治工作作为‘双一流’建设成效评估、学科专业质量评价、人才项目评审、教学科研成果评比的重要指标”①，各个高校可以据此对标对表监督。把对思想政治工作监督纳入政治监督重要内容，对照政治监督的要求，探索思想政治工作监督制度机制。对高校党委落实思想政治工作情况，尤其是二级党组织工作任务落实情况，综合运用监督手段和途径开展监督检查，对发现的问题及时进行督促整改，促进标准落地，推动思想政治工作监督具体化、常态化。

制定标准的目的在于评价，评价的目的在于激励。高校党委要充分发挥考核评价的导向激励作用，将思想政治工作纳入干部、教师、员工等人员的年度考核，纳入领导班子和领导干部年度目标责任考核、党建工作责任制考核，将开展思想政治工作情况列为各级党组织负责人党建述职的必述内容，领导干部述责述廉、接受评议的重要内容。高校纪检监察机构要强化日常监督，采取听取汇报、约谈提醒、实地检查等多种方式，定期检查二级党组织思想政治工作责任落实情况。要强化监督检查结果运用，将监督检查结果作为干部选拔任用、教师职称评审、评奖评优的重要依据。

① 《教育部等八部门关于加快构建高校思想政治工作体系的意见》，2020 年 4 月 22 日发布，来源 http：//www. gov. cn/zhengce/zhengceku/2020-05/15/content_5511831. htm。

（三）进行巡视巡察、抓好问题整改

党对高校的巡视，通过发现高校治理体系和治理能力建设中存在的问题，压紧压实“党对高校的全面领导”。有研究者对高校巡视通报进行分析，能够反映出高校思想政治工作中存在的问题。在以往的对高校的巡视中，发现了“学校管理有行政化倾向”“重教书轻育人”“思想政治建设效果不明显”“校领导班子不敢担当”等问题，或直接或间接指向了高校思想政治工作，可见巡视巡察对于加强高校思想政治工作监督能够起到有效作用。①

因此，应当围绕各级党组织落实对思想政治工作的主体责任开展监督。一是开展巡视巡察。中央和省级党委将高校落实全面从严治党主体责任和思想政治工作责任列为巡视重要内容，高校党委将二级党组织落实全面从严治党主体责任和思想政治工作责任列为巡察重要内容，通过巡视巡察发现问题、强化整改、追责问责。二是开展评价评估。在巡视巡察和各级教育督导时，对照省级层面建立的落实思想政治工作标准体系指标，对高校党委和各二级党组织落实思想政治工作开展情况进行整体评价、专项评估或专门评比。三是抓好问题整改。对巡视巡察过程中发现的在落实思想政治工作中存在的问题，拉单列表，能及时整改的即行整改，不能及时整改的，制定整改计划，限时整改。巡视巡察机构对整改情况进行“回头看”，督促整改落实，确保思想政治工作各项要求落到实处。

（四）强化追究问责、健全容错纠错机制

党的十九届四中全会提出，坚持权责统一，盯紧权力运行各个环节，完善发现问题、纠正偏差、精准问责有效机制。问责工作是健全党和国家监督体系的重要内容，是一项严肃的政治工作，必须通过严密的制度设计、规范的程序安排、明晰的责任权限，来保证在正确的轨道上运行，将问责作为推动落实思想政治工作各项要求的有力举措抓紧抓好。对落实思想政治工作责任不力，导致意识形态领域出现倾向性问题或严重后果的各级党组织或党员领导干部，上级党组织要依据《中国共产党问责条例》，

① 赵颖、任羽中、吴旭：《241份巡视整改通报，为高校把了什么脉?》，《廉政瞭望》2020年第6期。

坚决予以追责问责，纪委要积极发挥好协助职能。此外，做好“后半篇文章”。对发现的思想政治工作方面存在的问题要责令整改，对整改情况全程跟踪，确保整改到位。将被问责的党组织和党员领导干部，履行工作责任不力情况能在一定范围内通报，达到问责一人、警示一片的效果。

与问责相对应的，应当健全思想政治工作监督的容错纠错机制。党的十九大报告首次提出要“建立激励机制和容错纠错机制”，把落实思想政治工作责任情况纳入容错纠错机制，按照“三个区分开来”要求，结合学校实际情况，对工作中存在的错误做出全面客观分析，大胆容错纠错。大力营造容错纠错的文化，发挥约束权力制度规范的作用，尤其要旗帜鲜明地支持那些在创新工作方式方法中出现失误的干部、教职工大胆开展工作，消除他们的后顾之忧和风险顾虑，形成勇于负责、敢于担当的干事创业良好氛围，健全多元协同的容错配套机制、提供强有力的法治保障。

The Realistic Dilemma and Path Innovation of the Supervision of Ideological and Political Work in Colleges and Universities

Zhang Ze Kang Peng Wang Hao

Abstract: The ideological and political work of colleges and universities is the lifeline of all work in colleges and universities, and it is related to the great rejuvenation of the Chinese nation. The central government has issued a series of systems to strengthen the supervision of ideological and political work in colleges and universities. However, in reality, problems such as weak awareness of supervision, weak authority of supervision, and low operability of supervision have emerged. There are deeper reasons such as low political position, insufficient theoretical study, insufficient risk awareness, deviation in the positioning of supervision, incomplete understanding of the supervision system, and lack of synergy in supervision. We should explore new paths for ideological and political supervision in socialist colleges and universities with Chinese characteristics.

Keywords: colleges and universities; ideological and political; system of supervision; path innovation

数字技术时代高校数字教学平台建设的内在逻辑与纾解之路

周　伟　朱艺星*

摘　要：数字技术时代，高校数字教学平台建设是促进高校教学改革、提升教学质量、推动教学数字化发展的必然趋势。高校数字教学平台呈现出教学设备的智能化、师生互动的无界化、跨学科信息的交互化、教学服务的在线化等特点，具有教学互动的便捷性，教学资源的复用性，教学成果的可视性、教学时空的无限性等优势。但目前依然存在数字教学平台管理机构职责不清、评价体系与激励机制缺乏、数字教学资源分散、数字教学平台功能仍需优化等问题。高校数字教学平台建设需要明确部门管理职责、制定评价体系与激励机制、整合数字教学资源、优化数字教学平台相关功能，从而发挥高校数字教学平台在数字化教学改革过程中的功效。

关键词：数字技术；高校数字教学平台；数字教学资源

一　问题的提出

完善的数字教学平台对提升高校教学质量至关重要，它不仅是教育信息化发展的基础，还在当今区域教育教学发展中有着至关重要的地位。① 高校数字教学平台是高校教学质量与教学改革工程的重要内容、高校教育高质量发展的内在要求、高校教育数字化发展的必然趋势。如今，通过互联网学习已经成为人类终身学习的必然选择。截至 2019 年 6 月，

* 周伟，西北政法大学政治与管理学院副教授，管理学博士，研究方向：政府改革与治理研究。朱艺星，西北政法大学管理学院硕士研究生，专业方向：地方政府治理与绩效管理。

① 邬大光、李文：《我国高校大规模线上教学的阶段性特征：基于对学生、教师、教务人员问卷调查的实证研究》，《华东师范大学学报》（教育科学版）2020 年第 7 期。

我国在线教育用户规模达到 2.32 亿，手机在线教育用户规模达到 1.99 亿。[①] 特别是在疫情期间“停课不停学”背景下，数字教学平台作为教育发展的基础设施发挥了不可替代的重要作用。但我国高校数字教学平台在快速发展的同时，也存在着诸多问题，影响了高校数字教学平台功能的发挥，如果想要充分发挥其数字化教学功能，必须把数字教学资源合理配置与教学平台的升级优化提升到战略高度。因此，探讨高校数字教学平台建设存在的问题，寻求高校教学平台建设的纾解路径，对于我国高校数字教学平台建设具有十分重要的现实意义。

二 数字技术时代高校数字教学平台建设的内在逻辑

（一）促进高校教学改革的重要内容

高校数字教学平台建设是促进高校教学改革的重要内容，同时也是教育部深化教学改革以教育信息化带动教育现代化的一项重要举措。互联网、大数据、云计算、人工智能等新一轮科技革命和产业变革的加速发展正在改变着人们的工作、学习与生活方式，也给教学形式多样化带来了新的发展空间。[②] 课堂是教育的基础，是人才培养的中心，是完成高校教育目标的关键，数字化教学平台的建设对改善高校教学质量必不可少，是达成目标的关键因素。

（二）提升高校教学质量的内在要求

高校数字教学平台的建设，是高校教学高质量发展的内在要求。必须加快建设教学数字化，建立数字教学平台，这是办好人民满意教育的重要引擎，是促进优质教学资源共享、推动教育变革的关键举措，是促进教育公平的有力抓手。[③] 建立数字教学平台能够更加充分地利用大数据、人工

① 陈明选、李兰：《我国数字教育平台资源配置与服务：问题与对策》，《中国远程教育》2021 年第 1 期。

② 敖磊：《基于大数据与移动互联网技术的高校数字教学服务建设研究》，《办公自动化》2019 年第 17 期。

③ 侯君、李千目：《信息技术与治理双向赋能高校教学——从填平“数字鸿沟”到补齐高质量发展“短板”》，《中国大学教学》2022 年第 5 期。

智能等信息技术，构建网络化、数字化、个性化、终身化的教育体系，多渠道扩大高校的教学资源、从而实现优质教学资源共享和教育变革，为人民创造更加令人满意的教学产品，提升高校教学质量，满足用户的个性化学习需要，为建设一个学习型社会和学习型大国贡献力量。

（三）推动高校教学数字化发展的必然趋势

2022 年 2 月，《教育部 2022 年工作要点》明确提出要推进国家教育数字化战略举措；同年 3 月，全国智能教学公众网络平台也正式开启，为教学发展提供了强有力的支持；同年 10 月，党的二十大第一次将“推进教育数字化”写入报告。在这一重要背景下，以高校数字教学平台建设及其现代化特征引领高校数字化转型与智能升级发展，是高校教育发展的必然趋势，这已然成为当下教育现代化进程的热点问题。

三　数字技术时代高校数字教学平台的特点与优势

（一）数字技术时代高校数字教学平台的特点

1. 教学设备的智能化

智能化的教学设备有着安全的、便捷的服务。数字教学平台的智能体现在多种功能上，包括丰富的装配、简单的操作、流畅高效的通讯、个性化和协同进行学习以及模拟真实学习情境。它的构建一般从三大层面展开：硬件学习环境、软件系统资源管理和技术培训。硬件学习环境是数字教学平台的基石，软件系统资源管理则能让老师和学员借助简单易用的界面与智能硬件和教学环境来完成通信，并且还能提供多种交互的教学方式。技术培训则是确保数字教学平台真正发挥其功能的重要保障。借助数字教学技术，就能做到人机交互、人人交流和内外通信，从而建立一个智慧教室。这种教室就可实施智能控制，包括读卡、计算机课表、报告等功能。此外，还能够实现共建共享校本资源，完成碎片化教学活动，并促进设备交流和师生互动。

2. 师生互动的无界化

通过数字技术，师生能够在课堂上实现更多的交互。传统的教学模式受地域和时间限制，教学必须有稳定的教学地点，教师和学生必须在同一时间参与进课堂。与传统的教学模式相比，数字教学平台使教师在教学过程中，不但突破了教师和学生双方的信息时空局限，而且还很好地被用来促进教师双方的交互。各种数字化工具和方法的应用，已经深刻地改变了教学方式，从信息和资源到手段和方法，甚至是教学理念。高校数字教学平台的发展为新型教学方式提供了更多可能性，包含远距离交互和同步交互。高校数字教学平台也为学习者提供了更多的学习机会，让他们能够更好地探究课题，与导师交流，并与同学进行交互，这些改变扩大了教学的时间和空间。数字技术在教学中的应用有四种常见形式：实时交流、延时交流、人机交互和集体交互。

3. 跨学科信息的交互化

随着数字技术的发展，教学过程中跨学科信息交互共享已经成为现实。跨学科信息交互共享不仅可以打破传统的学科专业界线，指导学习者应用全面科学知识来解答现实难题，而且还能够进一步提高学习者的全面应用知识水平。传统的教学平台因为其地域局限性等因素，致使学科和学科之间的交流互动不足。因此，提高在线交流渠道的战略地位，发挥学科信息交流系统的整体功能，是当今数字技术平台发展的必要条件。高校数字教学平台旨在提高教育质量，而教育发展也在不断前进，因此，它必须不断更新和完善，跨学科内容的交互是其中一个重要特征。

4. 教学服务的在线化

高校数字教学平台的其中一个特点就是教学服务的在线化，目标应该是构建开放的教学服务体系。传统的教学平台所在地点较为固定，学生提问和教师答疑都在教室中，学生在课堂之外询问问题和教师对学习任务的检查都不如在线化的教学服务便捷。因此相较之前发展阶段，高校在线教学的内涵却更为深刻：高校在线教学是需要实现整个教学过程的在线化。不仅仅将课堂讲授内容在线化，而是利用信息技术优势，实现教务管理的在线化、学生学习的个性化、学位及资格认证的一体化，也就是整个高校教育的系统化。高校在线教学可以帮助学生更好地掌握知识，同时也能够培养学生的能力、塑造他们的价值观和建立社群。这是一个重要的问题，需要深入研究。这也使得“数字高校”蓝图呼之欲出。

从高校在线教学的主要表征和应用来看。教学服务的在线化作为人才培养过程中的基础单元，融合了高等教育教学、科研与服务功能，成为高校在线教育实现的基本载体，高校在线课程日益凸显其地位和作用。我国高校普遍将网络课程建设作为推进人才培养模式改革、提高教学质量和学校知名度的有效手段，并根据学校实际情况研发了网络课程和教学模式。通过引入在线课程，高校不仅改变了教育服务的供给方式，而且将数字技术理论与实际紧密联系，使得高等院校的教学、科研、服务等功能得以有效地融合到培养和服务社会的价值链中。

（二）数字技术时代高校数字教学平台的优势

1. 教学互动的便捷性

高校数字教学平台能加强师生的在线互动。在教师抛出观点后，学生可以快速地提出自己的疑惑点，动动手指即可完成教学互动。教师则可以利用数字教学平台的新功能，对学生的作业进行讲评，并且可以采用在线授课的形式，让学生在可视化总结的基础上，更加清晰地理解题目，传统的教学平台则需要教师花费大量时间书写板书。利用高校数字教学平台，能够提高学生的学习效率。学生可以利用快速、即时的反馈来提高课堂互动性，同时不会打断课堂的进行。这种方法有助于加深对知识重点、难点的理解。

2. 教学资源的复用性

教学资源的复用性是指高校数字教学平台，为了使教学资源建立方式多样化，可按知识点、章节等知识框架体系等分别建立，保证教学资源的重复使用，快速生成教学课件，提升教师的教学效率，形成网络教学资源，教学资源可以自动生成存至云端，便于学生对教育资源的反复利用，实现教师授课效果的最大化。老师在传统的教学平台授课后，上课的内容无法及时地保存下来，也无法自动形成教学资源，对于想巩固课堂内容的学生来说，削减了效率。而数字教学平台不仅使教师提高教学水平，还便于学生课后巩固课堂知识。

3. 教学成果的可视性

通过使用图形图像、动画录像等视觉表现技术手段或者视野感知辅助开发工具，教师可以将抽象的教学内容变得更加具体，让学生能够通过不同的思考方式和思维路径清晰地理解抽象的内容，从而更好地将相应的教学活动内化为学习者自身的认知结构和思维框架，提高学习者的学习能力和学习效率，让教师教授的内容变得更加生动。传统的教学平台只是在教室内，教师简单地对知识点的陈述，在涉及一些需要使用图形图像、动画录像的教学内容时，传统教学平台的局限性就显现出来了。[①]

4. 教学时空的无限性

“线上模式”的出现，使得教学时空的无限性得以实现，它打破了传统线下教学的固定时间和课堂，让教师和学生可以在不同的空间和环境中进行线上学习，从而极大地提高了教育效率。[②] 传统的教学平台由于“不可逆”的特点，教学内容和过程只能一次性呈现，无法完全重复；而“线上教学”则不同，视频可以多次播放，学生可以根据自己的时间和地点，选择合适的内容进行学习和巩固，不受时空限制。

四 数字技术时代高校数字教学平台建设的纾解之路

（一）高校数字教学平台建设存在的问题

1. 数字教学平台管理机构职责不清

当前，许多地区高校的数字教学平台和资源管理中心由教务处、教育技术服务中心或计算机网络管理中心以及基层教学机构等部门联合负责管理，但由于缺乏明确的职责和权限范围，这些职能部门之间存在着责任不明等问题，从而使得高校无法有效地协调和管理教育资源。确立各自的职责，培养一批高素质的人员，是当前地方高校强化数字教学平台管理工作的重要任务。

2. 评价体系与激励机制缺乏

近年来，由于缺乏有效的评价体系和激励机制，导致教师不愿意花费时间和精力在数字教学平台上，以致许多高校的数字教学平台并不能得到有效的应用。为了激发教师使用数字教学平台的积极性和创造性，必须建立一整套自上而下完善的评价体系和激励机制，以促进数字教学平台的有效运用。

3. 数字教学资源分散

从高校的对外发展来看，其教学资源的分配主要是集中在有形资源上

① 吴玉春、龙小建：《高校教育信息化背景下虚拟实验室应用研究——以井冈山大学为例》，《科教导刊》2021年第1期。

② 陆灵明：《高校现代教育技术运用研究——评〈运用现代教育技术促进高校教学质量提升〉》，《中国科技论文》2020年第3期。

的分配，而非无形资源的分配上；数字教学资源是一个复杂的系统工程，需要资金、人员和技术的协调配合才能实现有效的整合。然而，由于资金的限制，部分高校无法对数据整合处理设备和系统进行升级建设，而且由于管理方式的僵化，部分数字平台管理人员无法将资源整合人员安置在适合的职位，培训也相对较少，从而造成数字资源管理人员极度短缺，影响了数字资源的有效利用。管理者未能充分利用技术来发掘数字信息资源相互之间的紧密联系，从而造成数据信息架构不合理、资源共享信息内容缺乏统一性，无法吸引固定读者群。① 由于数字资源与新媒体资源缺乏整合，导致读者无法获取到有效的共享内容，导致数字资源的配置效率低下。为此，高校内部数字资源管理部门应该加强与新媒体平台的合作，建立一个有序的共享系统，以实现线上和线下资源的统一整合。② 数字资源管理机构和新媒体推送的信息内容缺乏统一性，缺乏明确的主题，学科体系也不够完善，根本无法覆盖馆内数据库系统中的各种资源，从而导致读者无法全面了解资源共享信息内容。③

4. 数字教学平台功能仍需优化

数字教学平台能够提供个性化学习分析、数字推送学习内容等服务。在数据采集上，将学生的学习档案数据、学习行为数据等信息数据存储在数据仓库中。在此基础上，整合自适应技术、推送技术、语义分析等人工数字分析和大数据挖掘技术，以支持学习计算。在学习服务上，提供个性化学习路径推荐服务。数字化教学平台功能为：数据、算法、服务。其中数据是基础，算法是核心，服务是目的。

数据层是教学数据的输入端口，也是面向上层服务的基础接口，主要负责采集、清洗、整理、存储各类教学数据，一方面是收集学习者的学习行为、学习成果、学习过程等信息数据，另一方面需要搜集教师教学数据，包括备课资源等。算法层主要由各种融合了教学业务的人工数字算法组成，按照系统的方法，对数据层的各类教学数据进行各种计算、分析，

① 童云海：《高校图书馆面向主题的电子资源服务系统建设的思考——以电子教学参考资源服务系统建设为例》，《大学图书馆学报》2020 年第 4 期。

② 朱晓亚、孟晓华：《基于科斯定理的高校数字教学资源共享策略研究》，《黑龙江教育（高教研究与评估）》2022 年第 6 期。

③ 李琛、黄晓明：《在线学习环境下数字教学资源的整合与共享研究——以 42 所双一流高校为例》，《淮南师范学院学报》2022 年第 2 期。

实现数据的数字化处理。比如，通过对班级所有学生的行为数据、基础信息数据和学业数据进行数字学情分析，得出学生个体与班级整体情况，根据学习者的兴趣方向，为其提供不同的学习服务、布置不同难度的作业，激发学习者内在学习能力。服务层通过接收来自算法层的数据处理结果，提供给用户所需的教育服务。在学习服务上，基于个性化分析结果，为学习者提供涵盖学习内容、学习互动、个性化学习路径等推荐服务，辅助学生进行个性化学习。在教学服务上，通过对教师教学过程数据分析，帮助教师总结得失、监控教学质量、调整教学设计。

数字教学平台功能问题主要存在于服务层：数字化教学服务多数只针对理论教学部分，而实践部分的教学资源则是匮乏的，尤其对于地方性本科院校而言，受资金、技术等条件的限制，这方面的建设明显落后。例如对于一些大型试验，由于缺乏相应的数字化软硬件设施，无法模拟、分析实验，一定程度上限制了实践教学。

（二）推进高校数字教学平台建设的纾解路径

1. 明确部门职责，加强规范管理

为了确保数字教学平台的稳定运行，高等学校应当明晰各行政人员及管理服务工作人员的职权，构建有效的协同管理机制，避免出现互相推诿的情况。根据部分院校使用教学信息平台的成功经验，各部门的职能可以区分为：教务工作处承担制定方案、进行具体实施、检测评价、项目管理检验等，而计算机网络管理中心则进行支持，以确保互联网教学信息平台的有效运行。现代教育技术中心负责管理维护网络教学平台，包括系统、计算机网络和服务器的日常运行，并为教师提供优质的业务、咨询和操作培训。基层教学单位则负责管理制定具体的教学计划，组织网络课堂教学，参加教研活动，并实行科研交流活动，以提升质量。

2. 完善评价体系与激励机制

科学的评价体系与完善的激励机制是推动高校数字教学平台稳定运行和充分应用的重要举措。针对目前高校数字教学平台管理应用评价体系与激励机制不完善的问题：一方面，依据高校数字教学平台各管理部门的职责权限及教师对数字教学平台的使用情况，分类建立高校相关职能部门数字教学平台管理服务及教师数字教学平台应用评价体系。通过科学的评价体系督促高校数字教学平台各管理部门责任落实与服务改善，以及推动教师在教育教学过程中充分应用数字教学平台，从而确保高校数字教学平台的高效运行和充分应用。另一方面，根据高校数字教学平台职能部门管理服务及教师教育教学应用评价结果，完善高校数字教学平台管理服务及教学应用激励机制。激励就是指创设满足个体和组织各种需要的条件，激励个体或组织的动机，使其个体产生实现组织目标或组织产生符合集体行动特定行为的过程。高校数字教学平台的稳定运行和高效应用，离不开相关职能部门和教师的协同合作。因而，在高校数字教学平台管理服务及教学应用过程中，应依据考核评价结果采用奖励、惩罚等多种激励手段和选择物质奖励、精神鼓励等多种激励方式，激发与调动职能部门数字教学平台管理服务和教师数字教学平台应用的内驱动力。

3. 整合数字教学资源

数字资源是数字教学平台建设的关键要素，也是数字教学的原材料。因此要充分利用数字教学平台信息集成共享功能，深入分析教师数字教学需求和学生数字学习要求，全面系统整合校内外各种数字教学资源。通过运用互联网、大数据、区块链、计算机等信息技术工具，深度挖掘采集和全面加工整理各种数字教学资源，统一汇聚到数字教学平台数据库中，为数字教育教学提供充足的数字资源。

4. 优化数字教学平台相关功能

以技术和服务双向融合科学规划数字教学平台，动态推进数字教学平台建设。应该从技术层面出发，系统性地规划智能环境、数字资源、学校教学数据应用、数字素养与能力等，积极地探讨智能课堂、信息技术赋能型自主创新课堂、依托云业务的数量整合与组织、人工智能和信息发掘、智能学习分析诊断与适应性教学等科技应用，以提升教育质量，实现教育智能化。① 从服务角度来看，应该从上而下审视学校办学业务，数字化教学服务不能只针对理论教学部分，应该把更多的关注点转移到实践部分，加大资金投入，提高技术，优化相应的数字化软硬件设施，为实践教学提供技术支持。深入探索数字技术与教学的融合，提升教师的数字素养和研修能力，促进学生的数字素养和学习发展，利用教育信息化和综合评价，实现学校数字治理和现代教学服务的融合，并通过技术实现业务链条的凝

① 杜飞、隋堃：《高校教育教学管理新视野——评〈高校教学管理信息化建设〉》，《中国油脂》2021 年第 3 期。

聚，创新业务场景，以实现学校教学的系统性创新和重构。

五 结语

建设高校数字教学平台是数字技术时代高校教育高质量发展的重要组成部分，是提升高校教育质量的必要手段，也是高校发展的必然趋势。然而，在建设过程中，仍存在数字教学平台管理机构职责不清、评价体系与激励机制缺乏、数字教学资源分散、数字教学平台功能仍需优化等问题，因此，要想使高校数字教学平台建设取得持续进步，就必须明确部门职责，规范管理，以更好地解决数字教学平台管理机构职责不清的问题；通过制定评价体系与激励机制解决评价体系与激励机制缺乏的问题；通过整合数字教学资源，来解决数字教学资源分散的问题。通过优化数字教学平台的功能，提升学生的数字素养，推动高校数字教学平台的发展，使其具备现代化的特征，从而为高校数字化转型和智能升级提供有力支撑。[①]

① 王玉刚：《高校数字化教学资源建设：思路、战略与路径》，《网络安全技术与应用》2019 年第 2 期。

The Internal Logic and Relief of Digital Teaching Platform Construction in Colleges and Universities in the Age of Digital Technology

Zhou Wci　Zhu Yixing

Abstract: In the age of digital technology, the construction of digital teaching platform in colleges and universities is an inevitable trend to promote teaching reform, improve teaching quality and promote the development of digital teaching. The digital teaching platform of colleges and universities presents the characteristics of intelligent teaching equipment, unbounded interaction between teachers and students, interactive interdisciplinary information, online teaching services and so on. It has the advantages of convenient teaching interaction, reuse of teaching resources, visibility of teaching results, unlimited teaching time and space. There are still some problems, such as unclear responsibilities of the management organization of the digital teaching platform, lack of evaluation system and incentive mechanism, scattered digital teaching resources, and the function of the digital teaching platform still needs to be optimized. The construction of digital teaching platform in colleges and universities needs to clarify the management responsibilities of each department, formulate evaluation system and incentive mechanism, integrate digital teaching resources, and optimize the function of digital teaching platform, so as to give play to the effect of digital teaching platform in the process of digital teaching reform.

Keywords: digital technology; university digital teaching platform; digital teaching resources

高校荣誉学院学业辅导类学生组织模式的创新探索

——以西安交通大学钱学森学（书）院“钱学组”为例

徐海涛　谢芮承　高思涵*

摘　要：在高校荣誉学院拔尖创新人才培养体系下，现有学业辅导模式存在诸多缺陷与弊端。西安交通大学钱学森学（书）院工科试验班（钱学森班）学生在实践中探索出一套适用于荣誉学院人才培养方式的学业辅导类学生组织模式，其在学生自主权、课程辅导方法、成长体系建构、矩阵化扩展等方面进行了一系列试验与创新，对于服务荣誉学院学生自主成长成才、由内向外推动拔尖创新人才培养体系健全具有重要意义。

关键词：荣誉学院；学习辅导；学生组织；探索

进入21世纪以来，国内多所高校以培养拔尖创新人才为目标，结合自身特色探索建立了“荣誉学院”等创新人才培养体系。由于此类荣誉学院的培养模式独具特色，一般的学业辅导模式已经不能满足相关学生需求。针对此情况，西安交通大学钱学森学（书）院2020级工科试验班（钱学森班）的学生自发建立了“钱学森班学习分享小组”（下简称“钱学组”），并逐渐探索出一套“钱学组”学业辅导类学生组织模式。实践证明，该模式较好地填补了高校荣誉学院学业辅导类学生组织模式的空白，对健全拔尖创新人才培养体系、完善学生自主成长成才途径发挥了积极作用。

---

* 徐海涛，西安交通大学钱学森班（智能电气）2020级在读生；谢芮承，西安交通大学钱学森班（智能电气）2021级在读生；高思涵，西安交通大学钱学森班（智能技术与自动化）2021级在读生。

一 现有学业辅导模式及其局限性

（一）现有学业辅导模式简介

高校学业辅导是指根据高校学生特点与需求开展的学业发展指导与支持性活动，其组织者包括高等教育工作者与朋辈学生群体等，内容涵盖高校学生学业生涯中入学适应、课程学习、方向选择、未来规划等多个方面，对助力高校学生成长成才具有重要意义。[①]

从形式上看，现有的学业辅导通常可分为三大类：由学院方牵头组织专业课程教师直接进行学业辅导的“教师辅导”模式，由学生党员、同专业学生、学生会等朋辈群体承担主要辅导任务的“朋辈辅导”模式，[②] 和依托高校学生部（处）等单位建立的大学生学习发展中心开展工作的“学业中心”模式。[③]

就高校学业辅导的内容而言，由其定义可以区分出狭义和广义两类学业辅导：前者仅在学习动机、心态、方法、目标等方面针对学生的专业课程成绩提升，而后者还包括入学适应、科创竞赛、课外实践、职业规划等大学生活的其他内容。

（二）荣誉学院人才培养模式特点

荣誉学院拔尖人才培养模式通过汇集优质教育资源、开发高质量课程、实行滚动机制、开展国际合作与交流等方式以注重学生的个体教育需求满足与创新能力培养。[④] 其典型代表包括南京大学匡亚明学院、北京大学元培学院、上海交通大学致远学院、清华大学新雅书院、西安交通大学

---

① 李璐、鲍威：《学业辅导对大学生学业成就的影响及补偿性效应检验》，《教育学术月刊》2016 年第 8 期。

② 孙苏：《基于“以学生为中心”的高校学业指导体系探究》，《江苏高教》2017 年第 2 期。

③ 刘枫、李刁：《高校大学生学习发展中心创新发展研究——以华中师范大学为例》，《学校党建与思想教育》2022 年第 19 期。

④ 吕成祯、钟蓉戎：《荣誉教育：我国拔尖创新人才培养模式研究》，《国家教育行政学院学报》2014 年第 1 期。

钱学森学（书）院等。

西安交通大学钱学森学（书）院成立于2016年，实行“学院+书院”的双院制模式，统筹负责西安交通大学少年班、工科试验班（钱学森班）、数学试验班、侯宗濂班等各类试验班的学生培养与管理工作。钱学森学（书）院通过建立科学选拔体系与差异化动态进出机制、构建“大成智慧”特色知识体系、组建优秀师资团队、开发高水平国际教育平台等方式，逐步形成了重基础、重科研、重个性、国际化、以立德树人为中心的“三重一化一中心”人才培养模式，广受社会各界好评，充分发挥教学改革引领示范作用。①

（三）现有学业辅导模式在荣誉学院模式下的困境

从实践中发现，由于荣誉学院涵盖专业范围广，各专业课程设置、支持体系等多方面异质性强，传统的大规模学业辅导活动，如课程答疑、考前串讲等，面临覆盖面窄、适应性差等问题，严重影响学业辅导的效率与效果。再者，荣誉学院各专业人数相对较少且学生学业压力大、课余时间紧张，传统的“朋辈辅导”模式面临辅导者人手紧张、动力不足的困境。更为关键的是，荣誉学院拔尖创新人才的培养强调学生合作学习能力、自主探究能力的锻炼和对个体参与科创竞赛活动、规划学业职业生涯等需求的满足，传统学业辅导模式尚不具备相关功能。

在现有学业辅导模式已不适用于当今高校荣誉学院拔尖创新人才培养的背景下，亟待探索一种新型学业辅导模式以服务荣誉学院学生成长成才需求。本文以钱学森学（书）院工科试验班（钱学森班）为对象，根据其特点探索建立了“钱学森班学习分享小组”（简称“钱学组”），开创了一种学业辅导型学生组织新模式，并以该学生组织名称将此模式命名为“钱学组”模式。

二　“钱学组”模式的创新探索背景

钱学组及其模式的建立是对西安交通大学工科试验班（钱学森

---

① 杨森、王娟、冯国娟、赵辙：《基于“荣誉教育”的拔尖创新人才培养模式探索——以西安交通大学钱学森学院为例》，《创新人才教育》2020年第3期。

班）培养特色的充分回应，同时“钱学组”模式在指导思想、组织结构等多方面的成功创新与钱学森书院学业辅导中心提供的坚实基础密不可分，因此有必要简要介绍西安交通大学工科试验班（钱学森班）与钱学森书院学业辅导中心。

（一）西安交通大学工科试验班（钱学森班）简介

西安交通大学自 2007 年开始创办工科试验班（钱学森班），简称“钱学森班”“钱班”，致力于培养世界一流的工科领军人才。钱学森班以钱学森先生“大成智慧”理念为指导思想，经过 15 年的探索与实践，逐步形成了“筑工科基础、强人文素养、建系统思维、育领军人才”的培养特色。钱学森学（书）院积极创新钱学森班体制机制，打破专业学科壁垒，设置智能制造、智能电气、智能技术与自动化、智慧能源动力等 4 个专业模块，每个专业模块设置 1 个行政班级进行管理。自 2020 年始，每级钱学森班共约 120 名学生，各专业模块约 30 人，专业规模相较西安交通大学其他专业明显较小。在专业课程上，钱学森班在本科一、二年级实行大工科通识教育，各专业模块课程设置相近。但由于公共基础课程教学模式的调整与学科交叉特色课程的设置，钱学森班的培养方案与全校其他工科专业存在明显差别。

（二）钱学森书院学业辅导中心概况

钱学森学（书）院在传统学业辅导模式的基础上，建立了钱学森书院学业辅导中心（下简称“钱院学辅”）这一面向全院学生的学业辅导类学生组织，相较于前文所述的“朋辈辅导”模式，其主要创新点在于将原钱学森学（书）院学生会学习部改造为独立的院级学生组织以便开展工作。钱院学辅由主任团、学研部、办公室、宣传部等组成，面向钱院学生积极开展课程答疑辅导工作、组织暑期学科讨论班与科研竞赛指南讲座等活动，联合全国重点高校发行刊物《珠峰学报》。钱院学辅的组织模式能够切实发挥作用，在一定程度上适应荣誉学院的相关特点。但是，其模式本质上仍属于传统学业辅导模式，在服务现代高校荣誉学院拔尖创新人才培养的目标上依然有较大的进步空间。

三 “钱学组”模式的创新探索实践

2020—2021 学年的第一学期，2020 级钱学森班中部分班级班委会在举办小规模学业辅导活动上进行了一系列有益尝试，为钱学组的形成提供了经验准备与物质基础。同学年第二学期，2020 级钱学森班学习分享小组正式成立。2020 级钱学组挂靠在钱院学辅学研部下，同时拥有高度自主权。其以“自愿、开放、奉献、互利、进步”为基本原则，主要由 2020 级钱学森班各专业模块学生构成，服务 2020 级钱学森班乃至全院同学，旨在通过举办各类学业活动，为所有有学习意愿或有学习需求的同学提供便捷、有效、多能的知识分享平台。两年来，2020 级、2021 级、2022 级钱学森班学生共同探索出一套包含钱学组指导思想、组织架构、活动形式等完善的经验与理论体系，稳定的“钱学组”模式已经形成，并正在激发荣誉学院人才培养内生动力的道路上行稳致远。

（一）坚持学生自主创造，密切联系学生需求

在组织性质上，钱学组属于钱学森班内部的学业辅导组织，充分做到“从学生中来，到学生中去”。因此，钱学组能够充分发挥学生自我服务的巨大潜能，迅速发现学生在学习生活中的困难需求并针对性地给出解决方案。

一是科学合理设置组织结构。目前，钱学组设总负责人 1 人，以年级进一步划分，各年级钱学组均设有独立的工作组。以 2021 级工作组为例，其设有负责人 2 人，下设策划组、组织组、联络组、宣传组和考核组等 5 个工作小组。钱学组的组织架构及其与钱院学辅的关系如图 1 所示，各工作小组的具体职能如表 1 所示。

表 1　钱学组各工作小组具体职能

工作小组	具体职能
策划组	通过多种形式调研学生需求并策划活动相关事宜
组织组	根据策划案组织各项活动并保证其顺利开展
联络组	联系钱院学辅、钱学组其他工作组与其他“学组”
宣传组	活动前期推广宣传、中期记录与后期总结
考核组	收集学生反馈、评价各活动成效并考核人员工作

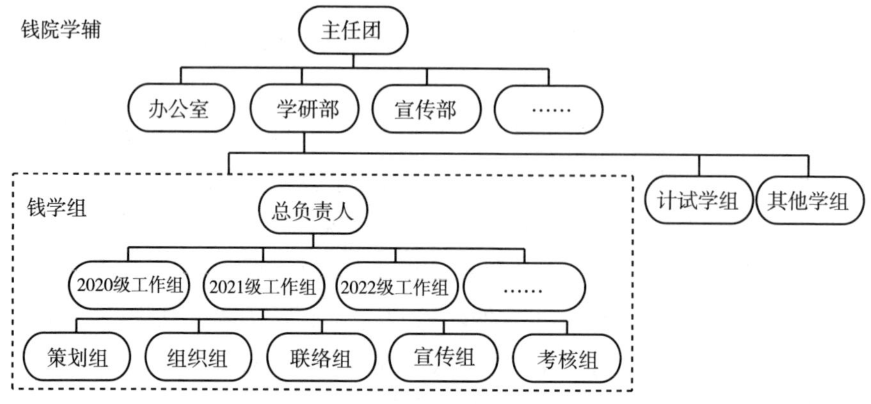

图1 钱院学辅与钱学组的组织架构

二是确保本班学生主体地位。钱学组的根基在于对钱学森班培养方案的独特适应性，因此，从成型开始，各年级工作组中大到统筹组织、小到各工作小组具体事务的所有工作均由同年级钱学森班学生完成，相关工作、活动开展以钱学森班学生需求为第一导向。随着钱学组的不断发展，由于其部分功能也可供钱学森学（书）院其他专业学生利用，钱学组的服务对象从单一的钱学森班学生逐渐扩展到全院各专业学生，但钱学组的工作人员选拔、任用仅限于钱学森班范围，同时其各项工作与活动的根本出发点未发生泛化，保证了钱学组优势的充分发挥。

三是激发学生自主参与活力。按照美国行为科学家 Fredrick Herzberg 的双因素激励理论，钱学组用课程学习与学术上的思想碰撞、丰富且便捷的学业与科创资源等作为激励因素，志愿服务工时、表彰荣誉与物质奖励等都作为保健因素，使学生乐于学习、勤于钻研、敢于交流，切实提升学生参与兴趣。从另一角度，钱学组的组织性质决定了其能够建立良好的信任网络、搭建共创共享平台、实现权力下放与责任下沉，属于“赋能型学生组织”，因此能够调动其成员的主观能动性并最大限度发挥个人才智潜能。①

四是畅通学生反馈交流渠道。由于钱学组的工作人员与服务对象均为同年级钱学森班学生，密切的人际关系与丰富的见面交流机会使得受众的

① 魏瑶：《关于构建新时代高校赋能型学生组织的思考与路径探索》，《创新创业理论研究与实践》2021 年第 4 期。

学业需求、对钱学组活动的建议与期望易于被工作人员收集，从而实现工作改进。同时，钱学组各年级工作组下的考核组、策划组通过访谈、投票、问卷调查等多种方式积极收集学生建议与想法，使意见反馈回路更加通畅。

（二）拓展课程辅导新方法，打造“钱学组”品牌效应

仅就课程学习而言，目前常见的高校学业辅导方式包括知识点串讲、集中答疑、点对点单独辅导等。如前文所述，由于荣誉学院专业分散，此类大规模活动效率低下，效果不够理想；与此同时，荣誉学院学生平均学业水平相对较高，普通的课程辅导并不能满足其对深入学习各课程的个性需求。“钱学组”模式成功开发了一套课程辅导方法系统，并得到广大学生认可与支持。

一是在批判中继承。在钱学组成立前，钱院学辅已经通过建立钱院学辅交流分享 QQ 群、组织编写学习资料、安排志愿者固定时段答疑等方式开展课程辅导工作。钱学组在建立时，认真向钱院学辅学习相关工作模式运行经验，并结合钱学森班实际情况进行改进。对于原先效果不理想，或不适用于“钱学组”模式的活动方式，钱学组在反复权衡与论证后选择舍弃。

二是在实践中创新。一方面，钱学组在实践中不断改进已有方式。在长期运行中，钱学组已经摸索出一套完善的学业资料编写、交流分享、QQ 群维护、固定时段专人答疑辅导的范式；另一方面，钱学组不断尝试新的课程辅导方法。根据学生建议，钱学组在考试前会根据同学们的复习需求邀请高年级优秀的学长学姐针对各重点、难点课程分别举办考前复习指南讲座；组织模拟考试，在实战中帮助学生理清考试重点、做好时间安排、训练解题能力；实行个体辅导预约制，有相关需求的学生可以发出申请，钱学组将安排志愿者点对点进行课程辅导；邀请专业课程教师加入答疑分享 QQ 群，利用线上平台实现师生互动答疑。以学生参与度最为广泛的学业资料编写和考前复习指南讲座举办两项活动为例，其大致流程如图 2 所示。

三是在认可中进步。钱学组通过严格把控出品标准、实行交叉审核校对、回收学生评价与反馈等方式，全力提升各项活动与产出的质量以切实为同学服务，使得钱学组及其作品在全院、全校得到广泛认可与信赖。钱

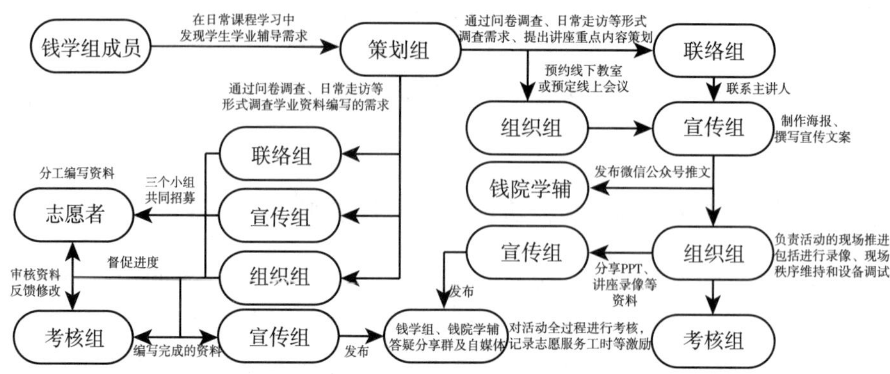

图 2　钱学组学业资料编写和考前复习指南讲座举办大致流程

学组举办的线下讲座座无虚席，常年活跃的各年级答疑分享群吸引了约两倍于钱学森班学生数量的其他专业学生加入，制作的课程助手在线上平台的下载量已超过万次。良好的群众基础同时向钱学组提出了更高的期望和要求，激励全体工作人员朝着更高的目标继续奋斗。在品牌效应带来的正反馈的支持下，钱学组携手广大同学共同进步，充分实现了互利与进步的既定目标。

（三）挖掘学业辅导深层含义，服务人才培养全过程

荣誉学院人才培养应当注重以德智体美劳全面发展为导向，打造“四课堂”融通体系。① 在聚焦课程学习辅导主责主业的基础上，钱学组积极探索入学适应、竞赛交流、科研领路、职业规划等功能，对钱学森班学生成长成才的全过程、全环节的不同需求给出了回应。

一是入学适应。由于钱学森班课程体系与培养模式独特，每学年初，钱学组的高年级工作组会组织本年级优秀学生为钱学森班新生举办经验分享论坛、编写选课指南与新学期课程学习指南、进行“一对多”入学指导等，为新生提供了重要参考与有力帮助，有效地减少了学习与生活方式的突然变化带来的迷茫与压力。钱学组的高年级工作组也会指导新生年级建立工作组，并在初期协助新生年级工作组顺利开展工作与活动，从而实现“钱学组”模式的传承。

---

① 张慧：《幸福进取者：荣誉学院人才培养的再思考》，《教师》2021 年第 25 期。

二是竞赛交流。钱学组派工作人员定期整理近期竞赛信息并在交流分享 QQ 群中发布，动员感兴趣的学生参加。针对数学建模、“挑战杯”、“互联网+”等重要学科、科技竞赛，钱学组基于全体钱学森班学生建立公开项目库与人才库，同时向全校感兴趣的学生开放，为学生竞赛组队需求匹配提供便利。

三是科研领路。为积极响应钱学森学（书）院提出的“三早计划”（早进入实验室、早融入课题组、早开展科研项目），厚植钱学森班学生科研兴趣，钱学组在钱学森书院团工委的指导下，曾举办“科研说”活动，邀请科技创新方面表现突出的高年级学生分享参加科研工作的经验。钱学组同时开设一系列包括文献查找、数据处理方法、LaTeX 排版等科研技能培训课程，帮助钱学森班学生提前做好融入课题组的准备。

四是职业规划。为帮助本科高年级学生提前规划未来学业职业发展，钱学组计划在钱学森班毕业生与在校生之间建立校友联系平台，通过开展经验分享交流会、线上沙龙等活动形式，加强钱学森班优秀校友与在校生间的联系，为在校生提供便捷的学习、科研与行业信息获取平台。

（四）推动模式矩阵化扩展，横纵双向构建支持体系

在钱学组成员的共同努力下，基于“钱学组”模式的各式学习分享小组（一般被简称为“学组”）正逐渐在钱学森学（书）院各年级各试验班建立，包括基于少年班的“少学组”、基于计算机试验班的“思博”计试伴学小组等。钱学森学（书）院内正逐渐形成以专业为横轴、年级为纵轴的“学组”体系，其中各专业学组的各年级工作组均可得到横向的来自同专业其他年级学组的帮助，与纵向的来自同专业学组其他年级工作组的支持。

一是横向帮助。尽管钱学森学（书）院各试验班专业不同，但诸如“工科数学分析/高等数学”“线性代数与解析几何”与思想政治类课程等是各专业的公共基础课，且各专业学生在入学适应、竞赛交流、科研引领等多方面的需求存在较多的共同点，因此一部分学业辅导活动可以由同年级各专业学组联合举办，或采取个别学组承办、其他学组辅助的方式开展，面向相关年级相关专业全体学生。此举可以避免各学组活动同质化，

由此提升“钱学组”模式工作效率，减轻各学组负担。

二是纵向支持。“学组”体系内的纵向支持主要表现为高年级工作组对低年级工作组的支持，除上文提及的高年级工作组对新生年级工作组建立与初期运行的指导与帮助作用外，还包括：低年级工作组可以直接在高年级工作组已经编写的学业资料的基础上继续进行修正与补充而无须从零开始编写；低年级工作组可以通过高年级工作组邀请在各专业课程上成绩优异、表达能力强的学长/学姐主讲考前复习指南讲座；高年级工作组选拔并派出答疑辅导志愿者加入低年级工作组建立的答疑分享 QQ 群并提供针对性的答疑辅导等。

四 “钱学组”模式的创新探索成效

截至 2022 年 12 月，钱学组已工作运行超过四个学期，开展百余场活动，实现了对钱学森班三个年级的全覆盖，在入学适应、学业辅导、科创竞赛等方面形成了稳定的活动模式。同时，钱学组不断创新工作方式方法，推动“钱学组”模式矩阵化扩展，发挥其更大优势潜能。

在学生入学时平均水平、培养模式、课程设置等没有显著变化的前提下，相较于没有建立“钱学组”模式的 18 级、19 级钱学森班，有“钱学组”模式的 20 级、21 级钱学森班学生在课程成绩、科研训练参与、科创竞赛获奖、大学生活满意度等多方面均有明显提高。

为进一步了解工作与活动成效，钱学组工作人员向各年级钱学森班学生发放活动满意度调查问卷，共发出问卷 271 份，收回 260 份，剔除无效样本后，筛选出有效问卷 258 份。结果如表 2 所示，各项指标评分满分均为 5 分。

表 2 钱学组活动满意度调查结果

评价指标	评分（满分为 5 分）
提供高质量课程辅导	4.90
回应学生全环节需求	4.83
打造知识共享平台	4.77
营造良好学习氛围	4.78
激发个人学业发展动力	4.85

各年级学生多方面表现对比与钱学组活动满意度调查结果均显示，钱学组在课程辅导、竞赛指导、科研领路、平台搭建、氛围营造等多方面均取得良好成效，广受学生好评。

五 结论与展望

综上所述，“钱学组”模式从服务拔尖创新人才培养的角度出发，基于原有的学业辅导模式进行了诸多创新，为高校荣誉学院学业辅导类学生组织的建设提供了良好思路。在保留核心框架与主导思想不变的前提下，在根据学院专业分布、专业培养方案、学生能力素质等实际情况调整辅导形式与内容后，“钱学组”模式可以推广到各大高校荣誉学院或类似的拔尖创新人才培养基地，因地制宜发挥效用。

Innovative Exploration on the Model of Student Organization for Academic Guidance in Honors Colleges:

Taking "Qianxuezu" as an Example

Xu Haitao　Xie Ruicheng　Gao Sihan

Abstract: In the context of the cultivating system of outstanding innovative talents in honors colleges, the existing model for academic guidance has many defects and drawbacks. The students in QianXuesen class of Qian Xuesen Honors College of Xi'an Jiaotong University explored a model of student organization for academic guidance in practice which is suitable for the cultivating method of talents in honors colleges. A series of experiments and innovations has been carried out in aspects of students' autonomy, course guidance methods, growth system construction, model expansion, etc.. This model is not only helpful for serving the students of honors colleges to grow independently, but also meaningful for improving the cultivating system of outstanding innovative talents.

Keywords: honors college; academic guidance; student organization; exploration

地方高校青年教师管理失误及其结果分析

吕润平[*]

摘　要：地方高校青年教师职业倦怠形成的因素有很多，高校管理方面的催化作用更为直接、关键和明显。本文分析了地方高校人力资源管理中三种常见的错误管理行为及其结果，以期抛砖引玉，让地方高校有限的资源更广泛更好地、最大限度地调动数量庞大的青年教师队伍的积极性和创造性。

关键词：职业倦怠；地方高校；人力资源管理；青年教师

地方高校中的绝大多数青年教师也曾怀揣人生理想，但其中的不少人在其职业生涯中却逐渐地滋生了职业倦怠。使他们产生职业倦怠的诱因很多，但高校管理方面的因素在其中有重要影响，甚至在很大程度上，管理因素就是地方高校青年教师职业倦怠形成的主要因素。一方面地方高校管理体系及能力相对较低，整体上根本性地制约了自身的发展水平，致使青年人的事业发展受到严重限制，情怀和理想降温熄火，进入职业倦怠状态；另一方面地方高校在管理的人文性及公平性上有明显瑕疵，激励性及支持性等明显不足，强力管制太多，管理措施不够细致规范，教师在劳动付出得不到相应承认与尊重的情况下，逐渐陷入职业倦怠状态。

地方高校在管理上的行政化弊端，在实践中造成了比较普遍的职业发展困境，但除了极少数人之外，绝大多数人在职业困境中还有些许的不甘心，存在着一定程度的困境中的挣扎。在这种情况下，身处职业困境中的人们急需正确而及时的管理拉一把，驱动一下，扶持扶持。但如果他们在实践中遭遇到的不是正确而及时的管理，而是遭遇了错误的管理，那么错误的管理就会进一步对职业困境中的人们施加抑制作用，熄灭挣扎的冲动，增加前行的阻力，制造不利于发展的环境与氛围，并进而直接把职业

* 吕润平，西北政法大学高教所馆员，研究方向：图书情报、教育管理。

困境发展到普遍的倦怠。地方高校在管理中是否采取了错误的行为，以及在多大程度上认真地进行管理，在很大程度上决定着管理对象是否会在较大范围内发生较高程度的职业倦怠。限于篇幅，本文分析了三种错误的管理行为及其结果。

一　撤除动力的错误管理行为及其结果

人类行为的动力系统来源非常复杂，其中有些行为的动力完全来自于本能，但是职业行为的动力显然超越了本能，具有明确的需求动机，即人的绝大多数行为建立在需求基础上，且需要明确的动机来驱动。个体行为动机与个体行为选择的经济理性计算之间具有密切联系。[①] 管理有效表现在人的层面上就是能满足人的某些需要，人则以能满足需要作为动机来驱动自己，按照管理者的预期采取行动；而管理的无效表现在人的层面上就是管理举措未能触动人。高校中的管理，就其目的来说，当然是组织和驱动人们按照管理者的期待进行各自的行为，以达成一种集体合作的优良效果。因此管理行为表现在人的层面上，除了进行必要的规范、控制、指挥等之外，其直接追求的效果就是给管理对象做出某些行为提供充足的动力，确保管理对象积极进行角色行为，保持行为的高质量及高效率。但错误的管理却在实践中撤除了对于管理对象的动力供给，实质性削弱了管理对象做出积极角色行为的动力源，并进而造成管理对象在其职业生涯中逐渐变得消极无力，由此进入了长期性的职业倦怠状态。

因为人普遍存在着多层次的需求，不同的人在多层次需求的组合上也不尽相同，因此做出相应行为的动机也各有强弱不同，但只要是人就需要通过自己的行为获得某种满足。所以高校管理如果要提供和提高管理对象进行角色行为的动力，就必须要提供某些能满足其需要的激励。多劳多得，优劳优得，这本身就是提供多层次需要满足的体制性激励，它既包含了物质层面上的具体利益满足，也可以带来一定的荣誉性满足，还可以有一种基于公平体认的价值满足。多劳多得，优劳优得，展现得越充分，就越是能够提供充足的动力。管理者一旦反向为之，违背了多劳多得、优劳

---

① 贺京同、那艺、董洁：《个体行为动机与行为经济学》，《经济社会体制比较》2007 年第 3 期。

优得的基本原则，就会在实践中起到对管理对象撤除动力的管理效果。以科研管理为例，科研管理部门并不能如同教学管理部门那样细致明确地做出要求。教学方面的不作为或违规、违章带来的职业威胁及代价太高，而认真遵守相应的规章及进行一定的作为也不难，因此以罚则为主的管理行为足可以维持教学的常规状态，即便在教学管理中强制管理也会对教师产生抑制效果。① 但科研管理部门却不能依靠罚则维持其常规运转，毕竟在科研领域，教师达到一定水平和具有一定能力，才能进行科研活动，并取得业绩。科研管理部门无法对每个管理对象都提出附加罚则的行为要求，即使要求了，也于事无补。科研管理必须要给有能力的人提供科研的动力，给潜在的科研人员以较强吸引力，促使他们成长并具有较高科研能力。如果管理者错误地撤除了动力驱动，那么它就对广大科研工作者的工作积极性产生显性的抑制，并会扩大和巩固科研方面的职业倦怠。有研究表明科研管理中的激励政策在提高科研积极性方面有显著效率。②

地方高校的管理方撤除对管理对象进行角色行为的动力，在客观上就会造成管理对象在行为选择上的移情别恋，即管理对象会普遍地舍弃高校中的角色行为，而将自己的精力投入社会兼职中，甚至会出现以兼职为主业而以主业为业余的情况。这在从事应用性研究的学者身上体现最为明显，比如法学、管理学、会计学、审计学、工商管理学等学科的研究者，具有非常便利的社会服务机会从事报酬远高于高校教学及科研的活动，以社会兼职为主业而以高校教职为副业的情况并不罕见，高校教职仅是从事社会服务业的金字招牌。即使管理对象没有社会兼职，仍然从事着教学科研的主业，也会出现明显的职业倦怠，冷漠、麻木、无望、敷衍，成为职业常态，而追求闲暇、舒适、恬淡等的佛系心态则会普遍起来。科研管理及人事管理都会在撤除管理对象的角色行为动力之后面对不特定多数人的职业倦怠状态。一方面，这样形成的职业倦怠会造成人们对学校事业发展的漠然态度，在工作中缺乏热情及必要的责任感，意识不到自身工作的价值，缺乏职业荣誉感，不愿意尽职尽责，甚至面对难得的发展机会也燃不起职业的热情；另一方面，这样形成的职业倦怠还会造成一种普遍的庸人

---

① 吴昌龙：《“强制管理”抑制教师成长》，《中国民族教育》2015 年第 6 期

② 高晗、李朝军：《通过科研管理激发医学院与非直属附属医院的科研积极性：以南京大学医学院为例》，《中国临床研究》2019 年第 4 期。

心理，干工作时务求置身事外，事不关己高高挂起，而在薪酬分配时则强烈要求实行平均主义，主张不平均即不公平。这种心态反过来又巩固了其职业倦怠状态。

二　标准模糊的错误管理行为及其结果

管理行为对管理对象的激励必须要具体明确，只有如此，才能向管理对象传递清晰的信号，表示管理对象的何种行为是管理者所期望的，管理对象的何种行为是管理者所排斥的，管理者所预期的行为会在管理系统中得到鼓励，而管理者所排斥的行为则会在管理体系中受到抑制。地方高校面对自己的人力资源管理对象，也要求做出清晰细致的信号表示，而管理对象也可以从管理者的信号表示中获得行为选择的必要动机，其动机的内容无非就是从管理者那里获得对行为的价值承认，能够获得价值承认的行为会被选择，而不能获得价值承认的行为则会被淘汰。这种行为选择非常符合经济理性的逻辑，有学者以农业经营者的行为选择为例详细说明了其中的道理。[①] 管理对其对象的激励作用就是在彼此的期待中实现的，管理者告诉管理对象自己有着什么样的承认需求，并基于承认需求的满足而进行何种行为。管理对象能够很好地服从管理，且按照管理者的期望进行动作，在根本上并非因为其觉悟，而是因为它的行为获得了来自管理者的价值承认。而管理者能有效地进行管理，能够充分地动员和激励管理对象，也是因为它很好地分析了管理对象的价值承认需求，并很有针对性地进行了价值承认的供给。如此双方就形成了一个良性的合作体系，彼此满足对方的需求，从而产生了积极的双向激励行为，管理者越发倾向于对管理对象做出充分的价值承认，而管理对象则倾向于更加自觉地按照管理者的预期进行职业行为。

管理者提供价值承认的目的，是动员、组织和激励管理对象，其能否充分地激励管理对象，使不同层次不同方面的管理对象广泛地被激励，在很大程度上取决于它能否提供标准足够清晰细致的价值承认。当管理对象的价值承认标准清晰细致时，它就能给出一个刻度化的行为指南。这就要

---

① 宋伟：《经济理性、成本收益对比与农业经营者行为选择》，《决策科学》2022 年第 2 期。

求高校的人事管理要“着重在求细、求精、求准、求实上下功夫，从理念到目标再到行动，实现高校人事管理工作精细化。”[①] 人事管理工作精细化不仅可以使各个管理对象都明确自己的具体方位及与此相匹配的价值承认内容，而且还可以获得改善自己行为的努力方向，以便获得更多更优质的价值承认。管理对象不论处在什么方位及背景下，都可以从管理者清晰细致的标准中，找到自己行为在价值承认上的对应物，明确自己努力的方向，确定自己的工作状态及奋斗目标，其获得价值承认的动机就因此而被管理者充分地激发了起来。但当管理者不能向管理对象提供清晰细致的标准时，管理在提供价值承认方面就陷入了模糊混沌的状态，自己对管理对象的行为预期也由此而变得模糊起来，管理对象也由此而看不出什么样的行为是管理者预期的，什么样的行为是管理者排斥的，从而在进行行为抉择上陷入了迷失状态，久而久之还会由困顿而进入麻痹、麻木的倦怠状态。在这种情况下，管理者和管理对象就处在了一种缺少激励的恶性循环中，一方面管理者不会依据管理对象在行为供给方面的情况来调整自己的价值承认标准及尺度；另一方面管理对象在僵化不变的管理情况下也不会积极调整自己的行为选择内容。管理对象的职业状态在这种管理标准之下只能是趋于倦怠。

地方高校在人事管理的岗位聘任及年度考核上常常存在标准不够清晰细致的弊端，以至于本应该起激励作用的管理行为却产生了对管理对象职业行为的抑制结果。从岗位聘任及年度考核的标准制定来看，它只有足够清晰才能给管理对象提供相应的内容激励，而如果标准模糊混沌的话，那么管理对象就很难获得明确的激励信号，并调整自己的行为，回应一定内容的激励；同理，岗位聘任及年度考核的标准只有足够细致，才能应对不同管理对象的不同状况给出相应的价值承认回应，造成不论何人处于什么状态都可以获得充分激励的优良结果。比如有的地方高校在岗位聘任及年度考核的标准时，虽然面对着管理对象中优秀、良好及合格的三种不同状态，但是却并没有给出不同的价值承认尺度，以至于表现优秀的人在这种情况下受到人事管理的抑制性作用，而表现平常的人却在这种管理中得到了鼓励。有的高校在制定岗位聘任及年度考核标准时甚至不考虑管理对象

---

① 李如妍：《关于高校人事管理工作精细化的思考》，《辽宁师专学报》（社会科学版）2019 年第 2 期。

的日常工作内容，而只是进行了论资排辈的年资排队，以年资的短长来取代了工作绩效的是否优良。在这种情况下，岗位聘任及年度考核在管理结果上就仅仅鼓励了熬资历的躺平，既加速了人们在职业上的倦怠化进程，也扩大了职业倦怠的范围，并加重了该单位职业倦怠的程度。地方高校制定的岗位聘任及年度考核标准如果不够细致，就不太能够和管理对象的行为选择对应起来，从而也就不能充分及时地激励管理对象，如果标准过于模糊，甚至根本就产生不了激励作用。在这种情况下，管理对象甚至不知道管理者期待什么样的行为，并且也不知道该如何以自己的行为获取管理者相应的价值承认结果。因为管理对象试图通过行为获得管理对象价值承认的目的很难实现，所以他们失去动力而陷入职业倦怠状态也就在情理之中了。

三　信用不足的错误管理行为及其结果

管理者与管理对象建立起来的社会关系具有社会合作的性质，虽然管理也需要借助于强制力，但仅凭强制力，管理无法实现对管理对象的积极激励。只有稳定可靠的交易关系，才能在管理者和管理对象之间建立起稳定的合作机制，并促使管理对象在追求其价值承认的过程中实现它在集体组织中的价值。管理者提供的价值承认在相当大程度上是期货，许多价值承认并不会在管理对象进行积极的职业行为时就兑现，管理对象所以对管理者的价值承认回应以积极的职业行为，就是因为他们确信价值承认是必定会兑现的。只有通过给予不同价值贡献者以不同的回报，并通过回报体系的设计，才能激励员工的价值创造行为。[①] 如果管理者的行业目标是确定的，发展计划是长远的，那么他们一般会有比较高的信用，特别是生产要素在市场经济体制下能够自由流动的时候，管理者尤其在乎自己的信用。地方高校在管理过程中受市场经济体制的影响较小，对于管理对象常常有主导性或支配性优势，即使其信用不足，管理对象也并不能自由流动，不能重新做出职业选择，高校人才流动还存在体制性障碍。[②] 地方高

① 吴捕快：《信赏必罚与区别考评》，《董事会》2020 年第 3 期。

② 官明辉：《破除高校人才流动体制性障碍的思考》，《福建医科大学学报》（社会科学版）2014 年第 4 期。

校中的管理对象虽然不能流动出去重新选择，但即便还留在单位中也依旧有着行为选择的自由，如果选择了远离奋斗和奉献，也就等于选择了躺平，进入了职业倦怠状态。

地方高校管理者及管理举措的信用不足，有着多种原因，但主要原因却是管理者的任性和缺乏担当。有的管理者有着急切的追逐功利动机，在某项工作指标存在严重不足或某方面成绩明显落后于评价期望或评估指标时，往往抱着重赏之下必有勇夫的心态，对某方面的职业行为予以强烈刺激，越是渴望工作成绩，就越是表示要进行强烈刺激。管理者在这种情况下做出的信用表示，一旦得到了工作方面的明显成绩，就会感觉当初做出的信用刺激过于强烈，而倾向于在价值承认方面进行失信违约，而拒不兑现当初的信用承诺，从而使其管理对象普遍性地遭遇了信用欺骗，久而久之，管理对象就不会再被管理者的信用承诺所激励，信用激励失效，职业倦怠便油然而生。管理对象普遍的职业倦怠在这种情况下就是管理者任性、缺乏契约精神和法治意识的必然结果。有的管理者虽然不太任性，但却缺少担当，在其管理的领域中一味追求平安无事的平庸，因维护平庸而失信违约，其结果只能是助长了平庸，且极大地扩大和加重了管理对象的职业倦怠。有的管理者在考核及绩效工资发放标准制定的时候，并不反对绩效导向的标准制定，管理者也进行了管理上的信用承诺，但只要管理对象的业绩出现了显著差异，并导致了绩效工资的较大悬殊，从而有可能被平庸的多数所诋毁诟病时，管理者就会选择违约失信于少数业绩优良的管理对象，而谄媚讨好多数平庸者。管理者这种缺乏担当的失信违约直接对管理对象中的业绩优良者产生抑制作用，驱使其陷入职业倦怠之中。

实际上，管理者违约失信并不完全是因为管理者任性或缺乏担当。虽然这方面的因素肯定可以造成管理者对管理对象违约失信，管理者任性或缺乏担当足以构成其违约失信的充分条件，但其他因素也可以造成管理者违约失信，比如单位的财力困窘也在客观上限制了管理者的诚信守约。贫穷不仅限制了人们的想象力，还限制了人们诚信守约的物质条件。有的地方高校在人事管理中为了真正激励管理对象，打破年度及考核评优中的平均主义和论资排辈的成例，制定了对年度优秀教职工进行奖励的信用承诺，在财力有余的年份，信用承诺得到了有效兑现，管理对象在实质上受到了一定的激励，职业行为的活性及效率明显增加，但在财力不足的年份，管理者却毫无征兆且未经正式程序地冻结了相关的信用承诺。管理者的信用承诺由此而被打破，而信用承诺一旦被打破了，其以后的信用承诺就很难再发生信用激励的效果。管理者既然说话不算数，那么管理对象也就完全不必在意管理者的信用承诺，尽管率性而为，在职业行为上无所用心，进入倦怠状态。在这种情况下，管理对象的职业倦怠很难再被管理者的信用承诺唤醒。

Analysis of Management Errors and Results of Young Teachers in Local Universities

Lv Runping

Abstract: There are many factors that contribute to the formation of job burnout among young teachers in local universities, and the catalytic role of university management is more direct, crucial, and obvious. This article analyzes three common mismanagement behaviors and their results in human resource management in local universities, with the aim of attracting valuable insights and enabling the limited resources of local universities to be more extensive and better mobilize the enthusiasm and creativity ofa large number of young teachers.

Keywords: occupational burnout; local universities; human resource management; young teachers

教学研究

新文科专业《生产与运营管理》教学创新研究*

胡信布　王　菲**

摘　要：鉴于《生产与运营管理》课程在价值链运营中的重要地位，不仅工科类院校非常重视该课程的开设和教学实践活动，一些文科类院校也于近年来将该课程定为部分新文科专业，尤其经济管理类专业的专业课。针对文科类院校，尤其是新文科专业开设《生产与运营管理》课程所面临的障碍，围绕课程主要知识点的特点和新文科专业学习及就业需求，结合调研和授课批判式反思，从教学设计个性化、教学模式项目化、教学实践真实化、教学方法集成化四个方面提出课程教学创新思路及完善建议，以期更好地优化学生专业知识结构，提升其全面把握产品全寿命周期的运营能力。

关键词：新文科专业；生产运营系统；生产与运营管理；课程教学创新

生产运营系统是一个相对独立且典型的子系统，既有决策——计划，又有运营——制造以及供应——消费等。《生产与运营管理》既是管理科学与工程学科下具有工科背景的工业工程专业的核心专业主干课，也是工商管理学科下具有文科背景的市场营销、人力资源管理等专业的重要专业课，其整个课程往往按照生产（服务）运营系统的生命周期的思想，从市场需求到质量控制，乃至供应链管理等活动有机组织起来的。课程以提

---

* 基金项目：西北政法大学2020年度校级教改课题："新文科专业技术类+课程教学改革研究——以《生产与运营管理》为例"的阶段性研究成果（项目编号：XJYB202008）；2021年度陕西省高等教育教学改革研究项目《胜任需求导向的军民融合人才培养研究与实践》的阶段性成果（项目编号：21JZ006）。

** 胡信布：西北政法大学商学院（管理学院）教授，主要研究方向：生产运营管理及系统优化、公共安全政策与应急管理、人才系统工程等。王菲：西北政法大学硕士研究生，专业方向：应急产业运营及政策研究。

高生产运营系统整体生产率为目标，集成运用现代企业管理理论与技术、信息技术、数理统计及行为科学等，研究企业生产运营各层次上的决策问题。可以说，生产运营作为社会组织的三项基本职能之一，是一切社会组织最基本的活动，任何一个组织都离不开生产与运营管理，因此，学生掌握好这门课程至关重要。但是笔者结合从事生产与运营管理实践及教学发现，文科出身的学生在学习过程中往往会感觉枯燥、吃力，乃至认为该课程对其就业发展作用不大等，进而导致选课率不是太高。

一 新文科专业开设《生产与运营管理》课程障碍分析

（一）文科生已有学源背景制约课程的深入学习

《生产与运营管理》虽在理工类专业中讲授比较容易，但教学实践及学生调研发现，文科生相对理工科生来说，以下方面影响其对课程的系统深入学习。一是知识结构方面，我国大学学科门类划分以及高中阶段的文理分科训练，造成大部分文科生文史哲知识丰富而数理化知识匮乏或薄弱，形成某种程度上的知识结构失衡，尤其在工艺、工序等内涵理解及相关模型推理和证明中陷入被动，致使文科生们在《生产与运营管理》课程学习中遇见不少理论性强、概念抽象、计算复杂等障碍。二是逻辑思维方面，文科类学生感性思维较为发达，但其抽象逻辑思维却相对迟钝，他们对产品（服务）市场定量预测、物料需求计划推算等倾向于复杂推理过程知识点学习缺乏兴趣和信心，尤其对于生产计划拟制、排班等问题决策模型和算法需要逻辑理解，而不是单纯地依靠记忆就能解决的相关知识技能来说，更易产生可望不可即的畏难心理。三是就业观念方面，文科生思维开阔，多愿从事宏观性和协调性工作，而不愿意从事技术性、实务性工作。[①] 从 2013 年开始我国第三产业占 GDP 的比重超过第二产业占比，成为三大产业中的首位[②]，且调研中发现毕业生就业选择多集中在非制造行业或者是制造业的“两头”（研发和市场）而非“中间”的生

---

① 梁光华：《文科类生产与运作管理课程教学探索》，《现代企业教育》2009 年第 10 期。

② 冯广瑞：《生产运作管理课程教学现状的调查研究》，《纳税》2017 年第 34 期。

产①，即目前学生就业领域多集中在第三产业，即使在制造行业就业的学生，一般也是在销售岗位的比较多，因而部分文科生误认为《生产与运营管理》作为一门技术和工具类的课程可能对未来工作用处不多、帮助不大。

（二）《生产与运营管理》课程特殊性加大教学难度

《生产与运营管理》最初作为工学与管理学交叉专业——工业工程专业的核心主干课，其内容主要是围绕产品及生产线设计、库存及物料计划编制、各类生产计划拟制等，定量和逻辑分析能力要求较强。对于文科生来说具有以下特殊性：一是课程体系方面，先修课程偏向理工科和定量计算方法，如概率论与数理统计、管理统计学、管理运筹学等，后修课程如质量管理、产品采购与销售等。课程整体内容虽然复杂、抽象，但其却处在承上启下的关键位置。二是课程内容方面，客观地看，与文科类工商管理其他专业课程相比，《生产与运营管理》内容体系化强、知识点理解难度大、逻辑推理和抽象思维要求高，如市场定量预测、物料需求计划等需要掌握较多定量模型及动手计算能力，远远超出文科生既有能力支撑基础，即使个别生产运营知识可能在从事企业管理工作中需要，但要求深度、广度和难度也有所不同，能够帮助学生较为系统理解企业管理全过程的生产运营环节要点即可。①三是教学实践方面，鉴于该课程与产品（服务）生产运营活动密切联系，具有较强的社会参与性，因而该课程实践除去在实验室部分处理和分析数据外，尚需大量深入产品生产、服务提供等真实场地，以及校外其他社会实践，无形中增加了实践教学的难度，也容易致使学生产生挫折感等，尤其文科生侧重感情思维和知识记忆，平时较少动手，对于技术和工具类知识技能的能力接收，以及《生产与运营管理》所使用的软件和仪器设备操作、工艺流程图识别等较为吃劲，学习中易产生困惑或挫折感。

（三）生产运营系统相关概念内涵交错影响学习效果

《生产与运营管理》涉及的主要概念有生产计划、生产调度、生产投

① 吴敏：《〈生产运作管理〉课程教学方法探讨》，《科教文汇》（上旬刊）2009 年第 9 期。

入、生产运营管理、生产主机、生产备件等，这些概念容易与其他相关课程的销售、后勤管理、现场管理、项目管理、质量管理、人力资源管理、财务管理等混淆，尤其是它们之间的内在联系和相互作用能否区分明晰制约到课程学习和实践运作效果。一是企业主要基本职能概念关联性。从系统视角看，企业存在着物质流、信息流、资金流，三种“流”只有保持有机结合并保持同步运行，才能达到高效率。因而企业的生产运营管理要以企业的财务管理为中心，确保按时交货，才能增快资金流动。生产运营管理可以促进财务管理，而财务管理可以反映和监督生产运营管理，彼此间对立统一关系协调好才能使企业价值最大化；生产计划与销售虽属于不同课程的主要关键词，但以销定产策略的推广和被认同，从某种程度上也促使销售合同和市场预测等成为编制生产计划的前提，而生产计划务必保证经销合同的如期实现；人力资源管理与生产运营管理具有紧密联系，企业中即使各种生产要素已具备，倘若人力资源管理不善，生产任务也不能（或如期）完成。可以说人力资源管理是生产运营管理的前提条件，生产运营管理是人力资源管理的结果和绩效衡量。二是生产运营管理与项目管理的差异性。项目管理是在一个确定的时间范围内，通过有效地计划、组织、领导与控制，充分利用既定有限资源的一种系统管理方法，一般用于成套项目和新产品开发，某种程度上还会冲击正常的生产管理，具有间断性或一次性特征。而生产运营无论是对备货型还是订货型，无论是对对象专业化还是工艺专业化，其过程相对还是较为连贯和重复。三是生产及提供方与用户视角的多样性。产品（服务）是企业的命脉，质量则是产品的核心所在。质量管理贯穿于生产管理的全过程，是生产运营管理的基本问题之一。然而实践中生产者和用户对质量定义是不同的，其中生产者认为质量则意味着同技术要求、图纸要求、质量标准的一致性，而用户则将质量定义为“价值”，即其所购买的产品是否达到他们的期望，是用户满意的程度。市场营销等文科专业的毕业生虽然接触的多为用户，但为了确保企业生产的产品或提供的服务能够满足客户的期望，务必将二者关于质量的认知融合并统一，否则就会导致供需结构错位。

（四）《生产与运营管理》传统教学短板制约教学效果

调研获悉，《生产与运营管理》往往重理论讲解轻实践训练、多方法讲授、少工具使用、偏知识介绍略创新拓展。究其原因，一是传统的案例教学助力不足。案例教学往往受到师资力量不足、学生能力障碍、案例本身缺失、教学方法落后、案例配套设施薄弱①等方面制约而实施效果差强人意。二是以往的实践教学保障不力。文科生因大部分课程没有实践环节，即使课程安排到车间参观部分学生可能仅有好奇感而不能深入其中。①此外，某些传统实践教学方式的短板也制约到教学效果，如参观企业则需固定的教学基地和稳定的校企关系；要求企业专家讲座虽然可在生产调度、员工指派等方面发挥专家实务性和技巧性优势，但邀请专家存在困难或较难保证专家按课程教学时间来讲座；案例讨论虽可增加学生实践知识并帮助学生深入理解相应教学内容，但需要较为扎实的理论知识作基础。② 三是常用的考核模式效力不高。传统上多采用闭卷考试+实操技能等，但鉴于文科专业学生多缺少逻辑计算等技能或基础训练，多擅长记忆和定性分析等，结合两届考核情况分析，凡涉及基本知识点记忆及概述性的题目作答效果都不错，而涉及定量预测、生产大纲与生产计划制定、制造（服务）作业计划编制等均存在丢三落四或内在逻辑的混乱等。

二　提升新文科专业《生产与运营管理》教学创新举措

《生产与运营管理》课程具有很强的实践性、复杂性、决策性特点③，而且其内容体系及教授方法与文科生以往课程差异较大，比如针对现在很多大企业招聘的岗位，其生产与运营管理正是锻炼学生能力和品格的主要课程之一，学好生产与运营管理会尽量减少文科类学生自身知识结构与社会需求不一致的现象。因而针对课程特点及文科生知识背景和思维模式，在新文科专业开设《生产与运营管理》课程需要重点围绕以下谋划，以便有的放矢地确保教学效果。

（一）教学设计个性化

据近两年毕业学生就业去向分析，开设《生产与运营管理》课程的

① 赵海婷、李洪萍：《案例教学法在〈生产与运作管理〉教学中的应用》，《南昌高专学校》2010年第5期。

② 冯根尧：《〈生产运作管理〉实践教学方法探讨》，《实验室研究与探索》2009年第1期。

③ 张玉玲：《ERP沙盘在生产运作管理教学中的应用》，《商情》2010年第34期。

文科类专业，如市场营销和人力资源管理等，其毕业生的就业领域和发展方向存在很大的不同，有的直接就业，有些选择自主创业，还有部分选择攻读市场营销与危机管理、物流管理等相关专业研究生等，而且就业的学生有的在制造业企业，有的又在服务业等。因而其对生产与运营管理知识技术的潜在需求差异化较大。据此，需要从以下方面进行个性化教学设计。一是教材选用面向文科专业。既要难易程度适宜，更要重视文科学生的思维模式和专业基础条件，尤其要结合中国企业生产运营管理现状及新需求，尽量集成精简生产与运营管理内容，既可借助 EXCEL 软件实现定量预测、确定性库存等或者弱化计算过程，减轻学生对数学计算的恐惧，又可侧重多数学生熟悉的如超市、饭店等服务业运营，增强学生学习的亲近感或熟悉度。二是内容选取面向学生新需求。目前，多数高校《生产与运营管理》课程主要研究生产与运营管理四个层次、九大方面的决策问题，即生产运营战略决策、生产系统设计决策、生产系统运营决策和生产运营维护决策四个层次，以及市场预测、产品（服务）开发、场地选址、设施布置、库存策略、作业计划、质量管控、供应链管理、维护策略等，而且在具体知识点讲授上既要区分制造业和服务业，更要根据《关于推动先进制造业和现代服务业深度融合发展的实施意见》（发改产业〔2019〕1762 号）提炼补充新的管理理念、工艺流程及优化方法等，并尽量面向大学生创业的服务开发（淘宝网开店等），明确服务结构设计及服务开发存在的困境等，确保学生能够学以致用。三是讲授内容学时安排科学。四个层次和九大方面的内容若全部纳入教学内容可能需要 48－54 个学时才能有效完成，而当前文科专业分配有效课时多为 36 学时，为明晰授课脉络，并便于学生因需而学，可划分三个模块，即通用模块（运营战略、市场预测、质量管控、库存管理等），用 14 学时；制造业模块（产品开发与品种选择、物料需求计划、生产作业计划等）10 学时；服务业模块（服务产品设计与过程选择、服务设施布置、服务作业计划等）8 学时；研讨交流 2 学时；机动 2 学时。此外，结合研讨选题督促学生利用课余时间参观企业 1—2 次。

（二）教学模式项目化

所谓教学模式项目化即采取项目教学法。项目教学法是将学生分为若干项目组，每组成员共同完成若干项目任务，亲自参与企业个案的实际操作，可以很好地弥补传统课堂教学的不足。一是教学内容模块化。《生产与运营管理》课程中，无论是严密的逻辑推理安排生产计划，还是物料计划的编制等，采用“教师讲、学生听”的教学模式均使具有文科背景的学生陷入被动、无所适从，倘若将“教师讲、学生听”的传统教学模式转变为“以项目为主线、教师为主导、学生为主体”，将相关理论知识融进到不同项目模块，如将课程内容整合分为生产运营系统的认知、生产运营系统的设计、生产运营系统的运行、生产运营系统的维护与改进等模块，并将其以具体生产或服务项目为依托，让学生以4—6人小组的形式参与进来，可能会规避理论讲授的抽象和空泛，增强学生的感性认知和学习兴趣，尤其能够通过具体项目的推进而较为直观地理解相关知识和技术。二是重点知识案例化。教学案例可为学生提供一个逼真、具体的场景，使学生在课堂上就能接触到企业管理实践中的问题。为确保知识技术的系统化和完备性，可以围绕产品（服务）全过程这一知识主线开发案例，集成相关知识点以提升学生对相关知识点的认知，如在市场预测基础上，依据市场需求开发新产品（服务）及品种选择，新建（改造、扩建）厂房，设计生产线，库存管理，主生产计划制定，员工排班以及质量管控，供应链管理，乃至营销策略等编撰案例。三是抽象技能课题化。课程诸多知识点或模块中，有些较难从理论讲授或案例分析触摸到其真谛和要害，如厂址（店址）的选择和布局，可以要求学生针对自己所熟悉的便利店、书店、餐馆、工厂等不同类型的企业，选定其中一个作为调查对象，结合其区位、人流量、交通便捷性以及同类企业竞争等环境因素，分析企业在此选址的利与弊，并以调研分析报告形式提出改进建议等。

（三）教学实践真实化

根据调研和走访，《生产与运营管理》课程教学中一直存在重理论轻实务、重科学知识轻传授能力的问题，因而多数院校在该课程的实践教学环节相对较为薄弱，大多停留在实验室或视频图片展示等教学的阶段。因而，有些学者提出在系统讲授课程知识的同时，还应创造理论联系实践的机会，让学生具有“真实感”[①]，即可采用案例分析、视频播放、虚拟模

① 许志端：《〈生产与运作管理〉教学中企业参观的课程设计》，《厦门大学学报》（自然科学版）2003年第10期。

拟，也可邀请企业人员演讲演示，甚至让学生参加短期小课题、到企业参观访问等①。一是教学实践现场化，即依托于实习基地，借助实习基地这一实践教学平台，推进动手能力和创新能力的培养。因而在教学实践现场化建设中，鉴于与传统实验室教学的差异，务必根据实习基地的条件、生产实际以及课程教学需要等有甄别地进行实践教学体系设置，系统明确课程认知实习、课程设计实习、企业生产实践或毕业设计（实习总结）等环节。其中认知实习是基础，即采取多种模式让学生在理论教学前从感性上认识运营战略、生产车间（服务制作间）、产品（服务）开发与选择、生产工艺流程、库存管理等；设计实习即组织学生进入企业现场，在熟悉企业生产运营人员介绍产品（品种、型号）、主要原材料（半成品）、工艺流程、与同行业相比优劣势基础上，熟悉车间布置、生产线等，调查并识别生产运营管理中的问题；生产实践环节尽量视专业情况进行，如市场营销专业尽量利用假期等深入企业围绕制造瓶颈分析、生产类型、生产工艺流程、库存、主计划编制等进行生产实践，针对学生携带的问题安排专业人员指导学生开展现场实习，而人力资源管理专业则可视情而为；对于毕业设计实习一般安排理工专业学生实施，对于文科专业学有余力且有兴趣的学生也可安排；实习总结一般是实习完后由学生针对企业生产运营现状及内部布置、流水线设计、库存管理、质量管控等存在的问题等写出实习报告，提出改进意见或设计出新的方案等。二是教学实践虚拟化，对于某些教学内容或实训要点可能无法通过现场化实践实现，则可开发或借助已有软件，如 ERP 等，按照教学需要，首先给学生提出生产任务要求，然后让学生建立虚拟企业完成新产品（服务）开发、厂址选取及设施规划布局，生产任务的分解、计划与分配（涉及生产计划、主生产计划、物料需求计划编制，销售、库存、供应管理等环节的训练），以及生产运营系统改造等，最后分组研讨以提升学生综合运用软件进行企业生产与运营管理虚拟模拟，进而培养学生运用所学知识解决实际问题的能力。三是教学实践可视化，理论讲授若能辅以多媒体资料，则可丰富课程教学活动，增强学生的感性认识，尤其是在多媒体中插入适量的视频、照片及电影片段等，可以较为直观地将生产车间、质量管控、存库管理等生产运营

---

① 许志端：《MBA 学员〈生产与运作管理〉课程教学中若干问题的探讨》，《高等工程教育研究》2000 年第 2 期。

过程直观展现在学生面前，进而加深学生对生产运营管理各环节的认识。

(四) 教学方法集成化

文科生学习《生产与运营管理》课程，除通过课堂理论讲授之外，还可集成多种方法，扬长避短，规避文科生学习技术类+定量分析课程的弱势，确保让学生体验“真实感”外，还应让学生身临其境地参与进去。一是优化案例教学法。教学案例既可增加学生的实践知识，又能帮助学生深入理解教学内容，提高学生分析问题、解决问题的综合能力①，然而《生产与运营管理》课程案例不同于其他课程案例，其需要生产运营管理理论知识作基础去解决实际问题，如生产能力规划案例需要在学习完生产能力查定方法相关理论后才能实施，且国内高质量案例不多，要么篇幅过长，要么描述性偏多而涉及生产运营管理的实际数据和场景模拟较少。案例是对一个复杂情景的记录，必须把这一复杂情景解剖分析再如实复原才能使人们能够理解它，一个好的案例是一个把部分真实生活引入课堂，从而可使教师和学生对之进行分析和学习的工具。② 因而需要结合国内或学校驻地企业情况编写适用不同专业、不同知识点的案例，且案例依托企业最好能够建立校企实践基地。对于邀请专家讲座尽量建立稳定关系和确定明确主题，并按教学计划精准实施。二是优用参与教学法。参与式教学法是一种合作或协作式的教学法①，即利用学生自主性和个性化学习长处激发其学习积极性，既可有计划地安排供需链知识等让学生自学后登台陈述，然后教师点评并针对模糊和疑点诠释，也可采取专题或实训撰写报告的形式，自选或指定如选址、产品开发等适宜主题让学生以小组为单元进行学习和讨论，梳理撰写汇报并在其基础上由教师指导和点评，倘若有条件也可以课题的形式组织学生深入企业调研并借助课程理论知识进行专题研究，随后与企业有关人员沟通交流加以研讨进而加深学生的理解和提升其认知水平。对于采用仿真软件模拟参与企业生产运营的，务必结合学生专业基础、课程理论学习等选取适宜软件或模拟经营游戏，如 ERP（集

---

① 陈富生、邹国良、汪小平：《案例教学法在工商管理课程教学中的应用研究》，《江西理工大学学报》2007 年第 2 期。

② 赵媛媛：《〈生产与运作管理〉课程“教学做”一体化情境教学方法总结》，《中国集体经济》2011 年第 5 期。

成研发、采购、主计划制定、质量管控等)、啤酒游戏等，或者专项开发模拟仿真软件等。三是优选企业参观法。文科生专业实践虽已引起高校和教师们的重视，但是对于开设《生产与运营管理》课程的文科类院校，其实践平台和渠道对于完成课程实训还是有点捉襟见肘，有的高校虽到企业参观，但因校企关系以及前期准备不够到位而走马观花，有的则安排去现有企业实践基地参观却因企业生产运作不太规范而收效甚微。因此，立足学校及企业情况，差异化建立制造型企业和服务型企业基地，尽可能选择具有差异性的2—3家同类企业让学生参观其车间、工艺流程、仓库等，并比对、探讨其生产运营系统。

总之，为进一步贯彻落实教育部《关于加快建设高水平本科教育全面提高人才培养能力的意见》(教高［2018］2号）精神，切实遵循“坚持学生中心、全面发展，坚持服务需求、成效导向，坚持完善机制、持续改进，坚持分类指导、特色发展”的原则，从教学设计个性化、教学模式项目化、教学实践真实化、教学方法集成化等方面将理论讲授与实验教学集成，构建并促使新文科专业《生产与运营管理》课程教学具有“理论讲授可视化、课堂作业研讨化、实验教学动态化、现场参观体验化”特点，使学生在学习训练中提升文理工管模式兼容、理性感性双脑并用、定性定量思维并修、课上课下学习并行的全过程、多层级的学调研用(学习理论、调查问题、研究对策、用于决策）一体化能力，进而胜任学生毕业后的第一任职岗位需求。

Research on Teaching Innovation of Production and Operation Management for New Liberal Arts Major

Hu Xinbu Wang Fei

Abstract: In view of the important position of "Production and Operation Management" course in value chain operation, not only engineering colleges attach great importance to course opening and teaching practice activities, but also some liberal arts collegeshave designated this course as part of new liberal arts majors in recent years, especially economic management majors. Aiming at the obstacles faced by liberal arts colleges, especially new liberal arts majors, this paper focuses on the characteristics of the main knowledge points of the course and the learning and employment needs of new liberal arts majors, and combines research and critical reflection of teaching. This paper puts forward innovative ideas and suggestions on course teaching from four aspects: individuation of teaching design, project of teaching mode, reality of teaching practice and integration of teaching methods, in order to better optimize the structure of students' professional knowledge and improve their operational ability to fully grasp the whole life cycle of products.

Keywords: new liberal arts major; production and operation system; production and operation management; curriculum teaching innovation

新法学视域下体育法学专业建设和人才培养再探讨*

徐 翔**

摘 要：新时代助推新法学，新法学的新思想、新体系、新思路为体育法学这一新型法学专业提供了有利契机。基于新法学的新内涵和重要价值，对中国体育法学专业建设的必要性和实践路径展开梳理和分析，一方面确定了体育法学的交叉学科性质，另一方面总结出当前中国体育法学专业建设的基本路径。最终提出融合式德法兼修高素质体育法治人才培养机制，同时要加强精英型、实务型和涉外体育法治人才培养，以实现体育法学专业建设的初衷和体育法律专业服务队伍建设。

关键词：体育法学；体育法治人才；新法学；涉外法治；德法兼修

体育法学相较于主流法学专业而言，鲜为人知。顾名思义，其是体育学和法学专业的有机结合所形成的新兴交叉学科，体育法学的出现和快速发展，与当下倡导体育法治的呼声遥相呼应。尤其在 2020 年 2 月“孙杨案”第一次仲裁结果公布后，体育法学更进一步引起了广泛的关注。体育法学专业作为一门新兴学科，是研究体育法及其法治规律的法学学科，毋庸置疑，其属于法学范畴，并与法学其他学科有紧密的联系，同时与体育人文社会科学有密切的联系①，其早已受到体育和法学专业院校的关注。早在 2014 年就有学者以《在路上：中国体育法学向何处去?》为研

---

* 基金项目：2020 年国家社科基金西部项目“我国运动员职业发展权利保障体系与实现路径研究”（项目编号：20XTY005）；西北政法大学 2020 年度教改项目“体育法学线上教学资源建设与共享研究”（项目编号：JYB202016）；西北政法大学 2023 年研究生教育教学改革研究项目“深入推进涉外体育法治人才培养研究与实践”。（项目编号：YJZC202304）。

** 徐翔，西北政法大学行政法学院（纪检监察学院）讲师、硕士生导师，法学博士、博士后，主要研究方向：体育法学、纪检监察法学。

① 董小龙、郭春玲：《体育法学》，法律出版社 2019 年版，第 8 页。

究方向[1]，突出了体育法学的重要性，随即2015年有学者以发表的《在路上：中国体育法学向何处去?》为蓝本，结合大量文献研究，指明我国体育法学虽然在路上了，但仅仅刚上路，主要是因体育法学国际化程度较低[2]。笔者也曾对改革开放四十多年来我国体育法学科建设展开研究，但到目前为止，体育法学专业尚未像其他部门法学一样在法学院校成为普遍性的专业学科。2018年，习近平总书记提出了全面依法治国新理念、新思想、新战略，基于此，时任教育部部长的陈宝生同志指出要“建设高水平本科教育，必须强化创新精神，大力发展‘四新’”，着力突破学科屏障，推动学科融合、专业融合育人。这些都为建设“新法学”指明了前进的方向，也凸显出“新法学”建设的紧迫性。借助“新法学”建设的有利东风，和体育领域法律纠纷的凸显，以及2022年6月对《中华人民共和国体育法》完成了第三次修订，体育法学专业建设有望更进一程。为此，基于“新法学”建设的有利形势，特再次对体育法学专业建设和体育法治人才的培养展开研究。

一 新法学的重要价值和体育法学专业建设的必要性

（一）新法学的科学内涵及其价值

1. 新法学的科学内涵

法学是哲学社会科学中一门重要的学科专业，历史悠久且体系化极强。但法律作为法学的研究对象，具有滞后性，也导致法学研究有时也具有一定的滞后性。在“新文科”建设的推动下，“新法学”逐渐映入眼帘。无论是现如今的“新法学”还是以往的传统法学都具有法学的基本属性，都是以法律和现实中的法律问题为研究对象，发挥其化解纠纷、培养法治人才等效能。若想“新法学”发挥其所追求的质效，就必须深刻把握“新”的内涵，而体育法学和新法学的“新”内涵也具有高度契合性。笔者认为“新法学”的“新”主要表现在新思想、新体系和新思路三大方面。详言之，第一，新思想方面，“新法学”吸收了习近平新时代

---

① 韩勇：《在路上：中国体育法学向何处去?》，《体育与科学》2014年第6期。

② 贾文彤：《刚刚在路上：再论中国体育法学向何处去》，《体育与科学》2015年第5期。

中国特色社会主义思想以及习近平法治思想的新内容。尤其是习近平法治思想的提出，其中专门论及法学教育的新理念、新思想和新战略，是法学教育改革发展和法治人才培养的指导思想和行动指南，为法学教育的发展开辟了新时代。[①] 第二，新体系方面，新法学的“新”主要体现在法学知识体系、法学学术体系和法学话语体系等方面。基于此，新法学萌生出新的课程体系，同时还激发了新的话语体系。第三，新思路方面，新法学打破传统法学的壁垒，紧密围绕法学的开放性和综合性特征，加大推动“法学+”专业和学科建设的新思路。

2. 新法学的重要价值

第一，新法学建设是习近平法治思想的重要实践。习近平法治思想在2020年首次问世，并被确立为全面依法治国的指导思想。习近平法治思想为全面依法治国工作提出了11个方面的要求[②]，这些内容都突出了人的要素在全面依法治国中的决定性作用。习近平总书记历来重视法学教育，在习近平法治思想中也蕴含了法学教育理论内涵和要求。习近平法治思想中的法学教育理论具有人民性、人本性、时代性和实践性。[③] 新法学建设便具有这些特性，是习近平法治思想的重要实践。尤其对于时代性和实践性而言，新法学突破传统法学的理念和方式，与时俱进地推动各类新型法学专业建设，同时推动这些专业培养高质量法律人才以服务法律实践，解决新时代中的新兴法律问题。

第二，新法学有助于完善法学专业体系。当前法学专业作为一个大众学科，在各个院校的建设已然日趋完善，但随着社会经济的快速发展，不断延伸出新兴法学问题，并逐渐形成研究热点，这便促使新型法学专业和学科的诞生。体育法学专业便是如此。当体育法问题逐渐成为理论研究和实践过程中常发纠纷时，便需要重视该专业和学科的建设，对体育法专业的建设也就是对整个法学专业体系的建设和完善。除了体育法学专业以外，新法学建设中还会推动诸如娱乐法学、科技法学、人

---

① 杨宗科：《习近平法治思想是建设新法学的根本指导思想》，《法制日报》2021年9月15日第9版。

② 赵承等：《为千秋伟业夯基固本——习近平法治思想引领新时代全面依法治国纪实》，《光明日报》2020年11月19日第1版。

③ 王琦、张晓凤：《习近平法治思想中的法学教育理论》，《海南大学学报》（人文社会科学版）2021年第5期。

工智能法学等新型交叉法学专业的建设，这些新法学的建设可以有效弥补传统法学专业体系建设的空白性和滞后性，与时俱进地为新时代法治建设提供坚实后盾。

第三，新法学有助于体育法治人才的全面培养。随着社会的转型发展，新的法律纠纷领域逐渐出现。新法学建设推动新型法学专业设置的直接结果，便是扩大了应对新的法律纠纷领域的新型法治人才的培养。体育法治人才便是其中重要的一员。新法学建设，必然会强化体育法治人才培养的重视程度，继而激发体育法治人才的全面培养，充实体育法律服务队伍。

（二）体育法学专业建设的必要性

1. “新文科”“新法学”建设的必然趋势

无论是“新文科”还是“新法学”，都大力倡导“新型交叉学科”的建设。而体育法学是“法学+体育”的结合，并且还可细化为“理论法学+法学+体育社会科学”和“应用法学+法学+体育社会科学”。体育法学专业，对传统法学专业和传统体育学专业而言，都是“新”的体现。在“新文科”“新法学”的共同推动下，法学院校建设“体育法学”专业必将成为一大趋势，而体育院校在“新文科”的大力推动下，亦会激发“体育法学”这一新型交叉专业的积极设立。

2. 新时代化解体育纠纷的紧迫需求

法学是一门和社会实践紧密结合的专业、学科，正所谓，医学可以治病救人，法学可以治理国家，解决国家治理中的各类纠纷问题。法学的问题意识极强，很多时候是基于问题，即纠纷、冲突，就会突出法学的重要作用。体育法学专业既然是新型交叉性法学专业，便具有法学专业的解决纠纷的一般特征。这正是现实体育纠纷多发状态下急需的专业、学科。2020 年 2 月国际体育仲裁院对孙杨“暴力抗检”裁决的 8 年禁赛结果轰动了国内体育圈，也在全国引起了轩然大波。从该案的发生到 2021 年 6 月，国际体育仲裁庭（CAS）宣布“对孙杨禁赛减为 4 年 3 个月”的重审结果，这整个过程中都少不了法律人的斡旋，最终经过千方百计的努力，才使孙杨获得了“减刑”的机会。该案的影响力不仅让大众初步了解了体育法，在一定程度上也暴露出我国体育法律服务队伍整体上较为薄弱，需要加快建立体育法律服务体系①，壮大我国体育法治人才队伍。壮大的重要途径之一，就是通过学校广泛设立体育法学专业的方式，从源头上培养体育法治人才，充实体育法律服务队伍。

3. 新时代中国特色体育法治道路的必然追求

现如今，中国特色社会主义法律体系日趋完善，国家全面推动依法治国，积极构建法治中国。针对体育法治，我们也将走出一条中国特色体育法治之路。我国在1995年就制定颁布了《中华人民共和国体育法》，作为体育法治的首部法律，用以指导我国体育领域的法律治理工作，并且经过27年的努力，在2022年6月完成了对《体育法》的大规模修改。除此之外，我国还有《全民健身条例》《反兴奋剂条例》等广义的体育法律法规，共同构成中国特色体育法律体系。在有相关立法的基础上，必然少不了对体育法学专业的建设，通过建设完备的体育法学专业，方可提升体育法学研究的理论水平，扩大体育法治人才队伍，继而反过来推动中国特色体育法治体系的完善。现如今，我国体育法治体系滞后性较强，需要坚实的体育法学研究和人才为中国特色体育法治输送血液，以实现科学完备的体育法治体系，深入贯彻依法治国、依法治体理念。因此，体育法学专业建设是新时代中国特色体育法治道路的必然追求，必须加以重视。

二 体育法学专业建设的实践路径

（一）体育法学作为交叉学科的定性

体育法学和民法、刑法、行政法等传统部门法学专业有所区别，体育法学是“体育+法律”，是体育学和法学的交叉学科，且是广义“法学”的交叉，包含各类部门法学。传统的部门法学专业，无论是民商法学专业还是刑法学专业都有自己明确、特有的研究对象和范围，特有的、专属的研究对象和范围决定了学科的法律定性和学科定位。虽然，有些部门法学专业之间也会存在交叉，比如动态的“行刑交叉”就是常见现象，但是就学科本身而言，行政法学专业和刑法学专业还是“泾渭分明”的，不存在静态上的交叉。而体育法学涵盖了体育领域的各类法学问题，少不了

① 袁钢：《加快建设体育法律服务体系》，《成都体育学院学报》2021年第2期。

各部门法的参与，比如涉兴奋剂滥用的问题，一方面涉及兴奋剂犯罪的问题；另一方面涉及兴奋剂处罚和救济的程序性问题，这相对应的就需要刑法和国际私法的介入。在一些法学院校，开展体育法学专业建设时，也是基于其交叉性予以设立的，比如武汉大学法学院设立了“体育与刑法”“体育与人权法”“体育与国际法”的研究方向以及相关专业课程，中国政法大学是在宪法与行政法专业下设体育法方向。所以，无论是从理论还是实践层面，都可以证明体育法是一门典型的交叉性学科。

（二）中国体育法学专业建设的具体路径

目前在我国各大高校，真正建立起较为完善的体育法学专业体系的较少，但有不少高校基于体育法学专业的交叉学科属性，先逐步开设了体育法学专业课程，以期为体育法学专业建设打好基础。而关于体育法学课程设置的具体路径主要表现为两种，第一种是在体育专业院系开设体育法学专业课程，第二种便是在法学专业院系设立体育法学专业课程。此外还有的院校专门设立了体育法学研究中心，基于该研究中心单独建立体育法专业或者和体育院系或者法学院系联合建设体育法学专业。具体而言，第一种方式建设过程中，现已形成了以北京体育大学为首的多所体育类专业院系和综合院校中的体育院系开设体育法学专业局面。并且，早期关于体育法学专业的探索，也是从体育院系萌芽而出（详见表1）。

表1 我国体育专业院校体育法学专业课程设置现状汇总

开设学校（院系）	针对群体	研究方向	课程类型
北京体育大学	本科与硕士研究生	体育人文社会科学	选修与必修课
天津体育学院	本科、硕士、博士研究生	体育人文社会科学	选修与必修课
首都体育学院	本科与硕士研究生	体育人文社会科学	选修与必修课
上海体育学院	本科、硕士、博士研究生	体育人文社会科学	选修与必修课
成都体育学院	本科	体育人文社会科学	选修
西安体育学院	本科生、硕士研究生	体育人文社会科学	选修为主
南京体育学院	研究生	体育人文社会科学	选修
苏州大学体育学院	本科生	体育人文社会科学	专业选修课
陕西师范大学体育学院	本科、硕士研究生	体育人文社会科学	选修为主
广西师范大学体育学院	硕士研究生	体育人文社会科学	专向课程

通过调研和梳理相关研究文献得知，早在 1987 年，北京体育大学率先在体育管理学本科专业开设体育法必修课程①；随后，天津体育学院正式在硕士研究生中设立体育法学专业课程，同时也开始了体育法学本科生教育；上海体育学院、首都体育学院、成都体育学院、西安体育学院也逐渐开设了体育法学专业课程，并逐渐扩大体育法专业课程的种类。在一些综合类院校的体育院系也有体育法专业课程的设置，例如陕西师范大学体育学院和呼伦贝尔学院体育学院就为本科生和研究生设立的体育法专业课程。上述体育类院校基于体育法学专业课程的建设，已有一些初步形成了体育法学专业体系，不过暂时需要依托于体育人文社会科学或者体育管理学等学科开展相关教学、科研工作。

第二种，在法学专业院系设立体育法学专业课程的现象也逐渐增多（详见表 2）。从早期中国政法大学 2006 年最先在法学院校开设体育法学专业课程，到现在西北政法大学于 2020 年下半年开设体育法学专业课程，在这 14 年间，越来越多的法学院校开始重视体育法学专业课程的设置，不过在全国占比仍然非常低。基于此，也有不少院校初步形成了体育法学专业培养体系，比如中国政法大学就形成了体育法学专业硕士研究生、博士研究生的专业培训体系；武汉大学法学院则更进一步地创设出体育法学博士专业学位，为体育法学专业建设和人才培养提供了宝贵经验。

表 2　　我国法学院校体育法学专业建设现状汇总

开设学校（院系）	针对群体	研究方向	课程类型
武汉大学法学院	体育法专业博士研究生	国际体育仲裁法	专业必修+选修课
		体育与人权法	
		体育竞技冲突的刑事解决机制	
中国政法大学	本科，硕士、博士研究生	宪法与行政法	专业必修+选修课
清华大学	硕士研究生、博士研究生	宪法与行政法	专业选修课
山东大学法学院	研究生	国际体育法	选修

① 高岩：《我国高校体育法学课程现状调查分析》，硕士学位论文，首都体育学院，2014 年。

续表

开设学校（院系）	针对群体	研究方向	课程类型
湘潭大学法学院	国际体育法方向硕士、博士研究生	国际体育法	选修
上海政法学院	本科生，硕士研究生		专业必修+选修课
苏州大学王健法学院	博士研究生	民商法学	
西北政法大学	法律硕士（非法学）		必修课
河南财经政法大学法学院	本科生		通识教育选修课

第三种是通过体育法研究中心的设立带动体育法专业的设立。目前在我国有二十几所高校都建立了体育法研究机构，如天津体育学院、中国政法大学、武汉大学、西安体育学院、中南财经政法大学、山东大学、北京大学、湘潭大学、复旦大学、沈阳体育学院、上海政法学院、河北师范大学、华东政法学院、清华大学、首都体育学院、北京外国语大学、西南政法大学、山东大学威海分校、北京体育大学等大学都成立了体育法研究中心。[①] 通过研究中心的设立，带动体育法学专业的建设和体育法治人才的培养，为我国体育治理提供越来越多的体育法治人才。

三 体育法学人才培养机制构想

（一）融合式德法兼修高素质体育法治人才培养

在坚持和发展中国特色社会主义，坚定不移走中国特色社会主义法治道路的过程中，“德法兼修”高素质人才发挥着极其重要的作用。而在体育治理的领域中，“德法兼修”的体育法治人才便可谓是中流砥柱。习近平法治思想是习近平中国特色社会主义思想的重要组成部分，建立了全面依法治国、“德法兼修”高素质人才、坚持和发展中国特色社会主义的内

① 徐翔：《改革开放四十年来我国体育法学科建设回顾与展望》，《武汉体育学院学报》2018 年第 8 期。

在关联。①

各大高校积极培养“德法兼修”体育法治人才，是对习近平法治思想的伟大实践。法治不仅体现为“依法治国、依法执政、依法行政”等关键环节，而且贯穿于“科学立法、严格执法、公正司法、全面守法”的全过程。具备良好法治素养的人才，是助推法治国家建设的重要动力，而各个领域人才的法治素养可谓是国家法治水平的重要表征。基本法律知识的更新，可以通过日常生活实践和常态化的法制宣传教育得以学习获得，但法治意识、法治思维、法治精神的塑造，需要学校教育尤其是高等教育的专业训练和培养。因此，高校作为培养德智体美劳全面发展高素质人才的主阵地，不仅要抓好法学专业学生培养，而且要转变观念，推进法治教育向所有学生的深层次覆盖。尤其要基于“德法兼修”培养模式，开展融合式德法兼修高素质法治人才和体育法治人才培养。

所谓“融合式德法兼修”，是强调打破人才培养壁垒，建立融合式、共享式的“德法兼修”法治人才培养机制。②“融合式德法兼修”模式一方面突破了常规专业学科界限，加强传统法学专业和其他专业的融合。体育法治人才作为新法学建设的产物，是交叉专业的人才，正符合这种培养模式的运用；另外，还要积极推动校际、院际资源的融合共享，以“一流法学资源”“一流体育学资源”联合培养卓越体育法治人才。在此可以借鉴武汉大学和武汉体育学院起初的高质量校际合作，培养了不少体育法治人才、中国政法大学和苏州大学校内的法学院和体育部、体育学院的高质量合作，亦培养了不少体育法治人才。此外，我国当前高等教育资源仍存在不平衡现象，还可以加强校际、院际学术互动交流，邀请知名专家学者进校园或跨学院互动交流，面向全校师生举办学术报告，以便拓宽学生视野、增强学生信心。例如西北政法大学人权研究中心创设的“跨学科研究青年学者工作坊”，能够有效结合各个学院教师的研究专长，开展互动交流，为在校学生提供跨学科的学习和交流机会。针对体育法治人才培养，学科专业交叉性强，至少需要法学和体育学的资源和人才融合，所

① 梁平：《新时代“德法兼修”法治人才培养——基于习近平法治思想的时代意蕴》，《湖北社会科学》2021 年第 2 期。

② 梁平：《新时代“德法兼修”法治人才培养——基于习近平法治思想的时代意蕴》，《湖北社会科学》2021 年第 2 期。

以，可以基于此模式，加强体育专业院校和法学专业院校以及各高校内部体育院系和法学院系的交流和互动，联合培养出高质量的“德法兼修”的体育法治人才。

（二）加强精英型体育法治人才培养

体育法学是一个新兴的交叉学科，任何学科的发展都要经历一个从试点到发展壮大、全面铺开的过程，也要遵循学科发展规律，步子不能迈得太大。我国体育法治人才培养模式应该走精英型的道路，前期以研究生教育为主，而且要严格控制招生规模，待后期时机成熟时再发展本科教育。一方面是为了发展完善体育法学的基础理论和专业体系，另一方面是为了给就业问题提供充足的缓冲空间。如果初期培养和鼓励大量本科生毕业步入体育法律服务行业，由于就业市场对体育法学专业并没有充分的认识，便很难保证能够成功消化大量的就业需求。因此，前期可以采取精英型体育法治人才培养，一方面避免短时间内的就业困境，另一方面可以通过精英化的培养提升体育法学基础理论和专业体系建设，为我国体育法治建设提供坚实后盾。具体而言，在本科普及体育法专业课程的同时，重点培养体育法专业硕士研究生和博士研究生，可以考虑“体育法专业硕博”连读的培养模式，一方面通过该培养模式吸引大量优秀学生，另一方面可以通过硕博集中教育培养的模式，培养出“高端体育法律人才”。

（三）加强实务型体育法治人才培养

法学专业是一门实践性极强的学科。而体育法学专业一方面是新法学建设的大势所趋，另外更是体育领域法律纠纷解决的广泛呼声。为此，对于体育法治人才的培养，就需要重视实务型人才的培养，在保证“德法兼修”的基础上，突出培养实务型体育法治人才，及时为解决国内外体育纠纷输送实务型人才。具体而言，在完善体育法专业本科、硕士、博士培养中，在硕士环节，加强对法律硕士（体育法）的培养，以契合当前体育法领域对体育法律服务人才的需求。例如，中国政法大学自 2016 年开始招收体育法方向法律硕士（法学）研究生，2020 年招收体育法学方向法律硕士（非法学）研究生，除此之外，中国政法大学体育法研究所还于 2020 年建立了“体育法律师库”吸纳了全国各地的体育法律师加入其中，教学方面还于 2021、2022 学年第一学期正式开设《体育法律诊所》课程，并启动法律援助志愿者招募，为加强实务型体育法治人才培养贡献力量。西北政法大学作为“五院四系”之一，也于2020年开始招收体育法学方向法律硕士（非法学）研究生，并逐渐完善体育法学相关专业课程，下一步也将结合“法律诊所”式教学模式开展实务型体育法治人才培养。

基于现有经验和新法学建设及对实务型体育法治人才的需求，在培养方面可以从以下路径展开：第一，在法学院系，可以基于法律硕士这一偏实务型的专业硕士研究生，加快体育法治人才培养的效率和质量及数量；第二，基于体育法学的实践性，积极开展“法律诊所式”的专业课程，通过此种教学方式，培养学生分析、解决体育法律问题的思维和经验，在其中还可融入大量国际体育法律纠纷，让学生在专业学习中获得国际体育纠纷的经验；第三，各大高校可以积极聘请或者招募校外体育律师、体育仲裁员等实务型人才走进校园，为学生讲授体育法治前沿的实践性问题，分享实践经验，全方位为培养实务型体育法治人才保驾护航；第四，在校内对学生进行体育法学专业教育和培养的同时，还要加强学生在校外的体育法律志愿活动，让学生利用自己的专业特长服务社会，并为我国众多专业、业余运动员提供高质量的、免费的体育法律服务，补足我国法律援助体系中的不足，继而在实践中锻炼自己的专业技能，进一步将理论与实践相结合，提升体育法治人才的综合素质。

（四）加强涉外体育法治人才培养

2011年起，教育部会同中央政法委联合实施卓越法律人才教育培养计划，支持北京大学、清华大学、中国人民大学等22所高校建设涉外法律人才教育培养基地，重点加强涉外法治人才培养。各基地高校普遍修订了人才培养方案，纷纷加大双语或全英文课程教学比重，增设涉外法律课程，积极开展与海外高水平法学院校的教师互派、学生互换、学分互认、学位互授联授等，探索形成灵活多样、优势互补的“国内-海外合作培养”机制。2018年起，两部门又联合启动卓越法治人才教育培养计划2.0，引导高校积极构建涉外法治人才培养新格局。2020年以来，中央依法治国办正在牵头研制加强涉外法治工作和法治人才培养的相关文件，系统谋划设计涉外法治人才培养工作，教育部也在研究制订《加强高校涉外法治人才培养工作方案》。

而基于新法学建设，在此还需要关注涉外体育法治人才的培养。通过上文论述已经证实国际体育领域法律纠纷多发，而我国在应对国际体育法律问题以及在国际舞台上的体育法治话语权较弱，需要抓住新法学建设和涉外法治人才培养的机遇，加强涉外体育法治人才培养，为国家培养和输送高素质的涉外体育法律服务人才。具体而言，各大高校在基于新法学建设开展体育法学专业建设的过程中，要重视对体育法律专业英语的培养，同时还应该增设涉外体育法律课程，积极开展与海外高水平大学的教师互派、学生互换等，同时开展英文的模拟国际体育仲裁庭，一方面培养学生的涉外法律专业和语言能力，另一方面通过模拟国际体育仲裁庭和分析、讨论国际体育仲裁裁决书，培养和提升学生应对国际体育法律纠纷的实践经验。除此之外，也有必要打通现行国家法律职业资格考试和涉外法律职业资格考试之间的关系，只有通过国家法律职业资格考试，才有资格报考国家涉外法律资格考试。用制度建设来保证国家高水平的涉外体育法治队伍建设，探索涉外体育法律人才的国家标准。[①] 继而大力扩充我国涉外体育法治人才，最终实现我国整体涉外法治人才队伍的壮大，提升我国在国际上的体育法治话语权和法治话语权。

① 王瀚：《涉外法治人才培养和涉外法治建设》，《法学教育研究》2021 年第 1 期总第 32 卷。

Re-discussion on the Construction of Sports Law Major and Talent Cultivation under the Perspective of New Law

Xu Xiang

Abstract: The new era promotes the new law, and the new ideas, new systems and new ideas of the new law provide a favorable opportunity for the new type of legal science of sports law. Based on the new connotation and important value of the new law, combing and analyzing the necessity and practice path of the construction of the Chinese sports law. On the one hand, it determines the interdisciplinary nature of the sports law, and on the other hand, it summarizes the current construction of the sports law in China. Basic path. Finally, it proposes an integrated moral and legal training mechanism for high-quality sports law professionals. At the same time, it is necessary to strengthen the training of elite, practical and foreign-related sports law professionals to realize the original intention of the construction of sports law and the construction of sports law professional service teams.

Keywords: sports law; sports law talent; new law; foreign law; moral and law

涉外法治人才培养视域中国际私法教学方法革新研究*

张丝路**

摘　要：培养涉外法治人才对于践行习近平法治思想、服务国家对外工作大局以及全面推进依法治国，都具有重要意义。应通过国际私法教学培养能够解决涉外民商事法律争端、参与国际民商事规则制定以及德才兼备的涉外法治人才。国际私法教学目前存在重视理论知识灌输，而忽视实践能力培养的问题，不能满足培养涉外法治人才的需要。应以司法者的视角展开国际私法教学，以个案教学培养学生解决实际问题的能力，并从我国国际私法的理论和实践中挖掘课程思政元素融入国际私法教学，用以培养涉外法治人才。

关键词：涉外法治人才；国际私法；教学模式；个案教学法；课程思政

一　问题的提出

根据2011年12月23日教育部发布的《教育部 中央政法委员会关于实施卓越法律人才教育培养计划的若干意见》（以下简称《卓越法律人才培养计划》），涉外法治人才应“具有国际视野、通晓国际规则，能够参与国际法律事务和维护国家利益”。自党的十八大以来，我国高度重视涉外法治人才的培养。2014年10月23日党的第十八届四中全会通过《中共中央关于全面推进依法治国若干重大问题的决定》明确提出了加强法治工作队伍建设的要求，并将涉外法治人才培养作为创新法治人才培养机

* 基金项目：西北政法大学研究生教育教学改革项目“涉非法治人才培养视域中国际私法教学方法革新的研究与实践。”（项目编号：YJZC202313）

** 张丝路：西北政法大学国际法学院讲师，博士，主要研究方向：国际私法。

制的重要内容。[①] 2018 年 10 月 8 日教育部发布《教育部 中央政法委关于坚持德法兼修实施卓越法治人才教育培养计划 2.0 的意见》(以下简称《卓越人才培养计划 2.0》),明确要求“促开放,构建涉外法治人才培养新格局”。2019 年 2 月 25 日习近平总书记主持召开中央全面依法治国委员会第二次会议并发表重要讲话指出,要加快推进我国法域外适用的法律体系建设,加强涉外法治专业人才培养。[②]

从法学教育体系的角度来看,以国际民商事法律关系为调整对象的国际私法学,毋庸置疑是涉外法治人才培养的重要组成部分。然而,现实的情况是,根据 2018 年修订的《普通高等学校本科专业类教学质量国家标准》,国际私法学并不是法学本科生必须学习的专业必修课。[③] 作为涉外法治人才培养的重要一环,国际私法学的学科地位却没有得到应有的重视。同时,就笔者自身挂职锻炼的实际体验而言,经过系统法学教育培养的法律职业共同体成员,不管是法官还是律师,针对涉外民商事审判实践中的痛点和难点,都并不能够很好地运用国际私法学的知识予以解决。总体而言,国际私法教学面临着学科地位尴尬以及教学与实践背离的问题。因此,有必要探讨我国国际私法教学的革新方式,为我国培养涉外法治人才提供助力。

二 培养涉外法治人才的意义及对国际私法教学的要求

明确培养涉外法治人才的重要意义,才能确立国际私法学在法律教育体系中的重要地位,进而从根本上提升国际私法学的学科地位。还需要进一步明确培养涉外法治人才对国际私法教学提出的具体要求,用以作为国际私法教学革新的导向。

---

① 《中共中央关于全面推进依法治国若干重大问题的决定》,载中华人民共和国中央人民政府网站,www. gov. cn/zhengce/2014-10/28/content_2771946. htm。

② 《习近平主持召开中央全面依法治国委员会第二次会议并发表重要讲话》,载中华人民共和国中央人民政府网站,http://www. gov. cn/xinwen/2019-02/25/content_5368422. htm? cid = 303。

③ 教育部高等学校教学指导委员会编:《普通高等学校本科专业类教学质量国家标准》(上),高等教育出版社 2018 年版,第 34 页。

（一）培养涉外法治人才的重要意义

培养涉外法治人才对于践行习近平法治思想、服务国家对外工作大局、全面推进依法治国，都具有重要意义。

第一，培养涉外法治人才，能够有效提升我国涉外执法司法水平。习近平法治思想的核心要义之一是，坚持统筹推进国内法治和涉外法治。统筹推进国内法治和涉外法治的重要环节是加快涉外法治工作战略布局，目前我国涉外法治战略布局面对的重要难题是涉外执法司法水平有待提高。由于通晓国际规则是涉外法治人才的应有之义；而以涉外作为人才的限定，意味着涉外法治人才应能充分运用我国涉外领域的法律规范。据此，培养涉外法治人才正是提升涉外司法执法效能的重要抓手。通过培养涉外法治人才，推动建设一支高水平涉外法律服务队伍，能够有效提升我国涉外执法司法水平。

第二，培养涉外法治人才，能够更好地服务国家对外工作大局。人类命运共同体理念和"一带一路"倡议是我国针对百年未有之大变局提出的国家战略，是我国积极推动建设相互尊重、公平正义、合作共赢的新型国际关系的重要抓手，是我国坚定维护多边主义、提高国际法在全球治理中的地位和作用的重要方针。践行人类命运共同体理念和实施"一带一路"倡议需要涉外法治人才。一方面，在我国私主体与其他国家私主体之间的国际经贸往来中，需要涉外法治人才讲好中国故事，使得"一带一路"倡议、人类命运共同体理念深入人心；另一方面，需要涉外法治人才在国际场合全面推介"一带一路"倡议和人类命运共同体理念的内涵、价值、意义等，使得世界各国充分理解我国的国际治理观。因此，服务我国对外工作大局需要涉外法治人才。

第三，培养涉外法治人才，也是全面推进依法治国的重要保障。涉外法治人才处在统筹推进国内法治和涉外法治的最前沿，没有高素质的涉外法治人才队伍，就不可能实现法治国家、法治政府、法治社会。因此，全面推进依法治国需要培养一批高素质的涉外法治人才。

据此，我们必须充分认识到涉外法治人才培养具有基础性、战略性和先导性的作用①，必须充分重视作为培养涉外法治人才重要组成部分的国

① 刘仁山：《充分发挥人民法院在涉外法治人才培养中的重要作用》，《人民法院报》2020年10月13日。

际私法学在法学教育体系中的重要作用。需要采取针对性的措施，解决国际私法学不受重视的问题，进而为培养涉外法治人才提供助力。

（二）培养涉外法治人才对国际私法教学的要求

鉴于培养涉外法治人才的重要性，需要明确培养此类人才对国际私法教学的要求，以便为国际私法教学革新提供根本依循。笔者认为，培养涉外法治人才对国际私法教学提出了以下要求：

第一，培养学生解决涉外民商事争端的能力。从涉外法治人才的界定来看，通晓国际规则的目标是参与国际事务，解决国际争端，最终的归宿是维护国家利益。前述争端不仅包括我国面对的保护主义、单边主义挑起的国际法律战，还涉及与我国私主体通过海外投资、参与“一带一路”倡议建设所取得之合法权益有关的争议。不仅需要在我国法院、仲裁机构解决前述争端，更需要在外国法院、外国仲裁机构，甚至是国际性法庭、国际性仲裁机构解决前述争端。国际私法与解决涉外民商事争端密切相关。不管当事人选择仲裁，抑或诉讼，或者其他争端解决方式，都需要运用到国际私法知识，解决管辖权的确定、法律适用和国际司法协助等问题。为实现培养涉外法治人才的目标，需要通过国际私法教学培养学生解决问题和动手实操的能力。因此，为培养涉外法治人才，国际私法教学应以培养实践能力为优先考量。

第二，培养学生参与国际民商事规则制定的能力。《卓越人才培养计划2.0》明确要求涉外法治人才要“勇于推动全球治理规则变革”。这就对国际私法教学提出了更高层次的要求。我国已经是世界上最大出口国和第二大进口国，但毋庸置疑的是，二战之后的国际秩序是以西方国家的法治理念为基础建构的，经济全球化时代的国际经贸规则亦是以西方国家的经贸规则为蓝本建构的。[①] 我国急需在国际舞台发出自己的声音，为如何践行真正的多边主义、如何坚定维护国际关系的公平正义，提出自己的治理规则。这就需要国际私法教学讲清我国的国际治理观，培养学生的国际视野，特别是在国际舞台讲好中国故事的能力。

第三，融入课程思政内容，培养德才兼备的涉外法治人才。《卓越人

---

① 舒建中：《战后国际秩序的演进与启示：制度改革的视角》，《国际问题研究》2021年第1期。

才培养计划 2.0》明确提出“厚德育，铸就法治人才之魂”的要求。因此，涉外法治人才也应以德才兼备作为基本素养，除了专业的思政课程外，德的培养也需要在专业课教学中进行。2020 年 5 月 28 日教育部发布的《高等学校课程思政建设指导纲要》中明确提出要“解决好专业教育和思政教育‘两张皮’问题”，这就要求在国际私法教学中有机地融入课程思政的内容。国际私法所需解决的根本问题是国际民商事法律冲突。而任何一种解决国际民商事法律冲突的方式必然蕴含着立法者或司法者的价值取向。显然，国际私法教学天然具有在专业课教学中，讲清楚价值观、人生观、世界观的可能。这就需要在国际私法教学中提炼专业知识体系中所蕴含的思想价值和精神内涵；在讲述过程中，结合专业知识教育引导学生深刻理解社会主义核心价值观。

三 国际私法教学目前面临的窘境

国际私法教学目前的窘境与法学学科特别是国际法学科整体不受重视有关。按照 2011 年《学位授予和人才培养学科目录》，法学学科门类中，有法学、政治学、社会学、民族学、马克思主义理论、公安学 6 个一级学科。[①] 除法学外，其他 5 个均不是严格意义上的法学学科。因此，法学作为一级学科的地位被极大弱化了。在法学学科本身地位被弱化的情况下，何谈作为下属学科的国际私法学科的建设。同时，国际公法、国际私法与国际经济法共同组成了作为二级学科的国际法学科，如此庞大的国际法体系被压缩为一个二级学科，必然的结果是，国际私法学科不管是在教学方面还是科研方面，整体都不受重视。这些成为阻碍我国涉外法治人才培养的根本原因。而就具体的国际私法教学而言，仍面临以下三个方面的窘境。

（一）国际私法理论与国际私法教学的背离

国际私法学界主流认识认为，国际私法的范围包括外国人法律地位规

① 《关于印发〈学位授予和人才培养学科目录（2011 年）〉的通知》，载中华人民共和国教育部网站，http://www.moe.gov.cn/srcsite/A22/moe_833/201103/t20110308_116439.html，2011 年 3 月 8 日。

范、冲突规范、国际统一实体法规范和国际民事诉讼与国际商事仲裁规范。[①] 如此庞大的体系要求必须分配给国际私法教学充足的课时才能完整讲授国际私法学科知识体系。同时，国际私法是所有部门法中唯一使用间接调整方法的法律部门，其理论出发点是解决冲突，而与其他法律部门直接确定法律关系的权利义务有根本不同。而国际私法的核心法律规范——冲突规范，既不同于实体规范，亦不同于程序规范，是自成一类的规范。前述特殊性就导致教授国际私法课程教师需要花费大量时间讲解国际私法的基本理论，否则初学者会很难理解国际私法学科知识体系的立论根基。

针对如此宽广的规范范围以及如此艰深的理论，即便是按照一学期72个课时亦不能够完整涵盖国际私法学科知识体系。[②] 2018年国际私法学从法学本科必须学习的专业必修课中拿掉后，国际私法学仅剩32个学时，甚至被作为选修课，在如此少的课时量中，根本不可能完整讲授国际私法学科知识体系。国际私法教学的现实选择是，将讲授仅仅只集中于冲突规范，重点讲述冲突规范的概念、适用冲突规范过程中的特殊问题以及针对不同涉外民商事法律关系的冲突规范。用少量课时简单概述国际民事诉讼法，甚至不讲国际民事诉讼法；不讲国际商事仲裁法或单独作为选修课；而将国际统一实体法，交由国际经济法讲述。[③] 显然，国际私法教学内容繁杂，教师不可能在有限的课时量中讲解国际私法学科涉及的所有内容。[④]

总体而言，国际私法理论与国际私法教学之间存在着理论研究范围过于宽泛且理论自身特殊性过强，但教学课时量过少的问题。导致这一问题的根本原因在于国际私法学科不受重视。

---

① 韩德培主编，肖永平主持修订：《国际私法》（第三版），高等教育出版社、北京大学出版社2014年版，第7页。

② 裴予峰：《从国际私法课堂教学方式方法改革谈涉外卓越法律人才的培养》，《黑龙江教育学院学报》2016年第2期。

③ 王小骄：《议高校国际私法课程教学体系改革——以涉外民商事案件审理流程为视角》，《成都师范学院学报》2014年第9期。

④ 黄志慧：《面向实践的中国国际私法学教学——论我国国际私法学教学改革的方向》，《梧州学院学报》2018年第1期。

（二）国际私法教学与实操能力培养的背离

解决涉外民商事法律争端的全流程，都需要适用国际私法知识。国际私法与其他部门法学一样，都具有高度的实践理性。就涉外民事诉讼程序而言，实务中最为紧要的问题是管辖权的确定以及在适用外国法时，外国法的查明和适用。但对于这两个问题，目前主流教材的编写实际是以大量的理论知识代替具体操作层面的内容。

同时，目前的国际私法教学模式仍是传统的课堂讲授模式，考察的是学生对于知识的记忆，但是，在课堂教学中无法有效培养学生思考问题、解决问题的能力。[①] 以反致的教学为例，由于《中华人民共和国涉外民事法律关系适用法》并未采纳反致，关于反致的教学纯属对理论的分析与探讨。教师花费大量时间讲解这种纯粹理论的内容，不仅占用课时量，还降低了学生学习兴趣，也无助于培养学生的实践能力。

总体而言，国际私法教学目前存在重视理论知识灌输，而忽视实践能力培养的问题。一方面，忽视了对学生分析和运用法律规范能力的培养。学生需要大量识记并不能引起学生学习兴趣的理论知识，陷入记忆知识点的海洋，而没有建构起国际私法学科知识体系。在面对具体法条时，却又没有相应的运用理论分析、解释以及在具体场景中适用法条的能力。另一方面，也缺乏对学生解决问题能力的培养。学生通过记忆也许能够熟练说明有关国际私法的基本理论，但在解决国际民商事法律争端的过程中，面对现实的国际私法问题，却没有分析思路、缺乏解决路径。[②]

（三）国际私法教学与课程思政元素融入不够

当下主流的国际私法教材，多以介绍外国学者的理论、外国典型案例为主，而很少关注我国的国际私法理论、立法与司法实践。[③] 这就导致在以这些教材为本的国际私法教学中，不管是讲述理论，还是探讨实践，都是以西方国际私法理论为重，以外国案例为主，而很少关注我国学者提出

---

① 翁杰：《论国际私法教学中多维思维方法的引入》，《河南司法警官职业学院学报》2018 年第 3 期。

② 周亚光：《裁判中心主义的国际私法教学体系探析》，《法学教育研究》2018 年第 2 期。

③ 叶竹梅：《国际私法课程教学改革探讨》，《兰州教育学院学报》2014 年第 4 期。

的国际私法理论以及我国处理涉外民商事法律争端的实践。如果不能关注我国的国际私法理论与实践，又何谈“引导学生深刻理解社会主义核心价值观”？

导致国际私法教学与课程思政不能有机融合的根本原因在于，国际私法教材以及基于教材的国际私法教学，事实上长期以来存在着不讲中国故事的问题。中华人民共和国成立以来我国参与国际事务，特别是近年来通过法律手段维护我国合法权益，应对单边主义、霸权主义、贸易保护主义对我国挑起之滥诉的生动实践，并没有被编纂进入国际私法教材；中华人民共和国成立以来，我国国际私法学科的建立者、恢复者，以及国际私法大家的国际私法贡献和学术思想，都没有得到很好的总结和发展；2018 年以来，全国海事审判三级法院审结涉外案件 10611 件、涉港澳台案件 2782 件，① 这些司法实践中涌现的中国智慧、体现的社会主义核心价值观、表达的我国国际治理观以及公平正义理念，没有在教学中得到应有的重视。

因此，从根本上讲，国际私法教学的中国化转型是打开国际私法教学与课程思政的有机融合这把锁的钥匙。质言之，西方理论不能完全抛弃，这并不符合国际私法学科的现实，但从教学的角度，更应该关注的是我国的国际私法实践，以及我国在运用这些西方理论时，是如何使之适应我国的国情。从这些实践中提炼出的思政素材，才是使学生有“代入感”的中国故事，才是在国际私法教学中的推进课程思政的重要动力，才能真正培养德法兼修的涉外法治人才。

四 以培养涉外法治人才为导向的国际私法教学方法革新路径

鉴于培养涉外法治人才的重要意义，为解决国际私法学科不受重视问题，从长期看，需要将国际法学单独作为一级学科，将国际私法提升为二级学科，在本科设置单独的国际私法专业，用四年本科周期培养专门的涉外法治人才；从短期看，首先需要改革法学专业本科阶段专业必修课课程

① 《最高人民法院发布〈中国海事审判（2018—2021）〉》，载中华人民共和国最高人民法院网站，https：//www. court. gov. cn/zixun-xiangqing-382861. html，2022 年 12 月 2 日。

设置，重新将国际私法纳入专业必修课程。其次，如果不能修改法学专业本科阶段专业必修课课程设置，也应给予国际私法课程足够的课时量。最后，还可以考虑增加全国法律职业资格考试中国际私法的分值，引导考生重视国际私法。而就国际私法教学方法的革新而言，笔者认为，应从以下三个方面进行。

（一）以司法者的视角展开国际私法教学

培养涉外法治人才对国际私法教学，提出了培养学生参与国际民商事规则制定之能力的要求。目前我国国际私法教学重点关注冲突规范，侧重理论灌输，呈现出“立法中心”的教学模式。这种方式实际上是静态化理解冲突规范，从应然、比较和完善的角度理解冲突规范，并不关注冲突规范本身在司法实践中的运作模式。① 诚然这种教学模式在一定程度上为学生提供了评价现行立法的能力，但当代国际社会的底色仍是主权国家并存，国际领域的立法呈现出多主体与碎片化的趋势，② 并没有如同国内法体系一样的统一立法机构。在此背景下，需要从实践出发，而不是从理论出发，与各国共同构建为各国普遍接受的国际规则。因此，立法中心主义的教学模式并不能满足涉外法治人才培养的需要。鉴于国际私法本身的实践理性与国际立法的特殊演进路径，需要将国际私法的教学模式调整为“司法中心主义”。

基于这一要求革新国际私法教学方法，应以国际民事诉讼程序为国际私法教学的教学主线。以管辖权的确定、准据法的确定与适用以及司法协助作为讲授的三个核心部分，讲述在这三个部分的核心理论，特别关注我国学者在这三个领域提出的独到见解；并以我国现行规则的解释与空白填补为脉络，以我国司法实践为血肉展开教学，培养学生分析和运用法律规范以及解决实际问题的能力；兼论比较法层面具有影响力的国际规则，拓宽学生的国际视野。

① 翁杰：《论国际私法教学中多维思维方法的引入》，《河南司法警官职业学院学报》2018 年第 3 期。

② 参见古祖雪：《现代国际法的多样化、碎片化与有序化》，《法学研究》2007 年第 1 期。

（二）以个案教学培养学生解决实际问题的能力

培养涉外法治人才对国际私法教学，提出了培养学生解决涉外民商事争端之能力的要求。这与解决目前国际私法教学忽视实践能力培养的问题，具有目的同一性。进一步需要讨论的是，在具体的教学过程中，应以何种教学方法提升学生解决问题的能力。

笔者认为，应采用个案教学法，即通过完整案例串联知识点的教学方式。个案教学法与案例教学不同。案例教学法实际是为学生理解特定知识点而创设出的典型情况，通过简化事实，聚焦特定问题的方式，使得学生对于抽象的知识有直观的判断，这实际是课堂讲授模式的辅助。① 而个案教学法注重对案件全过程的分析和研究，一方面使得学生切身感受实务操作流程，提升实操能力；另一方面使得学生面对真实的问题，来培养学生分析问题和解决问题的能力。同时，真实案例中不仅仅只涉及国际私法知识，还涉及多部门、多学科知识，也有助于全方面培养学生的能力。需要说明的是，为实现国际私法教学的中国化转型，个案教学法所采用的案例应以我国法院的案例为主，兼采具有典型意义的他国案件。

具体而言，个案教学法应分为以下三个阶段：（1）课前准备阶段，教师需要根据知识点的具体内容，寻找典型案例，提炼案件事实与核心争议。以北大法宝数据库为例，可以采用的方式是，寻找适用特定法条的司法案例，这可以有效地聚焦知识点的范围。最为关键的是，需要在选取的案件中明确运用知识点的疑难之处，作为向学生讲解的重点。（2）课堂分析阶段，教师首先需要讲解知识点的疑难之处，提出本次课程需要思考的问题，分析选取案件的事实与争点，运用翻转课堂，课堂讨论或学生分组对抗的方式，以在案件中如何运用知识点为核心展开教学。特别是可以采用法官、律师角色扮演的方式，让学生有代入感地体验实务中具体争议的分析、判断和认定过程，有针对性地锻炼资料收集、法庭辩论和撰写文书的能力。（3）课后复习和预习阶段，为学生布置任务，阅读有关下一知识点的背景资料，回顾本次授课的知识点。

---

① 徐冬根：《国际私法理念、逻辑与方法》，法律出版社 2022 年版，第 219 页。

（三）在具体个案中融入课程思政元素

在国际私法教学中融入课程思政，不仅是培养涉外法治人才的要求，也是破除国际私法教学目前面临之窘境的需要。专业课融入课程思政的难点是，课程思政元素的科学合理挖掘较难，课程思政元素与教学有机融入困难。[①] 对于国际私法教学而言，如果实现了国际私法教学的中国化转型，其实并不难解决前述问题。

就课程思政元素的合理挖掘而言，在讨论国际私法范围时，可以将持有不同观点的我国诸位国际私法大家的生平融入教学中。这些先贤如何筚路蓝缕，从无到有建立我国国际私法学科；如何在艰苦卓绝的环境中，坚持国际私法研究；如何在学术争鸣中，以真理为师，本身就是课程思政的良好素材。又如，在管辖权部分讨论管辖豁免时，论及我国政府、司法机关、学界应对针对我国之滥诉的鲜活实践，也是良好的课程思政素材。通过这些素材可以培养学生的家国情怀，增强学生为国家建设做贡献的责任感和使命感。

就课程思政元素与教学有机融入而言，应以学生为视角，关注当代大学生关注的热点问题，以社会热点案件为例，讲透知识点的同时，向学生传递正确的人生观、价值观、世界观。比如近期热议的“江歌”案，这本身就是典型的涉外侵权案件。而该案选择准据法的过程，就是典型的案件事实无法被准确涵摄到任何既有冲突规则之下时，法官何以做出法律选择的情况。在这一法律选择的过程中体现了法官的价值选择。通过讲述这一过程，可以使学生体会到如何在合理的范围内解释法条，理解法律选择本身并非价值中立，并且深刻认识到价值选择是如何在具体法律解释的过程中发挥作用，以及了解在处理边缘案件时法官面对的法理与情理冲突。同时，“江歌”案判决本身也是社会主义核心价值观的良好体现，在讲解该案时，可以通过阅读案件判决使得学生生动理解社会主义核心价值观在法律运用过程中的具体作用。

---

① 蒲清平、何丽玲：《高校课程思政改革的趋势、堵点、痛点、难点与应对策略》，《新疆师范大学学报》（哲学社会科学版）2021 年第 5 期。

五　结语

培养涉外法治人才的政策与现实需求既为目前面临多重困境的国际私法教学改革提供了契机，也提供了导向。需要转变目前立法中心主义的教学模式，以国际民事诉讼流程为脉络，运用个案教学为方式提升学生实践能力，通过国际私法教学的中国化转型有机融入课程思政元素，培养一批能够服务国家战略、维护国家利益的涉外法治人才队伍，为实现党的二十大报告提出的中国式现代化，提供人才支撑。

Research on the Innovation of Private International Law Teaching Methods from the Perspective of the Training of Foreign-Related Legal Professionals

Zhang Silu

Abstract: Cultivating the foreign-related legal professionals is vital to pursue Xi Jinping thought on the rule of law, serve the overall situation of the country's external work and advance law-based governance. International private law education should be used to cultivate foreign-related legal professionals who are capable of resolving foreign-related civil and commercial legal disputes, participating in the formulation of international civil and commercial rules, and possessing both moral and ability. Nevertheless, at present, private international law education emphasizes the indoctrination of theoretical knowledge and neglects the cultivation of practical ability, which cannot meet the need of cultivating foreign legal talents. In order to cultivate foreign-related legal professionals, it is necessary to carry out the international private law education from the perspective of the judicator, cultivate students'ability to solve practical problems by case teaching, and explore the ideological and political elements of the curriculum from the theory and practice of Chinese private international law.

Keywords: foreign-related legal professionals; private international law education; education method reform; ideological and political education

人工智能背景下复合型法治人才培养机制研究*

——基于法律实训教学改革

国瀚文　过　亮**

摘　要： 智慧司法改革下法学实训教学改革研究要定位于卓越法治人才的培养，充分关注法学教育与现代信息技术的深度融合。其在法学实训课程中指教学手段中需要“法学实践+人工智能系统”的综合运用；在教学内容中需要“法学理论+人工智能课程”内容的综合讲解；在教学目的保障中需要“传统法学教学监管+智能教学监管”的融合运用的体系。需要从法学培养目标与课程的改变、法学实践教师与教材的专门化，以及有效的教学监督体系的构建，进行人工智能背景下的复合型法治人才培养机制的研究，以满足复合型法治人才培养之需。

关键词： 人工智能；法学教育；复合型培养；教育模式

“十四五”开局之年，人民法院信息化 4.0 版正式启动。智能司法已经取得了长足的进步，但其发展仍然离不开高质量法治人才的供给。教育部、中央政法委出台的“卓越法治人才教育培养计划 2.0 的意见”强调要推动法学专业教育与现代信息技术的深度融合，打破校园与法治实务部门间的时空屏障后，造就一批既精通法律又掌握技术的复合型法治人才已成为关系到中国特色、世界领先的智能司法新模式质量和竞争力的关键因素，实现“法学+X”复合型法治人才培养已经成为学界共识。尤其是法

---

* 基金项目：西北政法大学 2021 年教学改革研究项目“人工智能与法学实训教程改革研究”（项目编号：XJYB202105）；2022 年西安市科技局软科学项目“双碳政策下秦创原平台产业生态体系绿色发展协同立法研究”（项目编号：2RKYJ0020）。

** 国瀚文：西北政法大学民商法学院讲师，法学博士，硕士研究生导师，主要研究方向：数据法学、商法学、经济法学。过亮：西北政法大法治学院学 2021 级法律硕士教育学院研究生，主要研究方向：经济法学。

学实训课以培养法律实务操作技能为目标，以实案情景为教学内容，以实际操作为实训模式，具有综合性、技能性、实践性等特征，[①] 现阶段应将“法学实训+人工智能系统”充分融合，实现智慧司法改革下复合型法治人才的培养。当前，很多政法类高校或学院都将司法大数据与人工智能系统融入法学实验室教学当中，用以缓解传统实训教学不足的难题，以及将拓展现代信息技术作为进行教学改革的重要方式。从世界范围看，美国法学教育的主流是复合型高层次的职业教育和精英教育，其复合型、应用型人才培养模式对我国的法学教育由学术型培养为主到复合型、应用型的法律职业教育转型具有借鉴意义。近年来，我国法学或者法律学科院校已经逐步开始重视对互联网法治人才的培养，比如中国人民大学法学院成立未来法治研究院、数字法学教研中心；清华大学设立法律硕士（计算法学）；中南财经政法大学成立大数据研究院；四川大学成立法律大数据实验室；中国政法大学成立大数据和人工智能法律研究中心；华东政法大学成立人工智能与大数据指数研究院；西南政法大学成立西南大数据法律研究中心等，都是在回应时代的主题，为培养复合型法治人才而努力。新时代，人工智能将成为重要的发展契机，高校应该紧扣时代脉搏，抓住机遇，通过建立健全法学实训内容与信息化系统使用培养机制，在人工智能战略下探索适应新时代的复合型法治人才培养之路。[②] 即在智能司法快速发展的背景下，以传统法学教学方法与智能技术相结合的方式实现法学实训教学。因此，复合型法治人才培养需要格外重视法学思维培养目标与模式的改变、法学实践教学系统性的增强，重视有效的教学监督体系的构建、产教融合与校企合作的深化。[③] 以确保法学教育中不同教学环节的高质量运行，满足“卓越法治人才教育培养计划 2.0”的教学质量诉求与回应。这也是习近平总书记提出的“要加强人工智能同社会治理的结合，运用人工智能提高公共服务和社会治理水平”的重要理论实践。

---

① 冯军:《试论法律实训课程及其结构与体例》,《教育与职业》2012 年第 12 期。

② 贺嘉:《“人工智能+法律”复合型人才培养路径研究》,《中国教育信息化》2022 年第 5 期。

③ 李鹏、石伟平:《新时代职业教育全面深化改革的政策逻辑与行动路径》,《国家教育行政学院学报》2019 年第 9 期。

一 人工智能背景下传统法学教学现实困境

新时代培养复合型法治人才的关键在于协同育人，强化法律实践教学。在法学实训教学过程中，充分利用人工智能技术手段进行教学改革，优化法学实践实训教学的流程，进行复合型法治人才培养。人工智能一般是指程序开发的能够模仿或延展人类智能的软件机器，主要包括经过人类编程后具有模拟学习和分析决策能力的、能够适应环境变化并做出灵活调整的智能系统，其中大数据、云计算、计算机系统等信息技术是人工智能的发展基础。而复合型法治人才培养机制指在法学实训课程教学手段中需要“法学实践+人工智能系统”的综合运用；在教学内容中需要“法学理论+人工智能课程”内容的综合讲解；在教学目的保障中需要传统“法学教学监管+智能教学监管”的融合运用的体系。反过来，当前法学实训课程中也存在以上现实困境，需要深入研究法学智能教学系统的综合利用，以满足复合型法治人才培养之需。

（一）理论教学与实践教学脱节

智能法学实训教学手段有助于实现实践教学与理论学习的有效结合。现阶段，我国人工智能法学实践教学取得了显著成效，但仍存在实践教学资源不足、实践教学活动不能紧跟司法实践、高校与实践部门合作教育机制不完善、实践培训课程建设水平低、学术论文的信息化水平相对落后等现实问题。此外，跨专业的实践教学与校企合作也存在因专业跨度较大，缺乏直接实践能力培养机制的困境。人工智能的应用和智慧法治建设的发展为解决这些问题提供了新的机遇，其教学注重体验感，真正实现学生对科技的体悟，以人工智能方式将会实现法学教育的复合型发展。司法大数据的积累和智慧法治建设的成果将极大丰富实践教学资源。“互联网+”条件下的智能司法平台的建设，将为高校与实践部门之间的沟通与合作提供新的途径。实践教学的内容和形式将发生变化，实践培训课程将不再局限于课堂教学，专业实践将不再完全依赖实践教学基地，司法大数据和智慧法治建设的成果将大大提高专业实践水平和毕业论文写作的内容质量，突出实用性。法学学生不仅要有扎实的理论基础和理论指导实践的能力，还要了解和掌握智慧法治建设的最新成果。除了充分利用智慧法治建设成果丰富教学内容、衔接教学资源之外，法律实践教学还肩负着促进法学学生熟悉智能司法流程、掌握智能辅助系统开展工作的任务。

（二）文科教学与理科教学交互模式脱节

法学教育的具体内容，实际上也是研究法治供给侧改革问题。从法学人才供给来说，法学院是供给单位，法院、检察院、公安局、律师事务所等是需求单位、用人单位，这是供需两方面。[①] “互联网+”和人工智能技术在司法领域的深入渗透，要求业务部门需要熟练掌握和使用一套完整的“智能司法”系统。然而，由于高校的培育模式，大多数法学专业的学生往往只注重掌握法律领域的理论知识，缺乏未来职业相关领域（企业、公司、银行、税务、海关等）的实践经验，以及学习人工智能技术和大数据等理工科知识以提高自身综合竞争力的主动性和方法途径。少数理工科背景的法学专业研究生拥有这种多学科知识体系，但却无法找到合适的实践机会。单一的培养模式使得法学毕业生无法满足社会所需的专业知识条件，因为其不具备多样化的能力和知识结构。在处理涉及电子证据和其他现代特征的司法案件时，或者面对大数据、算法规则预评估机制等审判执行工作与先进技术结合时，难以满足人工智能时代对法律人的新要求。由于人工智能技术的快速发展，大量业务数据不断迁移到网络环境中，司法部门越来越依赖信息技术支持业务的运行，其决定了法律学科绝不是一门“孤立”的学科，要打破学科专业壁垒和传统课程模块设置，尤其涉及人文社科与理工科的融合，存在校际间的阻隔。事实上，法科学生受到的文科教育比较多，尤其在政法类院校很难接触到人工智能类课程。智能法学实训教学是实现跨学科、跨专业的复合型法治人才培养的理想方式，一方面，将人工智能的内容融入法科授课内容中，或者直接开设相关课程；另一方面，在法学实训课程中应将如何应用相关人工智能产品的技术以及使用方法进行具体介绍，可以使学生感受真实。因此，以算法作为支撑的仿真实验实训教学的目标是培养法科生的预设性思维，在法律思维逻辑中添加自然科学式实验思维的成分，可以有效地实现文理学科教学模式研究。

---

① 曹守晔：《当前法学教育的问题与解决思路》，《北京航空航天大学学报》（社会科学版）2018 年第 3 期。

（三）传统教学模式体系与新型法律素养培养脱节

法学教育应重视对于学生法律素养培养方式的转变，[①] 这是保障教学目的实现的关键，也是人工智能下教学监管的重要考察目标之一。人工智能在法学实践教学中的应用，给法学实践模式带来了新的命题。传统“一言堂”的单向教学模式，已经难以满足新型法律素养培养的需要，脱离实践问题和智慧法治资源的教学难以激发学生的问题意识和创新思维。现实需要教师必须关注司法实践和智慧法治建设的现状，在系统讲授法学知识的基础上，将配套的 AI 教学设备广泛地应用于实训教学中。结合多种互动教学工具（比如答题计时器、点名器、VR 眼镜），以调动学生的学习兴趣，提高学习成效。正如计算机逐渐应用于高等教育时，教师必须掌握多媒体教学手段那样，当人类进入人工智能时代，合格的法学教师必须熟练掌握人工智能法学的基本内容和智慧辅助系统的基本应用。智能法学实训教学是通过信息技术创造的事实环境，使学生实现法学理论与社会现实相结合的实训方法。利用智能科技进行法学实训教育，不仅可以塑造学生的智能司法思维，也可以培养良好的法律素养。另外，再好的教学质量都需要有严格的管理，教育质量是没有国家免检的。[②] 高校要充分发挥督导组在教学评估过程中的积极作用，开展多种形式的人才培养质量评估活动。实际上，基于传统实训教学质量评价标准已经无法适应智能法学实训课程教学模式的改革，因此如何实现两者的有效衔接是关键问题，从而使得教学质量评价体系得以有效循环。

二　人工智能背景下复合型法学培养机制改革动向

人工智能背景下复合型法学培养机制主要是培养新时代复合型法治人才，是为了适应未来社会对法治人才的新期待、新需求。法律的教学方法也应多样化，不仅依赖传统课程，还应根据大数据和智能时代的步伐发展

---

① 罗团：《人工智能时代法学教育的变革进路——以法律素养培养为核心的改革》，《广西教育学院学报》2020 年第 6 期。

② 倪楠、王敏、丁元：《卓越法治人才教育培养计划 2.0 的教学质量诉求与回应》，《西北高教评论》2021 年第 1 期。

新的、独特的、多样化的教学方法。[①] 人工智能时代对法学教育的兼容性提出了更高的要求，这也是法学教育发展趋势的必然现象。在人工智能时代，人工智能将会引起法学学科呈现法律理论的多元化、综合性，法律研究及教学手段的新颖性、科学性。[②] 复合型法学培养机制的构建，将会积极助力依法治国背景下法律与智能化领域的良性结合与长足发展，为国家法治发展进步不断贡献力量。

（一）复合型法学教学改革目标的确立

基于人工智能时代对法律人才更高素质的要求，应将法律素养教育作为法学课程教学的根本任务和重要内容。[③] 复合型法律素养教育是以对学生进行渐入式法律科技思维的培养为主，通过对经典大数据案例进行探讨研习，使学生养成新型法律科技思维，结合实务专家对现行司法大数据检索、智能法院运行、数据案例分析技术等进行的系统讲授，使学生在运用法律思维逻辑解决法律实务问题时添加自然科学式实验思维的成分，实现“法学+人工智能”复合型学科教学模式的有效改革。复合型培养课程为法律人描绘了一幅清晰的未来图景，将信息技术作为法律人和法律市场变革的三重驱动力之一，从而强化学生的技术型法律思维。因此，确立复合型法学教学改革的培养目标应着重于以下内容：

一是促进法学教学和智慧司法科学技术的有机融合。复合型法学培养机制旨在以培养法律人职业素养和执业能力为直接目标，根据互动参与式体验教学法的原理，运用法律业务模拟技术，其中的用户、实验项目、实验课堂、实验任务、实验报告与实验成绩等要素具有高度集成化的组织特征。管理者、教师和学生都可以运用系统方便地开发与组织丰富多彩的法学实验。[④]

二是健全需求导向的法学专业人才培养机制。通过人工智能与大数据技术融合于法学培养中，可以将法学专业学生与数据公司连接起来，将公

---

① 张富利、高行：《人工智能时代法学教育模式变革探析》，《辽宁教育行政学院学报》2020 年第 5 期。

② 王渊、吴双全：《“互联网+”时代法学教育变革研究》，《高教探索》2019 年第 7 期。

③ 刘梦非：《基于人工智能特色的法学课程教学改革与创新》，《中国高等教育》2022 年第 11 期。

④ 刘茂林、高利红等：《基于 LETS 软件的法学实验教学体系》，《法学教育研究》2015 年第 1 期。

司需求融入高校人才培养体系，由人才“供给-需求”单向链条转向“供给-需求-供给”闭环反馈，促进企业需求侧和教育供给侧要素全方位融合。[①] 高校企业共同培养新时代复合型法治人才，适应未来社会对法治人才的新期待、新需求。积极助力依法治国背景下，法律与智能化领域的良性结合与长足发展，为国家法治发展进步不断贡献力量。

三是推进建立完善法律科学创新和成果转化体系。一方面，为企业培养储备人才，增强企业数字合规的防控能力；另一方面，支持学校在数据法治方面的相关研究，实现高校科研成果快速转化为企业的核心竞争力。

（二）复合型培养课程教学设计的定位

从比较法的角度来看，西方各国的法学教育均以法律职业为导向，通常所讲的法律职业专指从事司法活动的、专门提供法律服务的法官、检察官、律师三者。[②] 现行法学教学实训研究多是聚焦于法学学科范围内的理论研究与实务探讨，但复合型培养课程需要着眼于中国的现实情况，即智慧司法下的复合型人才培养。现阶段，我国法学已经经历了逐步形成和初步发展的阶段，承载法律知识体系的法律课程体系已基本形成。然而，学科结构尚不合理，课程体系尚不完善，新兴学科开设不足，法学与其他学科的融合不充分，一些法学学科理论教学滞后于实践，无法回答现实实际问题。一些教材偏向西方理论，缺乏鉴别和批判，法学研究和法治人才培养过程的中国特色有待进一步细化和凸显。[③] 法学教学体系所存在的这些问题本质上都是源自于法学课程设计的不尽合理与不够与时俱进，尤其是法学课程与智慧司法要求的复合型法治人才培养需求的脱节，因此复合型培养课程教学设计的定位应以人工智能算法作为支撑，实现仿真实验实训教学，培养学生的预设性思维，并可以进行产业、教学、科研的有机融合。在原有核心课程的基础上，高等法律教育课程应当增设符合人工智能新时代要求的法学课程。在国家政策主导下，积极推进满足社会发展需要和新时代对于复合型法律人才需求的实训课程变革。并且，复合型课程应满足法律学生的学习需求，按学科设计个性化课程，并进行技术融入的设

① 张婷：《深化产教融合推动教育改革》，《中国科技投资》2018 年第 27 期。

② 陈京春：《法律职业能力教育的规范化与系统化建构》，《陕西教育》2011 年第 12 期。

③ 蔡立东：《加快构建中国特色法学学科体系》，《中国大学教学》2017 年第 5 期。

计，适应人工智能时代司法实践的要求。[①] 以《刑法学》盗窃罪实训课程中运用虚拟仿真技术为例，[②] 首先为学生设置场景、角色，具体工作明细（见表1、表2）；其次，为学生整理各阶段文书模板，对各部分具体内容进行讲解。最后，为学生设置小组，分阶段整理文书，形成一套适用刑事审庭的文字模板。以此体系化的记录作为该教程改革的书面模型。

表1　　盗窃罪脚本设置

罪名：盗窃罪	角色：律师	
工作明细		
主要阶段	进　度	工　时
谈案阶段	2个细分事项，其中0个已完成，完成度0.00%	00：00
收案阶段	1个细分事项，其中0个已完成，完成度0.00%	00：00
承办介入	8个细分事项，其中0个已完成，完成度0.00%	00：00
庭前准备阶段	8个细分事项，其中0个已完成，完成度0.00%	00：00
开庭阶段	1个细分事项，其中0个已完成，完成度0.00%	00：00
庭后工作	5个细分事项，其中0个已完成，完成度0.00%	00：00
结案阶段	2个细分事项，其中0个已完成，完成度0.00%	00：00

表2　　盗窃罪庭前准备阶段脚本设置

<table>
<tr><th>庭前准备阶段</th><th>任务描述</th><th>检查项</th></tr>
<tr><td rowspan="3">与委托人沟通辩护方案</td><td>一、根据深入了解的情况进行法律法规、案例、文献检索</td><td rowspan="3">任务状态；
任务负责人；
截止时间；
完成时间；
总工时。</td></tr>
<tr><td>二、案情分析及讨论
1. 主办律师组织参与办理人员参加会议，围绕定罪量刑，探讨辩护思路和办案计划；
2. 案情复杂的，邀请专家参与会议研讨；
3. 开庭模拟对抗。</td></tr>
<tr><td>三、确定初步的辩护方案，并与委托人沟通
1. 介绍基本辩护观点和思路；
2. 告知庭审流程及注意事项；
3. 询问委托人的对案件的辩护观点和思路，委托人有不同意见的：（1）向委托人详细分析案情，提出客观的预测和合理预期，说服其采纳律师辩护方案。并告知其律师会征求被告人意见；（2）可以提出可以解除合同，也可以建议委托人再委托一名律师，独立发表辩护意见。</td></tr>
</table>

① 王超、阮亮、杨新会：《人工智能框架下的法学教育创新问题研究》，《产业与科技论坛》2019年第8期。

② 本教学实践案例，选取自西北政法大学人工智能与智慧法治研究院2019年计划开设的《西北政法大学法律科技高端人才创新实验班》部分内容。

（三）复合型教师人才的培养

美国哲学家、教育家约翰·杜威曾说过，“如果我们像昨天那样教今天的学生，我们将摧毁他们的明天”。人工智能技术支持的学习方法正在发生巨大变化，法学教师角色定位的传统教学方法也应随之改变。“人工智能+教育”最显著的特点是将教学方式从教师教学转变为学生学习，所以应该进行专门化的复合型法学教师人才的培养。复合型法学教师在人工智能时代的角色不仅是专业知识的传授者，更是专业实践能力与法律科技思维的培养者，其需要具备对智慧司法内容的足够了解，并在教学活动中可以熟练运用相关设备，以算法时代对法律职业素质的需求变化为培养目标。历史经验告诉我们，没有教师参与的教育改革从未成功。教师在智能时代无法被取代的原因是由教育的性质决定的，尽管人工智能和大数据正在改变传统的教育环境和方法，但技术始终是一种手段，而不是目的，技术永远无法取代教师的课堂教学经验和高水平心理活动的关键作用。现有的教学生态受到资源条件的限制，课后重复的复习和评估工作占用了教师的大量精力，导致法学教师无法专注于课堂教学形式的创新和教学质量的提高。现有的人工智能技术可以在一定程度上减轻教师的课后负担，这些技术背后的海量数据分析可以为学生提供准确的多层次指导，再结合教师自身的教学经验和教学理念，可以促进法学教学活动更有效地展开。人工智能可以帮助教师提高教学质量，同时减轻教师的课程负担。[①] 在引入人工智能后的新教学生态中，学习者已经成为教学的主导角色，而教育者则更注重成为教学过程中学生的同伴和支持者。尽管教师的角色定位、教育理念和教育方式会随着科技的发展而改变，但教师帮助学生树立公平正义的职业精神、倡导法治和诚实职业道德理念的使命永远不会改变。[②] 随着人工智能技术的应用和智慧法律资源的使用，未来的法律实践教学将呈现学生、教师和智能系统共同参与的特点。其中，学生是探索者、发现者和合作者，教师是支持者、引导者和组织者。智能机器共存于物理世界和虚

---

① 蒲菊华、熊璋：《人工智能与教育融合促进高等教育改革》，《中国高等教育》2021 年第 20 期。

② 季连帅、何颖：《人工智能时代法学高等教育的变革与应对》，《黑龙江社会科学》2020 年第 1 期。

拟信息化世界，具有开放协同、多维共生和自动增强的特点。教与学之间的互动耦合变得空前紧密，形成了人机共生的学习系统，人机协作和师生互动将成为常态。在这样的教学模式下，人工智能教学辅助系统将始终陪伴和服务于师生的互动和成长，围绕学习需求提供知识支持和知识整理的阶段性成果，链接法治建设的现实问题和需求。在组织教学的过程中，法学教师在人工智能助手的帮助下，可以发扬法律“师徒制”的教学精神，将主要精力用于传授法律知识和法学的分析框架以及智能机器学习无法替代的隐性知识，克服人工智能程式化、形式化知识传播的局限性。

三　人工智能背景下复合型法治人才培养机制路径探析

（一）明确复合型专业教学目标，完善智能化教学内容建设

互联网法院作为网络技术与现代司法深度融合的产物，既要在规范层面完善法律法规体系，又要在实践层面探索和总结互联网法院的审判模式与审判经验，以及审判是否要以庭审为中心等问题。[①] 高校法律专业教育作为高等教育的重要组成部分，历来承担着为国家培养和输送法律人才的重任。[②] 高校开设《人工智能与数据法学》课程，以培养学生及时掌握互联网、大数据、人工智能、云计算与法律治理等前沿专业知识以及提升学生创新思维和综合素质为教学目标，从而满足数字时代我国法治实践、社会发展和高等教育改革的需要。人工智能背景下的复合型法治人才培养机制的教学目标，就是培养学生熟练掌握前沿智慧法学理论与实务操作以及树立法律科技思维，其对法科生及时应对日新月异的法律实务变化具有重要意义。因此，在复合型教学目标下，应以对学生进行渐入式法律科技思维的培养为主。首先，对学生进行法律科技思维的养成培训，通过司法大数据平台进行法律数据检索方式与手段（包括关键词设置方式和各类检索平台）的教学，培养其检索思维习惯，系统传授通过互联网快速便捷的获取所需数据的方法。其次，介绍如何研究法律大数据标准化要素，哪些因素影响审判，对法科生进行分析和提炼数据要素方法的技能培训。最

① 自正法：《互联网法院的审理模式与庭审实质化路径》，《法学论坛》2021 年第 5 期。

② 孙晋：《数字时代网络与数据法学课程的教学探索》，《中国大学教学》2022 年第 1 期。

后，在对现行司法大数据检索、智能法院运行、数据案例分析技术学习的基础上，对经典大数据案例进行研习。如大数据引发不正当竞争案（新浪微博诉脉脉案）、遗忘权案（任甲玉诉百度案）、欧盟 GDPR 应用等典型案例与事件，通过对判决的评析、立法本意的探寻、事件的追问等，谈论数据隐私、数据竞争、数据合规和数据共享等热点问题，使学生在运用法律思维逻辑解决法律实务时添加自然科学式实验思维的成分，实现文理学科教学模式的有效互动。

在融合传统教学和人工智能网络教学各自优势的基础上，复合型培养可以满足学生多样化、个性化的学习需求，也可以实现教师教学行为与学生学习行为的深度融合。它既能发挥法学教师的主导作用，又能发挥法科生的主体作用。① 网络环境（尤其是翻转课堂和教育教学资源库）为混合教学提供了有效支撑，将教学行为从课堂延伸到课堂之外，可以提高学生的学习效率和学习效果。除了培养渐入式法律科技思维外，完善丰富智能化教学内容也十分重要。比如，可以将个性化案例类型通过大数据分析方法梳理成法律模块，创建类案匹配模型、数据清洗模型、文书分析模型，打造专用于法学专业学生实训教学的数字化实训平台，从而使法科生在自然科学式的实验思维下锻造法律逻辑思维，实现智能时代的法律人培养目标。另外，打造智能化课程设施，利用互动参与式体验教学法的原理，运用法律业务模拟技术，开发系列法学实验模块，通过信息技术创造多种虚拟法律工作场景，涵盖立法、执法、诉讼与非讼业务等四个方面。参与者通过模拟担任法律业务的角色不同，在网络化的工作界面上进行互动，从而解决特定专业问题。（见图 1）根据法学学科实验教学法对智慧法院、数据企业等展开实际调研，密切观察司法实践。运用对案例的大数据分析等方法进行定性和定量分析，形成法学实验模块。以具体实验案例为涵摄，结合传统司法判决中演绎推理法并借鉴案例分析中规范的法教义学方法，尊重现行法的法律文本，在解释法律时注重其内在逻辑和体系。设置人工智能案例教学，以准确把握中国本土实践动向，确保案例分析结论的可推广性。

---

① 郑翔、丁琪、李佩：《经济法课程教学中的问题与混合式教学模式的运用》，《吉林省教育学院学报》2015 年第 3 期。

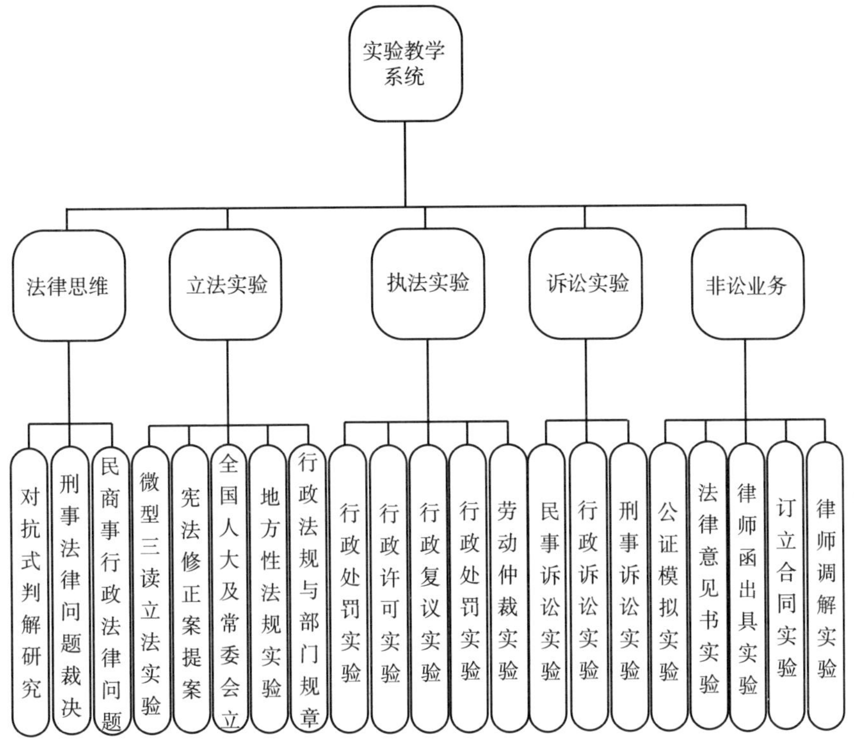

图 1　法学实验室系统

（二）构建复合型教材设计体例，完善智能化教学手段建设

法学教材是学生学习法学知识的扶手，是法科生通往高级阶段的重要保障，所以不能对教材进行简化处理。① 复合型教材与智能化手段相结合不仅能改变教学内容的呈现形式，丰富教材内容，还能改变教学信息的传递系统，改变实践教学方式，改变教学评价方式。通过智能化手段，将复合型教材的教学内容承载于信息系统中，法学教师和法科生需要借助信息技术工具来使用教材。由此，信息技术就能自然地融入教学环境中，真正撬动教学系统的信息化发展，使信息技术工具逐渐成为教师与学生进行教

① 王铁：《法学教育中的学生与老师》，《北京航空航天大学学报》（社会科学版）2018 年第 2 期。

学活动所必需的工具。① 人工智能背景下的法学教材设计包括两个层面，一个是普遍意义上的构建手段，也就是一般适用于各法学学科教材的设计原则，另一个是专门针对“法学+人工智能”学科相关教材的单独设计方法。前者要求在各学科教材设计中树立相关人工智能与智慧司法理念，及时更新各独立学科与智慧司法实务相关的内容与要求；后者则要将以下具体内容融合进专门教材中，完善智能化法学学科体系建设。

一是在教材中设置法律服务信息化和智慧律所体系化内容。人工智能技术的发展导致法律就业市场的变化也对法学教育带来了诸多挑战。法学教育对于人工智能的认知适用程度决定了人工智能和法律结合的程度，决定了法律职业发展的前景与生命，更决定了人工智能时代法学教育变革的方向与进路。② 从杭州互联网法院到北京、广州互联网法院的先后设立，推动了庭审模式的网络化兴起。在后疫情时代，司法部门也在大力倡导网上办案从而推进了线上诉讼平台的迅速发展。所以在复合型教材的设计中，应将人工智能技术与法律技能训练进行融合。并且，在实训环节，应用智慧律所系统可以有效提高法律检索能力，通过具体目标口径设置的方法，使学生学会使用智能检索方式，以应对网络技术与现代司法深度融合下出现的线上审判体系。积极地将传统教学与以人工智能为代表的科学技术相融合，利用先进的教育技术为法学教育服务，将法学教育与教育科技相结合贯穿教育培训始终。以法律大数据研习为例，具体如下：（1）法律数据检索：介绍网络上的各种检索方式与手段（包括关键词设置方式和各类检索平台）以及检索思维习惯，也包括法学教授通过互联网快速便捷的获取所需数据的方法。（2）法律数据分析：介绍法律大数据报告制作方法，包括裁判文书检索平台的介绍与运用，裁判文书分析工具的介绍与运用，法律大数据报告制作工具的介绍与运用，不同种类法律大数据报告的制作。（3）法律大数据标准要素分析：介绍如何研究法律大数据标准化要素，哪些因素影响审判，学习分析和提炼数据要素。在讲授的过程中，不仅提高了学生学习法律知识的能力，而且提高了学生的学习效

① 赵柳松：《复合型教材与数字教材建设研究与实践》，上海教育出版社 2020 年版，第 3—4 页。

② 罗团：《人工智能时代法学教育的变革进路——以法律素养培养为核心的改革》，《广西教育学院学报》2020 年第 6 期。

率。法科生应该在学习中熟悉人工智能等现代科技以及增强相关应用能力，从而为适应未来的科技立法与法治科技奠定基础。[①]

二是在教材中设置智能技术在司法与仲裁过程中的应用内容。司法流程中的智能技术与应对策略：为了优化司法系统业务流程，研究基于大数据分析的法官能力特征评估技术和基于供需理论的法院个性化动态繁简分流技术；研发针对非平衡数据的伪标签及半监督学习技术和基于电子卷宗半结构化数据的要素提取和插补技术；研发多目标检测及行为识别技术和多模态数据融合的庭审记录关联及智能复查技术。智能取证技术与律师应对策略：为完善并丰富司法取证手段，研究人工智能演绎司法取证技术，包括多介质存储下缺陷介质读取、碎片重组、数据雕复、视频解析恢复等技术；刑事案件中普遍使用的基于对抗生成网络的颅面复原技术；高精度智能交通违法识别技术；“明厨亮灶”工程中的智能违规行为识别技术。信息技术与法律职业深度融合，将使法律职业技能的内容发生变化，社会需要法律人员掌握信息及其技术在法律工作中的应用。同时，应当培养学生使用大数据分析方法发现和解决法律问题的能力，以适应执业实践需要。通过在执法、司法和其他领域使用数据来“说话、决策、管理和创新”，法律系学生应具备深入处理、汇总和分析大量法律规定、案件要点、法律意见和司法裁判文书的能力，并具备收集、存储和关联分析财政、金融、税收和政府转移支付等领域政府数据的多元化能力，[②] 要求未来的法律从业人员必须具备全面掌握技术基础理论和实际操作的能力。

三是在教材中设置电子数据证据及其保全技术在律师业务中的应用内容。电子数据保全，是指利用计算机、网络等技术，通过互联网提供电子数据的客观真实性固定的证据服务，包括电子数据的保全与认证。电子数据保全，是电子数据保全与认证服务机构根据用户的数据保全申请，利用计算机、通信技术，通过互联网、移动互联网，在电子数据生成和存储的同时进行技术加密固定，并发放保全证书以预防数据篡改。电子数据认证，是指根据用户的认证申请，电子数据保全与认证服务机构通过技术手

---

① 罗团：《人工智能时代法学教育的变革进路——以法律素养培养为核心的改革》，《广西教育学院学报》2020 年第 6 期。

② 季连帅、何颖：《人工智能时代法学高等教育的变革与应对》，《黑龙江社会科学》2020 年第 1 期。

段，验证该机构在保全时得到的加密数据，辨别并确认保全的电子数据是否被篡改，并对没有被篡改的电子数据出具确认该数据客观真实的认证证书。电子数据保全与认证，能够固定和准确认定在线和离线的各类电子数据的客观真实性，如电子交易的关键信息、文本、图片、音视频、电子邮件、网页内容、聊天过程等，能够有效地保证所提交电子数据的原始状态，防止恶意篡改，形成客观真实的、完整的数据链条，满足作为司法证据的客观性、关联性、合法性的要求。电子数据保全技术，对于律师收集、固定、保全与认定证据，为国家机关、企事业单位和公民提供法律服务具有极为重要的作用，有着极高的价值。教材设置的教学目标主要以培养学生对电子数据及其保全技术的理论认知与实务操作为主，明确数据保全技术在法律实务中的重要意义，能够运用数据保全技术完成对证据的收集、固定、保全与认定。

（三）设立复合型教师培养方案，完善智能化实训体系建设

复合型法学教师不仅要求专职教师具有复合型思维，还要和校外实践部门相结合，要充分利用人工智能带来的便利，在法律教育手段、案例教学、实践教学等方面不断实现动态更新，做到与时俱进，将传统基础与现代新型教学模式有效结合。通过专门设置的教授培养方案，培养教师具备专门的法律数据检索和分析与大数据分析关键技术及应用能力，以及对电子数据证据技术、公共法律内容数据技术、电子卷宗等新兴智能化法律服务技术的运用能力；能够熟练运用智能化法律服务工具的能力；通过对法律服务的未来发展趋势以及智能律所的发展现状的介绍引导学生反思现有法律服务形式，培养学生推动法律服务与新兴技术相结合的创新思维。另外要积极开展双师课堂，建立实务导师制，请校外律师、法官和检察官等实践部门专职人员讲解大数据检索分析以及智能司法技术，并带领学生进行实操演练，有针对性地培养法科生在未来法律实务中对智能化法律服务技术的实践能力。

人工智能与法律复合型专业的设置，是以“服务国家战略，坚持智慧教育”为发展理念，以“智慧研究与实践教育”为目标，通过“法律+人工智能”，培养融合法律知识与信息技术的新型法治人才的智能化实训体系建设。在推进法学新文科建设的同时，要围绕人工智能法学专业推进学科规划、专业建设、导师编制等工作的有序开展，探索制度创新，引进

行业资源，加强校企深度融合与协同育人，并建立健全问题驱动的基于信息化技术的教学管理机制。智能化实训体系的基础在于，不仅要将大数据、人工智能等先进技术应用于法律教育的各个阶段，利用技术手段充分还原法律人的专业场景，丰富法律实践教学，还要利用技术构建新的法律知识体系，完善法律教育的内容和方法。当代教师和法科生都需要适应人工智能时代法治建设的新理论、新理念和新要求，在教学与学习过程中积极利用现代信息技术带来的新机遇、新内容和新方式。在针对大数据平台上发现的实践问题和课堂问题，以校院两级全方位督导的精准定位，构建"评价、反馈、指导、发展、提升"的个性化教学督导和教师能力发展机制，落实线上线下授课教学机制，以构建并完善人工智能复合型法治人才的培养信息化支持保障体系。围绕学生成长发展这条主线，对教育教学过程进行诊断、优化和再造，形成监测和保障教育教学质量的大数据平台，为智慧法学教育管理服务提供数据指导，完善智能化实训体系建设。

（四）建立复合型科学评价机制，完善智能化教学监管体系建设

在人工智能时代，法律人才培养理念和目标的变革必然带来评价体系的变革。改革考试制度，建立科学的评价机制，是当前法律人才培养的现实需要。高等法律教育中传统的"一纸试卷定成绩"的考试形式已经不能满足智能时代法学教育的需要，通过过程评估，可以更加注重对学生学习效果的评估，如"思维能力、知识应用和实践能力、在线协作能力、自我学习和发展能力以及其他综合能力（学科视野、创新能力、信息素养）"。这种评价从关注教育目标转向关注教育过程，强调在知识学习和建设过程中及时引导反馈。通过人工智能实训教学的参与方式，提高了法科生知识转化能力的效率，从而更好地实现了教学目标。而在传统法学教学模式中，由于法律教师的控制力较弱，也难以形成有效的教学反馈。[①] 人工智能移动教学平台就可以充当法学师生之间更好的交流学习媒介，以部门法案例教学为例：在线学习期间，学生可以通过在线平台讨论案例，人工智能系统会自动记录学生与系统之间的互动数据，如资源获取时间、沟通协作、法院判决依据分析等；通过系统记录的时间数据和交互

---

① 黎路、薛先贵：《基于移动教学平台的高校教学模式探讨》，《电脑知识与技术》2019年第15期。

数据，教师可以评估学生在整个案例讨论过程中的表现，这有助于学生及时发现自身问题与不足，引导、改善和优化法学生的在线学习体验，促进学生更有效地学习。

智能化教学监管体系建设是指，为实现特定的教育服务目标，由政府、社会组织、第三方等主体监管部门，对提供的教育服务施加影响的一整套机制和组织机构的综合，以及在提供教育服务监管过程中发生的政策、系统、机制等成果。① 建立复合型科学评价机制，完善跨部门协调机制，建立教育发展监测评价机制和监督问责机制，将会有益于形成全面推进法学教育现代化建设的良好氛围。在疫情期间，学校将课堂转移到云端，借助于信息技术实现了师生协作的便捷化、高效化，拉近了师生之间的教学关系，提升了师生的课堂实践参与度，研讨式教学方式成为线上教学的主要形式之一。② 需要针对“法学+人工智能”复合型的培养课程制定专门标准，构建多元化监管评估体系，以加强对线上线下教育的质量、规范、安全、成效等方面为目标进行监管，形成一整套机制与组织。国务院印发的《新一代人工智能发展规划》也强调过，通过引入智慧教育，推动法律教育在培养目标、培养方案、培养课程、培养方法、培养质量评价等方面的系统性改革，进一步重塑价值观和思维模式，推进法律新文科的体系建设。因此，完善智能化教学监管体制机制，将会进一步提高人工智能时代教育监督的权威性和有效性。

四 结语

在人工智能时代，法学教育面临着前所未有的挑战，但与此同时也伴随着巨大的发展机遇，建立并完善复合型法治人才的培养机制、实施跨学科的先进培养方式和创新变革法学教育模式、优化课程体系、拓展法学理念结构以及强化复合型教师队伍建设，都是推动法学教育将朝着智慧化、通识化、多元化方向发展的具有重要现实意义的应用措施。我国法学传统

① 王娟、李卓珂等：《智能化时代新型教育服务监管体系建构与路径设计》，《电化教育研究》2020 年第 4 期。

② 孙昊亮、崔永进：《疫情防控期间高校线上教学的启示与反思》，《西北高教评论》2021 年第 1 期。

教学模式及内容存在着创新能力不充分等问题，在人工智能的时代大背景下，“法学+人工智能”教育培养模式融合创新将焕发出更新的发展动力。此外，不容忽视的是，在法学教育与人工智能技术深度嵌入、融合发展的创新变革过程中，也会不可避免地面临一些难题困境，而有效解决这些问题还需要国家、社会、高校与企业等多方面的一致合力。

Research on the Training Mechanism of Compound Legal Talents under the Background of Artificial Intelligence:

Teaching Reform Based on Legal Practice

Guo Hanwen　Guo Liang

Abstract: Under the smart judicial reform, the research on the reform of legal practice teaching should be positioned at the training of outstanding legal talents. At present, full attention should be paid to the deep integration of legal education and modern information technology. It means complex application system of legal practice + AI, legal theony + AI, and traditional education supervision + AI in legal practice cources. Therefore, research from the change of legal education objectives and courses, to the specialization of legal practice faculty and textbooks, the construction of an effective teaching supervision system should be carried out.

Keywords: artificial intelligence; legal education; interdisciplinary; educational mode

家事法鉴定式案例教学的创新性实践[*]

高丰美[**]

摘　要：传统的家事法案例教学存在教师单向讲授，思维能力训练不足、教学组织单一等问题。课程改革立足于新文科建设和以学生为中心的教学理念，引入鉴定式案例教学，在教学方法上以鉴定式案例教学法开展家事法案例教学，在教学内容上以请求权基础为中心进行内容重构，在教学组织上创新"学、做、教、学、做"五步教学组织法，在教学考核上运用多元评价机制和双向反馈性评价机制，在课程思政上开展课程思政的全过程、全方位、渗透式、辐射性、循环式的升华教学。通过上述创新性改革与实践，课程成功地将案例教学由体验式转变为实践式，实现学生体系性习得和运用知识，很好地实现了培养法律思维、法律适用能力、综合能力、人才素养等人才培养目标。

关键词：鉴定式分析；请求权基础分析法；五步教学法；双向反馈性评价机制

2018年9月17日，教育部、中央政法委发布《关于坚持德法兼修实施卓越法治人才教育培养计划2.0的意见》，要求深化高等法学教育教学改革，强化法学实践教育，完善协同育人机制，构建法治人才培养共同体，做强一流法学专业，培育一流法治人才。这对高等法学院校的法学教育提出了更高要求。《家事法案例研习》课程属于法学实践类课程，是法

---

* 基金项目：西北政法大学2022年校级教改项目"民法典时代家事法鉴定式案例教学改革研究"（项目编号：XJYZ202207），国家社科基金项目"法律适用视域下家事法请求权基础研究"（项目编号：21XFX013）。

** 高丰美：西北政法大学民商法学院讲师，博士，主要研究方向：婚姻家庭法。

治人才培养体系的组成部分之一。在卓越法治人才培养新时期下的家事法案例教学也须适用新的人才培养要求和目标，积极推进教学改革，为全面推进新时代法治中国建设提供有力的人才保障。

一 传统家事法案例研习课程的教学现状

《家事法案例研习》课程是法学专业选修课，是与《家事法》课程配套的案例教学课程。笔者任教的西北政法大学自 2008 年开始开设《家事法案例研习课程》，该课程教学内容包括结婚制度、家庭关系制度和离婚制度三大模块。经过十余年的课程建设和研究，已经组建优秀的教学团队，形成丰富的教学成果。但是，在教学实践过程中，也发现该课程存在需要进一步改进的问题。

（一）在教学方法上对学生的思维能力训练不足

法学是一门具有高度实践性的学科，法学案例教学的核心目标是培养学生的法律适用能力。传统的家事法案例课堂教学是以老师的单向讲授为主，课堂的开展模式往往是单纯的听—问—答，学生仍然处于被动接受知识的状态，而缺乏主动提出问题、分析问题和解决问题的思维训练过程，缺乏将法律知识、法律规范与案件事实有效勾连的方法和过程，学生练习和参与案例实践的机会严重匮乏。学生在课堂学习后仅存有感性认知，成为一个个喜怒哀乐婚姻家庭故事的“听众”。传统的家事法案例教学方式使得案例教学由实践性直接蜕变为体验性，学生的法律思维能力训练严重不足，导致法律适用能力等专业能力的教学目标难以实现，难以适应卓越法治人才 2.0 的要求。

（二）在教学内容上呈现碎片化和平面化

在教学内容上，囿于教学课时，传统的家事法课程教学只能根据教学内容的重难点和热点安排教学内容，导致教学内容零散，从知识点到知识点，学生仅有碎片化的知识记忆，而没有知识的体系性运用。而且传统的家事法教学案例设计存在知识点单一、案例设计简单等问题，难以满足学生的多元学习需求。而实务中的家事纠纷往往涉及多个家事法知识点，以及侵权、物权变动等民法典其他编内容，这要求案例设计应具有体系性、综合性、复杂性，具有挑战性，才能充分满足学生的学习需求。为了让学生能够体系性地习得知识，并且加以综合运用，需要有一套方法能够将理论教学中以章节为体例的理论知识转化为以法条为中心的知识的体系性运用，引导学生参与整个案例分析论证，以实现零散知识的立体化和体系化。

（三）在教学组织上偏重以教师为中心

大学阶段，每一个大学生都是独立的个体，具有独特的差异性，所以大学阶段的学习主要强调学生的自主学习，具有创造性和差异性的特点。这也就要求大学的教学组织应注重“以学生为中心”的核心理念，课程教学应始终注重以学生发展为中心、以学生学习为中心、以学生的学习效果为中心。但是，传统的家事法案例研习课程的教学组织依然是以教师为中心，主要以教师意愿决定课程设置，没有充分考虑学生的需求和特点；而且课堂组织表现为教师担任课堂的主导者和控制者，呈现单向单一的课堂组织模式，学生之间也缺乏交流和讨论，导致学生各自为政，课堂参与性不足，学习积极性不高，持续性学习动力较弱。家事法案例研习课程作为一门实践性课程，尤其强调学生对案例的参与和讨论过程，案例的复杂性也需要学生相互协作，共同完成，以相互协作释放学生的思维力，锤炼学生的团结协作品格。但是以教师为中心的教学组织难以适用案例教学的课程特点，难以达到案例教学的素养目标。

（四）在考评与反馈上呈现单一单向性

法学课程的教学目标特别注重法律思维的训练和综合能力的培养，这体现为，在法律思维上，注重培养学生的规范思维、逻辑思维、体系思维；在专业能力上，着力于提升法律适用能力，以及写作、口头表达、文献和类案检索能力。传统的家事法案例课程的考评方式偏重书面的期末考试的结果性评价，偏重于法律专业知识记忆的考核，而无法呈现学生在平时思维训练和能力培养的成果，难以实现能力考核目标的要求。[①] 而且传统的考核方式表现为单向的考评，学生提交作业和试卷后，无法得到教师

① 宁超、刘君等：《全过程多维度的学测评一体化考核方式改革实践》，《西部素质教育》2022 年第 1 期。

的反馈和指导，缺乏教师对考核内容的反馈，这必然导致学生学习积极性不高或学习进步小。而且案例研习课程的特点之一是案例的复杂性和极强的思辨性，每一个事实和条件的变化，分析结果也会不同，传统的单向考评方式导致学生难以知晓自身需要改正和完善之处，难以达到以考评促进学生发展的目标。

（五）在课程思政上的教学融入不够充分

家事法课程本身伦理道德性强，与民众婚姻家庭生活息息相关，具有开展课程思政的诸多优势，是开展课程思政教学至关重要的阵地。传统的家事法案例研习课程偏重于解析案例中的知识点，对案例中蕴藏的思政元素挖掘不充分，案例设计忽略课程思政元素的融入；而且传统的家事法案例研习课程偏重于教师的单向讲授，对于通过法律实践践行课程思政的教学开展也运用不足。

二　家事法案例研习课程的教学创新与实践

2019 年年初，课程团队开始对《家事法案例研习》课程进行教学改革，引入鉴定式案例教学法进行教学改革和实践。鉴定式案例教学法是以鉴定式分析模式开展案例教学，注重以案例练习为中心，凸显以小组模式组织案例教学的需求；在民法中以请求权基础分析方法开展家事法鉴定式案例教学，以请求权基础重构教学内容；要求撰写规范专业的案例研习报告和优化报告，实现课程考评的新突破；严格遵循设问—定义—涵摄—结论的鉴定式步骤，彰显锤炼学生毅力等思政元素的融入。家事法案例课程在教学目标上包括体系地掌握家事法律知识的知识目标，提升法律适用能力的能力目标，以及锤炼品格和塑造家国情怀的素养目标。借由鉴定式案例教学，通过教学方法、教学内容、教学组织、教学评价、课程思政开展五个方面一体的教学创新与实践，将课程的知识、能力和素养三层目标有效、有机地结合。

（一）在教学方法上创新：以鉴定式案例教学法开展家事法案例教学

鉴定式案例教学法最初是德国法学院在法学教学中采用的一种案例分

析方法。目前已经在我国案例教学中得到广泛运用，先后在北京大学、中国政法大学、华东政法大学等法学院校成为日常案例教学模式。我国目前对鉴定式案例教学的研究分布于民法、行政法、刑法等各个领域。

鉴定式案例教学法是在家事法案例研习课程中，以鉴定式分析法开展案例教学。相较于从结论出发的判决式案例分析法，鉴定式案例分析法更适合尚处于法学学习初级阶段的本科生同学。学生在解答案例时，对于涉及的每一个法律问题，以鉴定式分析模式严格遵循设问—定义—涵摄—结论的步骤。[①] 具体的开展方式为：提前 2 周发布案例—小组研讨—个人案例分析报告提交—小组案例报告陈述与评论—班级案例讨论—教师辅导、答疑与总结—优化报告提交—模拟法庭等步骤来组织课堂教学。鉴定式案例教学的案例练习包括小组研讨+撰写鉴定式案例报告+模拟法庭三个阶段，融口头练习、书面练习和实战演练于一体。

1. 小组研讨+口头练习：学生以小组为单位，需要每次参加案例的小组讨论、案例宣讲和班级讨论，以进行案例口头练习。

2. 撰写鉴定式案例分析报告+书面练习：每位学生需在一学期内撰写至少 5 篇鉴定式案例研习报告，每篇报告 5000 字—1 万字，案例研习报告严格按照上述请求权基础审查的三步骤撰写。

3. 模拟法庭+实战演练：运用法庭报告技术（Relationstechnik），基于优化的鉴定式案例分析报告，以小组为单位分配诉讼角色，进行案例的实战演练。

鉴定式案例教学法，结合任务驱动法，将教学知识点设计为一个个具体任务和问题融入案例，通过完成一系列指定的任务和问题，掌握法律知识，解答法律问题，培养学生的独立探索精神和自主学习能力，实现最终的教学目标。[②] 并且该方法凸显以问题为导向，以谁向谁依据什么请求什么，请求权是否产生、消灭、可行使三步骤贯穿提出问题、分析问题和解决问题进行案例教学，实现学生“灌输学习”向“探究学习”的转变；该教学法尤其凸显以学生为主体的理念，结合著名实用主义教育学家杜威

① ［德］罗兰德·史梅尔：《如何解答法律题》，胡苗苗译，北京大学出版社 2019 年版，第 16—17 页。

② 李玉香、周眼红等：《应用“任务驱动法”培养学生创新能力》，《教育与职业》2010 年第 15 期。

提倡“以做为中心”的教学原则，王泽鉴老师的以案例研习练习训练思维的方法，改变传统的听和看的思维习得方式，将案例课堂由体验式转变为实践式。[①] 而且教学方法采用拟写鉴定式案例分析报告的练习方式，以反复的案例练习规范思维、逻辑思维和体系思维等法律思维，很好地实现了课程的能力目标。

（二）在教学内容上创新：以请求基础分析法重构教学内容

在民法中鉴定式案例教学采用的是请求权基础分析方法。传统的家事法案例教学在教学内容上呈现碎片化和平面化，而基于请求权基础分析法开展的家事法案例教学法，对教学内容进行重构，很好地实现了教学内容的体系化和立体化。请求权基础分析法是以请求权基础为出发点分析案例，对单个请求权分为请求权产生、请求权消灭、请求权可行使三个步骤进行审查，并且通过请求权基础规范、辅助性规范和防御性规范的规范链条将零散的法律知识进行体系性和逻辑性的融合。[②] 相较于传统的历史分析法和法律关系分析法，请求权基础方法集中于检讨可能成立的请求权基础的要件，在单个教学案例中实现了知识的体系性习得和运用。以教学案例“劳燕不分飞”案为例，从夫妻扶养费请求权这一请求权基础出发，将作为辅助性规范的婚姻有效要件、结婚登记程序、事实婚姻和防御性规范之婚姻无效、结婚登记程序瑕疵，以及离婚困难帮助请求权和子女抚养费请求权等内容形成一个请求权基础规范——辅助性规范——防御性规范的知识和规范体系。又如在“彩礼返还”案中，以彩礼返还请求权基础为出发点，将婚约、非婚同居、给付型不当得利、赠与合同、民事法律行为生效、返还原物请求权、侵权损害赔偿和诉讼时效等知识点体系性融合；在“磐石转移”案中，将夫妻约定财产制、离婚损害赔偿、非婚同居、离婚经济补偿、民事法律行为和违约责任等知识点融合。通过请求权基础分析法对教学内容进行整合和设计，体系性综合家事法各部分知识和民法知识，也使得案例具有挑战性和高阶性，充分调动学生的学习主动性，很好地实现了课程的知识教学目标。

---

① 王泽鉴：《民法思维——请求权基础理论体系》，北京大学出版社 2022 年版，第 8—10 页。

② 吴香香：《请求权基础：方法、体系与实例》，北京大学出版社 2021 年版，第 5—8 页。

（三）在教学组织上创新：创新“学、做、教、学、做”五步法

鉴定式案例教学强调以案例练习为中心，凸显以学生为中心，在练习中习得知识和锻炼能力。为此，课程以陶行知先生的“教、学、做三者合一”理论为基础，结合课程特点，创新“学、做、教、学、做”五步教学法。“以学定教，以做促学，以教导学，学中有做，做中有学，学教做互动”，释放师生全部主动性，激发学习兴趣。五步教学法依据吸引、探究、解释、迁移和评价的认知规律而设计，通过课前发布案例和小组谈论吸引学生学习兴趣，积极探究，课中的教师讲授和课堂讨论完成知识的解释和迁移，课后写作优化报告和模拟法庭通过实践的方式完成实现知识的有效评价。[①] 五步教学法使得鉴定式案例教学的练习需求得到最大限度的满足和呈现。

1. 课前：上课前 2 周发布教学案例，针对案例中涉及的知识模块，由学生带着问题进行自主学习，依托中国大学 MOOC 的金课资源和任课教师自行录制的《家事法》课程视频，由学生提前学习案例涉及的知识原理和法律规范知识，并形成小组学习笔记。同时对于案例中的争议点，由学生通过北大法宝、中国裁判文书网、中国知网等网络数据库进行类案检索和文献检索，并就案例涉及问题展开研讨，形成小组讨论纪要。

第一步：学生通过大学 MOOC、裁判文书网、北大法宝、中国知网等网络资源完成课程相关知识的复习和案例检索。

第二步：学生撰写鉴定式案例报告，并提交给老师。

2. 课中：教师以小组为单位安排学生座位，结合小组的课前小组笔记和小组讨论纪要，由教师进行讲授和解惑，并引导展开班级讨论和学生发言，在学生个人发言、小组发言、小组展示之间进行切换。

第三步：教师以引导式、探究式和讨论式方法进行讲授和小组展示。

第四步：组织学生开展课堂讨论学习。

3. 课后：根据课堂讨论，各小组进行课后总结，形成优化报告，同时分配模拟法庭角色，形成案例和课堂小结。

第五步：学生撰写优化报告和组织模拟法庭。

---

① 葛伟：《5E 教学模式在行政法课程教学中的运用研究》，《教育观察》2023 年第 2 期。

五步教学法将大学生慕课等网络资源，腾讯会议录制家事法基础课程视频，学习通的考核评价、明法之屋课程读书和作业展示微信公众号等现代网络科学技术恰如其分融入课前、课中、课后三个教学阶段，实现了课程前端、中端和后端的线上线下混合式教学的有效联动，实现了课程教学内容的个性化，也实现了教师与学生的有效互动交流，极大提升了课程教学效果。①

（四）在考评与反馈上创新：运用多元评价机制和双向反馈性评价机制

传统案例课程的考评方式偏重期末考试的结果性评价且缺乏反馈，学生难以知晓自身的提高进步之处，导致学生学习积极性不高、学习进步小。

以案例练习为中心的鉴定式案例教学要求学生每周撰写并提交规范专业的案例研习报告和优化报告，在学生成绩考核和反馈上实现了新的突破。在课程考评上，一方面，采用多元性评价（包括类案检索、案例报告、线上慕课完成情况、小组研讨情况等）、包括平时报告和期末报告的过程性考核和终结性考核相结合的三合一考评方式，实现知识、能力和素养三层次目标的考核和达成；② 另一方面，构建自我评价、组员互评、组长评价、助教评价、教师评价五位一体的双向反馈性评价机制。自我评价，善于自我反思；组员评价，推荐优秀报告；小组助教批阅报告，返回小组学生修改；学生再提交报告，任课教师进行批阅，提出明确修改点；教师批阅后返回学生，学生最后提交优化报告。为了达到协助学生达成顶峰成果的共同目标，通过多元评价机制和双向反馈性评价机制，帮助学生每一项目标的达成和反思总结，教师、助教和学生进行长期沟通、协同合作来设计和实施课程教学及评价，实现考核的真正目标，以评阅促进步和发展，充分调动学生的学习积极性和提升学生的学习自信心。

---

① 杨梦甜：《基于SPOC的“互联网+”信息化混合式教学模式在教学中的应用研究》，《科技与创新》2023年第2期。

② 张明、王冲：《基于混合式教学线上线下过程性考核评价精准衔接教学实践研究》，《吉林工程技术师范学院学报》2022年第11期。

（五）在课程思政上创新：通过案例设计、案例研习和案例实践，完成课程思政的全过程融入

家事法课程本身具有较强的伦理道德性，《民法典》婚姻家庭编明确规定家庭应树立优良家风，弘扬家庭美德，家庭成员应当敬老爱幼，互相帮助，维护平等、和睦、文明的婚姻家庭关系。而且家事法与民众婚姻家庭生活息息相关，通过家事法律规范的学习，有助于学生树立正确的婚姻家庭观，是开展课程思政至关重要的阵地。鉴定式案例教学从案例设计，到案例研习，再到案例实践都将课程思政全过程融入课程。

1. 通过案例设计，在每个案例中融入课程思政。在教学案例设计中，将新时代家庭观融入每一个案例之中，让学生认识到家庭在个体自由、经济发展和国家治理中的重要地位，让学生切身体会平等、互助、和睦的家庭价值观，强调家庭责任感，树立平等、互助、和睦的正确家庭观。

2. 通过学生案例分析、讨论和案例报告写作，内化课程思政。鉴定式案例教学严格遵循设问—定义—涵摄——结论的鉴定式步骤，强调在不断试错中找到可能的妥当性结论，在案例分析过程中，学生们不断总结反思，勇于探索，抗挫力增强。在五步教学过程中，知识的探究、迁移和评价尤其需要小组合作的 TBL（Team-Based Learning）模式，包括将课前的小组案例研讨、课堂小组案例报告展示和小组模拟法庭对抗完美融入，形成有效的小组学习模式。通过小组互评和团队研讨，帮助学生增强集体荣誉感和团队精神，在团队协作中学会自我认同和对他人的认同，不断锤炼优良品格，形成稳定且健康的人生观和价值观。

3. 通过法律实践，践行课程思政。在模拟法庭实践中，学生们充当原告、被告、法官等法律角色，以及父母、子女、夫妻等不同生活角色，以实践弘扬法治精神，感受法治中国和家国情怀，认识到家庭和谐的重要性，以法律人的专业素养和人文关怀回报国家和社会。①

通过上述三个层面的课程思政活动，实现了课程思政的全过程（课前、课中、课后）、全方位（个人、家庭和国家社会层面）、渗透式（理论层面、实践层面）、辐射性（从学校到社会，从对学生自身到对其家庭

---

① 刘伟琦：《法学课程思政教学改革的新理路：法治中国情怀培育》，《黑龙江高教研究》2021 年第 10 期。

成员的影响)、循环式（从内在朴素法感——到外在的法律知识习得——再到科学家庭观的内化）的升华，很好地实现了课程的素养目标。

三 家事法鉴定式案例课程的教学创新效果

本次课程改革和创新性实践很好地契合了“卓越法律人才”的“信念执着、品德优良、知识丰富、本领过硬”的培养要求。通过课程改革，基于请求权基础分析法的鉴定式案例教学法，在知识层面，能够帮助学生体系性地掌握家事法律知识，了解前沿学说和最新裁判观点，灵活运用请求基础分析法；在能力培养层面，大力培养学生的规范思维、逻辑思维、体系思维，提升法律适用能力，以及提升写作、口头表达、文献和类案检索能力等综合能力；在素养目标培养层面，有助于培养团队合作意识，勇于探索精神，树立强烈的家庭责任感，平等、互助、和睦的家庭观，弘扬法治精神，培养法治情怀。通过对选课学生的调研显示，该课程对学生后续其他法律课程的学习帮助极大，在学生参加法考、保研、各类专业竞赛过程中发挥了重要作用，获得“北仲杯”案例比赛特等奖、“理律杯”模拟法庭竞赛冠军、获得多项全国大学生创新创业项目省级立项等佳绩，该课程在学生之中一直受到较高评价。而且通过对毕业学生的访谈显示，该课程所习得的请求权基础分析方法成为日常法律实务工作中重要的助力。

经过近几年的课程建设和研究，该课程已经组建优秀的教学团队，产生喜人的人才培育效果、教学成果、先进的可借鉴和推广的教学方法和经验，并一直积极开展跨学科、跨高校、跨地域、跨领域部门的成果推广。

四 结语

家事法案例研习课程，作为法学案例教学课程，是家事法理论教学课程的配套课程，对于学生巩固复习知识、训练学生的法律思维、培养学生的法律适用能力等专业能力发挥着至关重要的作用。家事法案例研习课程，也是一门实践性极强的课程，整个教学过程应充分凸显其实践性，才能较好实现课程本身的教学目标。传统的教学方法、教学组织、课程评价等方面均存在不足，本次课程改革弥补了传统案例教学的不足，但是由于目前家事法请求权基础理论研究尚不成熟、体系性不足，助教制度缺失，课时量化和教师工作量考核难等问题，也对教学改革造成一定困难。未来需要更多家事法请求权基础理论的体系性研究成果来助力家事法案例教学，同时实施有效的助教制度，推进小班教学，进行科学规范的课时量化和工作量考核，以助力家事法案例教学改革向纵深发展。

Innovative Practice of the Appraisal-Based Case Teaching of Family Law

Gao Fengmei

Abstract: The traditional case study of family law exists such problems as one-way teaching by teachers, insufficient training of thinking ability, and single teaching organization. Based on the construction of new liberal arts and the student-centered teaching philosophy, this course introduces the appraisal-case teaching method, carries out the family law case teaching with the appraisal-case teaching method, reconstructs the content with the right of claim basis, innovates the five-step organizing method of "learning, doing, teaching, learning and doing", applies the multiple evaluation mechanism and two-way feedback evaluation mechanism, and carries out the whole teaching process of curriculum ideological and political education, with all-round, penetrating, radiating, and cyclical sublimation. Through the above innovative reforms and practices, this course has successfully transformed case teaching from experiential way to practical way, achieving students' systematic acquisition and application of knowledge, and achieving talent cultivation goals such as cultivating legal thinking, legal application ability, comprehensive ability, and talent literacy.

Keywords: the appraisal-based case teaching of family law; right of claim basis; five-step organizing method; two-way feedback evaluation mechanism

文件检验学课程混合式教学方式应用研究*

张　青**

摘　要：“思政教育+技术教育”“国家标准+教材知识”“线上教学+线下教学”“理论教学+仿真实验”相混合的教学方式，既注重培养学生的道德情操，也重点培养学生文书鉴定核心业务能力。通过“1+1+1”教学计划首先将教书育人的思政教育理念融入整个教学过程中，对教材中专业理论内容结合文件检验国家标准技术规范进行精讲；其次是进行虚拟仿真实验演练；最后是进行真实案件鉴定训练，以期达到较高学习成效的教学目标。

关键词：文件检验学；混合式教学；教学改革

警察的职责是维护国家安全和社会稳定，公安教育价值的核心体现是赋予学生能够胜任自身工作岗位的学习能力。基层公安部门对公安教育培养出的各类专业人才的要求是思想觉悟高、素质修养好、技术战斗力强，文件检验专门技术人才也不例外。思想政治教育需求始终处于公安教育首位，过硬的技术能力培养使他们步入公安队伍后，能胜任公安工作岗位任职需求。加强学生思想教育、提高学生理论知识水平和实践动手能力，以达到应用型、创新型人才培养的教学目标成为公安理论研究和教学改革需要解决的问题。

社会文化进步加之科学技术高速发展，任何事物都在不断变化，随着国家市场监督管理总局和中国国家标准化管理委员会共同发布的文件检验鉴定国家技术标准的实施，文件检验学课程教学内容也需要对教材中部分内容进行调整完善。笔者以文件检验学课程为研究对象，探讨“思政教

* 基金项目：西北政法大学校级教改项目：文书检验学课程混合式教学模式研究（XJYZ202212）

** 张青，西北政法大学公安学院副教授，法律硕士，研究方向为刑事科学技术。

育+技术教育”“国家标准+教材知识”“线上教学+线下教学”“理论教学+仿真实验”相混合的教学方式，这种混合式教学方式主要研究内容是对文件检验学课程教学在已有的改革、创新上进一步进行完善，更好地培养和提高学生文件检验鉴定所必需的三项核心业务能力即文书鉴定受理案件能力、检验鉴定能力和鉴定意见书制作能力。

一 混合式教学方式对提高文件检验学课程核心业务能力培养的必要性

（一）“思政教育+技术教育”的混合

2011 年公安技术被列为一级学科，随着科学技术和互联网技术的高速发展，公安技术教育也迎来高速发展的新阶段。2019 年 5 月 7 日习近平总书记在全国公安工作会议上提出十六字方针：“政治建警、改革强警、科技兴警、从严治警。”[①]根据习近平总书记的指示精神，公安技术教育在紧跟科技发展的基础上，还必须坚持政治建警。公安教育是为国家培养公安民警，他们是维护国家安全和社会稳定工作的主力军，所以思想上必须和党中央保持一致，对他们进行爱国、理想、道德、纪律、法制等思想政治教育就尤为重要。

文件检验学也称为文书检验学，是公安技术学科中很重要的一门应用型学科，通过研究文件的形成及其变化来解决文件的真伪问题。主要涉及的研究对象是笔迹、印刷文件、印章印文、篡改文件等，是公安类和政法类院校根据侦查实战需要和司法鉴定实践为刑事科学技术、刑事侦查、经济侦查等专业开设的公安业务主干课程，该门课程技术性强、应用性强、经验性强，掌握了该技术在刑事领域能有效打击犯罪，在民事领域能更好地服务社会。

（二）“国家标准+教材知识”的混合

2019 年 4 月 1 日由国家市场监督管理总局和中国国家标准化管理委员会发布的文书鉴定相关的国家级技术规范在司法鉴定实践中已经使用，主要有 GB/T 37234—2018《文书鉴定通用规范》、GB/T 37239—2018《笔迹鉴定技术规范》、GB/T37231—2018《印章印文鉴定技术规范》、

GB/T 37232—2018《印刷文书鉴定技术规范》、GB/T 37238—2018《篡改（污损）文书鉴定技术规范》、GB/T 37233—2018《文件制作时间鉴定技术规范》、GB/T 37235—2018《文件材料鉴定技术规范》等。

文件检验学领域内质量较高的教材均是中国人民公安大学出版社出版的，其中最新的教材版次是2015年1月第1版（印次是2020年12月第11次），都早于2018年，也就是说国家标准技术规范中的一些相关内容在教材中还没有更新和完善，所以将国家标准技术规范融入理论教学中，使教材内容和国家规范保持一致非常有必要。

（三）“线上教学+线下教学”的混合

2020年新冠疫情后，因疫情防控的需要，教师和学生常居家不能外出，使得线上教育应运而生。三年来，从最初的线上教学如何应用软件、如何安排教学内容、如何提高教学效果，到目前各类各层次教育“线上教学+线下教学”相结合的教学方式已经形成常态。丰富的网络教学资源拓宽了现代教育路径，打破了传统教学模式对时间、空间的限制，使教师和学生在足不出户的情况下就能完成教学任务和学习内容。而传统的线下教学方式、线下交流更能使教师和学生进行情感和知识交流，更好地使教师掌握学生的学习动态，未来，“线上教学+线下教学”的教学方式将给学校和教师提供更多的选择余地。

（四）“理论教学+仿真实验”的混合

文件检验学核心业务能力主要是指文书鉴定的受案能力、检验鉴定能力和鉴定意见书制作能力。如果学生在校学习期间掌握了这三项核心业务能力，到达办案机关一线岗位后，就能迅速由学生转换成鉴定人，直接就可以胜任自己的工作岗位。

目前，文件检验学课程教学的现状是毕业后的大部分学生能较快地适应公安一线工作的需要，但仍然有部分学生在政治思想上、科学技术上无法正确对待和较好完成自身工作，导致团队协作中出现木桶短板效应。解决的途径是通过“教”和“学”来培养学生扎实的理论基础，再通过“练”提高学生的实践动手能力，这样的“理论教学+仿真实验”才能让学生将来“战”的赢。

二 提高文件检验学核心业务能力教学方式的构建设想

文件检验学核心业务能力的培养主要分散在司法鉴定学、文件检验学、物证技术学等课程的学习中，这三项核心业务能力中检验鉴定能力是核心中的核心，其内容主要集中在文件检验学这门课程中，因此对最主要的文件检验学课程在进行混合式教学方式下再进行大胆改革，实施“1+1+1”教学计划来提高核心中的核心能力。所谓“1+1+1”教学计划是指把文件检验学总学时的三分之一进行基础理论学习，三分之一进行虚拟仿真实验演练，最后三分之一进行真实案件鉴定训练。

国外的警察教育注重实践动手能力的培养，对警察侦办案件的专业知识进行实践演练的学时占比均高于理论学时已成为普遍现象。① 近十几年在国内公安教育改革的过程中，也非常注重加大实践动手能力的培养。本文提出在文件检验学课程中实施“1+1+1”教学计划就是进一步提高实践动手能力的培养，具体措施如下。

（一）培养政治觉悟高、业务能力强的教师以达到课程精讲多练的目标

教师是实施思政教育、理论教学与虚拟仿真实验演练、真实案件鉴定训练的主角，“政治觉悟高业务能力强”的教师就是政治上可靠、业务上精通。教师在教育中要让学生树立爱党爱国、对党忠诚的理想信念，所以理想信念教育作为育警铸魂、固本培元的战略工程要常抓不懈，思想政治教育要始终贯穿于公安教育中。“对党忠诚，服务人民，执法公正，纪律严明”是2020年8月26日习近平总书记在向中国人民警察队伍授旗时的训词②，这为公安教育中的教师进行思政教育指明了教育的内容和方向。

要将所讲授的理论知识用总学时的三分之一学时去讲授，就要求将理论内容浓缩成精华去讲授。作为公安教育中的教师不仅需要拥有深厚的专业理论知识功底，还需要具有丰富的实战办案经验。目前，我国刑事科学

---

① 张青、王煜：《提高侦查专业核心业务能力教学方式研究》，载《法学教育研究（第八卷）》，法律出版社2013年版，第316页。

② https：//baijiahao. baidu. com/s？ id=1733607751927685544&wfr=spider&for=pc.

技术专业核心课程教师确实都是科班出身，绝大多数拥有研究生学历和学位，理论功底比较深厚，进入到院校成为教师后，忙于日常教学而与检验鉴定一线实践脱离较远，加之科技发展的太迅猛，如机器人模仿某人的笔迹已达到以假乱真的程度，如果检验鉴定的实践动手能力减退，必然在目前“混合式”模式下的文件检验学课程教学中能力不够。

改变上述现状的方法一是让文件检验学课程教师定期去侦查机关或中立性质的司法鉴定部门挂职锻炼，以提高其实践动手能力。二是选择司法鉴定部门优秀鉴定人，充实到文件检验学课程教师队伍中。三是邀请行业协会著名专家定期线上或线下开展学术交流活动，为教师和学生打开新的理论和实践视野。四是提高实验指导教师的理论知识和实践动手能力。目前各个院校存在专职实验教师专业理论知识及实践经验不足的情况，因此专职实验教师也需要定期去部属公安院校进行半年专业理论学习和半年基层挂职锻炼，以提高实验指导能力。

（二）提高学生自主学习和创新能力以达到学以致用的目标

公安教育的属性要求其应该注重培养学生的实践动手能力，使教学最大可能地贴近侦查和司法鉴定工作实际。目前学生普遍存在自主学习和创新能力较低的情况，严重制约学生的实践能力。一方面，由于各院校通识选修课时的增加而压缩了专业基础课时，导致教师在讲授理论知识时，往往由于课时减少、授课内容太多而缺少学生课上思考和互动的时间，这就导致多数学生只接受知识但不加以思考和应用，所以要让学生课上课下提高自主学习的能力；另一方面互联网上开设研发好的很多公共教学资源非常丰富，但涉及有一定保密程度的公安专业课程的内容较少，所以学生利用课外时间进行自主学习的内容就相对少。

可喜的是，发达的人工智能技术和微信、抖音、bilibili 等自媒体的出现，改变了学生生活和学习的方式，教师可以在课前课后将本次和下次授课的主要内容通过微信群、学习通等媒体发布给学生，将重点问题提出要求学生自己制作短视频、小课件等方式来学习，也可让学生根据自己的兴趣和特长，围绕文件真伪鉴定问题自主设计实践项目，可以在教师指导下完成也可以完成后由教师进行点评。采用个体化实验可以培养学生自主学习、创新思维能力，以达到学以致用的较好效果。教师也可以利用短视频融入课中，加深学生对所学知识的印象，进而达到巩固教学效果的目的。

（三）实施“1+1+1”课程教学计划以达到核心业务能力培养目标

20世纪末国外学者提出“行动导向”口号[①]，行动导向就是在教学中让学生为“行动而学习”。具体到文件检验学教学中，以行动为导向就是注重在虚拟仿真、模拟演练、实验实践等教学中提高学生的实践动手能力。文件检验学课程培养学生的核心业务能力就是从案件受理、案件检验鉴定、案件出具鉴定意见、案件结案等环节让学生自己实施具体行动，通过行动去学习并反思行动的正误。目前ChatGPT人工智能技术驱动的自然语言处理工具，能够通过连接大量的资料库来训练和形成模型，展望不久的将来，它能够通过学习和理解我们的检验技术来完成文书检验鉴定案例库的撰写任务，那样将会自动生成海量的鉴定案例，使学生有充分的选择案例的空间进行锻炼，这样不断提高自己的检验鉴定的行动力，最终达到学以致用的目的。

三　混合式教学方式在文件检验学核心业务能力培养中的具体实施

文件检验学课程的教育目的、培养目标一旦确立，就要制定相应的教学计划。教学计划决定着教学内容总的方向、目标及结构，对文件检验学课程整个教学活动要做出全面安排。文件检验学要提高学生检验鉴定的核心业务能力，需要以下条件支持。

（一）“1+1+1”教学计划的设计

对文件检验学课程的教学学时进行三等分，“1+1+1”模式中三分之一进行基础理论学习，三分之一进行虚拟仿真实验演练，最后三分之一进行案件鉴定操作训练。在基础理论知识讲授中，教师应该在有限的学时中结合文书鉴定国家标准技术规范精讲。在虚拟仿真实验演练教学中应根据不同授课对象建立真实的、可操作的案例库，还要考虑实施的场地问题，

① 韩茂源：《行动导向教学法的理论释义及实践解读》，《黑龙江高教研究》2011年第6期。

可以对现有的文件检验实验室进行合理分割，建立模拟案件受理室、检验鉴定工作室、仪器设备使用室等。最后到鉴定机构去实践，目前公安类和政法类院校都有自己的鉴定机构，让学生去实习锻炼，能够最贴近检验鉴定的一线工作。

（二）虚拟仿真实验演练内容的设计

在设计时，授课教师可以和公安、检察一线的司法鉴定机构、中立性质的司法鉴定机构中的文书鉴定人一起进行虚拟仿真实验演练内容的设计。首先，选择案例的原则是已经侦破的案件中涉及的文书司法鉴定已出具鉴定意见书，该鉴定意见对案件侦破起到关键性作用，真实案件加之鉴定意见证明力强，有助于学生将自己投入到真实案件鉴定的场景中，且有成就感地去检验鉴定。其次案例的选择要符合国家标准技术规范和教材的内容及教学大纲的要求，对检验鉴定能力的培养还要充分考虑到刑事侦查专业、经济侦查专业、刑事科学技术专业不同学生的可操作性，也就是案例难易程度与参与虚拟仿真实验演练学生的专业相匹配，刑事科学技术专业的学生案例难度可以提高。最后是要让参与虚拟仿真实验演练的每一位学生都能找到存在感，这就要求所设计选择的案例有主角有配角，人物角色尽可能丰富，让每一位学生都参与到所扮演的角色中，而不是袖手旁观地进行演练。

在虚拟仿真实验演练检验鉴定能力培养的案例设计上，要注意不同专业的学生对文书鉴定学基本知识和基本技能的掌握要求上是不同的，要注重各个环节中基本技能的掌握。比如文书鉴定受理能力训练中，着重培养学生做好鉴定材料的审查、检材是否具备鉴定条件、样本是否具备比对条件，如果样本不具备比对条件如何进行收集等能力；在检验鉴定能力训练中，着重培养学生制定鉴定方案、分别检验、比较检验、综合评断符合点和差异点的能力；在鉴定意见书制作能力训练中，着重培养学生规范制作鉴定意见书、通过对特征比对表等鉴定材料的进一步审查，对所做出的鉴定意见进行确认的能力。

（三）组织形式与指导方法设计

任课教师准备案例资料→每个班完成分组→小组负责人抽取虚拟仿真实验演练题号→小组成员进行分工→小组成员进行集体讨论并完成演练设计方案→小组成员相互启发形成“最优化方案”→小组对指导教师同意

后的“最优化方案”实施执行→实战部门的同志参与指导、点评“实战操作”→学生演练完毕后将演练案件作业交给指导教师→教师讲评。

（四）考核内容与方法设计

指导教师对学生的虚拟仿真实验演练成绩进行考核，该考核成绩占该学生文书检验学课程最终成绩的 50%。考核包括学习态度和学习能力两个方面，从课前准备、演练设计作业、演练中的表现、演练案件作业等全部环节进行考核。组织实施虚拟仿真实验演练前，演练指导教师向学生公布拟定的评分细则，让学生知道每一环节的评分，学生在每个环节中明白重点问题如何处理，有评分细则指导教师也能客观公正地给出成绩。经考核后凡总分不及格的小组和个人必须重新进行不同案件的虚拟仿真实验演练，直到考核合格为止。

四　总结

文书检验学课程就学科属性来说是应用性学科，教师利用传统的讲授方法，很难提高学生的动手能力。但是近三年由于新冠疫情导致学生不能线下上课，线下课程调整为线上进行，为保证线上教学效果，教师已经对课程内容和教学方式进行了调整。理论教学要结合文书鉴定国家标准技术规范讲授理论精华知识，采用特征引导发现式、课堂案例讨论式、案例集中演示式等多方法多举措来保证学习效果。教师的职责是教书育人，在任何一门课程的教学中，既要教好书又要育好人，思政教育必不可少，将育人的内容、理念融入教学中，在润物细无声中“传道、授业、解惑”。

“1+1+1”教学计划中的虚拟仿真实验演练，以学生为主角，让学生身临其境地进行整个实验操作过程，彻底打破空间、时间及客观实验条件的限制，极大地调动了学生自主学习的积极性，提高了学习效率和效果，使学生的实践动手能力在模拟的真实案件情景中得到锻炼和提高。或许不久的将来随着 ChatGPT 人工智能技术的发展，在文件检验鉴定领域生成海里的案例库，运用这种动态+静态的训练方式使学生更有兴趣地培养自己分析问题和解决问题的能力，为将来走向工作岗位打下坚实基础。线上、线下教学增设个体化实践案例库来培养学生自主学习、创新思维能力，也更符合公安院校文件检验课程培养应用型专门人才的目标。

Research on the Application of Mixed Teaching Method in Document Testing Course

Zhang Qing

Abstract: The mixed teaching methods of "ideological and political education+technical education", "national standards+textbook knowledge", "online teaching+offline teaching", "theoretical teaching+simulation experiment" not only pay attention to the cultivation of students'moral sentiments, but also focus on the cultivation of students'core professional ability of document appraisal. Through the "1+1+1" teaching plan, the ideological and political education concept of teaching and educating people is firstly integrated into the whole teaching process, and the professional theory content in the textbook is combined with the document inspection of national standards and technical specifications. Secondly, the virtual simulation experiment drill; Finally, it is to carry out real case appraisal training, so as to achieve the teaching goal of higher learning results.

Keywords: document testing; mixed teaching; teaching reform

《经济法学》MOOC+SPOC+线上线下混合式一流本科课程建设与实践探索*

彭立峰　董徕鑫**

摘　要：作为陕西省省级线上线下混合式一流本科课程，西北政法大学本科《经济法学》课程秉持成果导向教育理念，充分利用 MOOC 资源，依托学习通等平台建立 SPOC，精心设计和组织教学实践，进行探究式教学和综合式课程评估，以培养德才兼备的应用型法治人才。实践表明，本科《经济法学》线上线下混合式一流课程显著提升了教学质量。该课程的探索有利于线上线下混合式一流课程的建设、实践与推广。

关键词：一流本科课程；线上线下混合式教学；经济法学

西北政法大学《经济法学》课程于 2021 年被认定为陕西省省级线上线下混合式一流本科课程（以下简称混合式一流课程）后，教学团队秉持成果导向的教育理念（outcomes-based education，OBE）进行深度建设与实践。该课程建设与实践的探索可为推广混合式一流课程提供有益的启示与借鉴。

一　混合式一流课程建设的培养目标体系

在 OBE 理念下，混合式一流课程《经济法学》的建设“把教学系统中的一切都围绕着学生在学习结束时必须能达到的能力去组织与设计。即

* 基金项目：2021 年度陕西高等教育教学改革研究项目“《经济法学》线上线下混合式一流课程建设研究与实践”的阶段性研究成果。（项目编号 21BY097）

** 彭立峰：西北政法大学经济法学院副教授，博士，主要研究方向：经济法学、法学教育研究。董徕鑫：内蒙古自治区鄂尔多斯市中级人民法院法官助理，主要研究方向：经济法学。

首先要清晰地确定学生能做到什么是最重要的，然后组织课程、教学和评核，以确保所期望的学习成果最终能够发生。”① 综合考虑社会对法治人才的现实需求和该课程特性等因素，该课程建设从三个不同的层次定位其培养目标（具体见图1）。

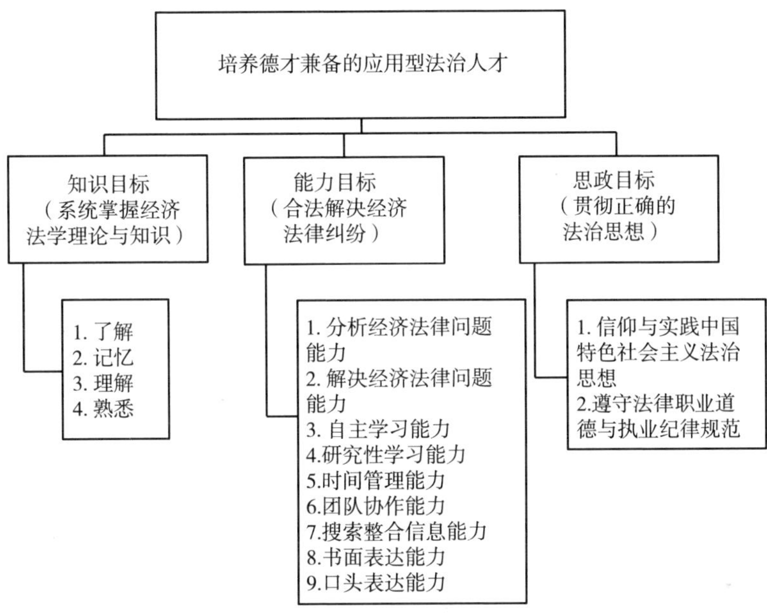

图1 混合式一流课程《经济法学》建设的培养目标体系

（一）最终目标

教学团队将混合式一流课程《经济法学》建设的最终目标定位于培养德才兼备的应用型法治人才。这主要是由以下两个主客观方面的原因共同决定的：

第一，社会对法治人才的客观需求。市场经济本质是法治经济。随着社会主义市场经济体制的逐步完善和依法治国的全面推进，我国建设一支德才兼备的高素质法治队伍至关重要，社会对德才兼备的应用型法治人才的需求日益增大和迫切。混合式一流课程《经济法学》聚焦新时代法治

① Spady, W. G., *Outcome-Based Education: Critical Issues and Answers*, Arlington, VA: American Association of School Administrators, 1994: 1-10.

人才的新需求，必然将课程建设的最终目标定位于培养德才兼备的应用型法治人才。

第二，大学本科法学学生的主观意愿。教学团队针对大学本科法学学生进行的匿名问卷调查结果显示，90%以上的学生倾向于未来从事律师、企业法务人员、法官、检察官等法律实务工作；只有不到10%的学生选择了法学学术研究或其他职业。大学本科法学学生的职业主观意愿高度契合了社会对法治人才的客观需求。以学生为中心的混合式一流课程《经济法学》建设充分尊重学生的职业意愿，培养德才兼备的应用型法治人才因之成为最终目标。

（二）中间目标

培养德才兼备的应用型法治人才是大学法学本科教育16门专业核心课程的共同最终目标，每门课程应充分发挥自身的特性和作用，相互配合，借由不同的中间目标共同实现最终目标。有鉴于经济法具有高度的复合性和实践性等特性，混合式一流课程《经济法学》将培养德才兼备的应用型法治人才这一最终目标转化为以下三项中间目标：

第一，知识目标。“才者，德之资也。”知识目标旨在奠定德才兼备应用型法治人才之“才”的知识基础。应用型法治人才虽然强调法律应用，但是法律的应用必须建立在相应的法学知识基础之上。如果欠缺必要的法学知识储备，法律应用难以实现。因此，混合式一流课程《经济法学》将知识目标作为中间目标之一，其总体要求是学生经过一个学期的学习后能够系统掌握经济法理论与知识。

第二，能力目标。能力目标旨在培养德才兼备应用型法治人才之“才”的应用能力。法律应用能力是德才兼备应用型法治人才的关键所在。因此，混合式一流课程《经济法学》不满足于知识的传授与掌握，而是在此基础上提出更高的要求，即能力目标。能力目标的总体要求是学生经过一个学期的学习后能够将系统掌握的经济法理论与知识内化为经济法律思维，并运用经济法律思维合法地解决经济法律纠纷，以满足社会对法治人才的现实需求。

第三，思政目标。思政目标旨在培养德才兼备应用型法治人才之“德”，其总体要求是学生能够贯彻正确的法治思想。“德者，才之帅也。”法律职业工作人员如果欠缺正确的法治思想，不仅不能推动社会主义法治，而且可能破坏和阻碍社会主义法治建设。因此，思政目标是不可或缺的重要中间目标。

（三）具体目标

为了更好地实现上述思政目标、知识目标和能力目标等中间目标，课程建设需要将之进行必要的细化以便于落实，即转化为具体目标。混合式一流课程《经济法学》结合课程的具体内容和特殊属性，确定如下 15 项具体目标：

1. 知识维度的 4 项具体目标

作为中间目标之一的知识目标的总体要求是系统掌握经济法理论与知识，但是经济法理论与知识的内容庞杂且各个知识点的重要性和实践性不同，因此从知识维度来看，各个知识点的具体目标应有所区别。有鉴于此，混合式一流课程《经济法学》将知识目标细化为以下 4 个具体目标：（1）了解，即能够知晓知识点的内容；（2）记忆，即能够记住知识点的内容；（3）理解，即能够懂得和领会知识点的内容；（4）熟悉，即能够清楚知悉、深刻领会和熟练掌握知识点的内容。

由于知识维度的具体目标直接决定着知识点的教学设计和组织，混合式一流课程《经济法学》根据每一知识点重要性和实践性的不同，将所有知识点的具体目标分别定位为了解、记忆、理解或熟悉。例如计划调控法律制度的重要性和实践性较弱，故其具体目标定位为了解；而消费者权益法的重要性和实践性强，故其具体目标定位为熟悉。

2. 能力维度的 9 项具体目标

作为中间目标之一的能力目标的总体要求是合法解决经济法律纠纷，而要合法解决经济法律纠纷，法律职业人士需要具备一系列法律应用能力。结合法律职业实践，混合式一流课程《经济法学》将能力目标细化为以下 9 项具体目标：（1）分析经济法律问题能力；（2）解决经济法律问题能力；（3）自主学习能力；（4）研究性学习能力；（5）时间管理能力；（6）团队协作能力；（7）搜索整合信息能力，尤其是立法信息、判例信息和证据的搜索整合能力；（8）书面表达能力，尤其是法律文书写作能力；（9）口头表达能力，尤其是法庭陈述与辩论能力。

3. 思政维度的 2 项具体目标

作为中间目标之一的思政目标的总体要求是贯彻正确的法治思想，结合课程的特殊属性和学生的未来职业意愿，混合式一流课程《经济法学》将思政目标细化为以下 2 个具体目标：（1）信仰与实践中国特色社会主义法治思想，即具备中国特色社会主义法治信仰，并自觉在实践中进行贯彻；（2）遵守法律职业道德与执业纪律规范，即通晓法律职业道德与执业纪律规范，并自觉予以遵守。

二　混合式一流课程的实践流程

围绕着上述培养目标，教学团队精心设计教学实践流程。总体而言，混合式一流课程《经济法学》实践的基本流程由教学准备、教学实施和教学反馈等三个环节的动态循环组成（具体见图 2）。具体内容如下。

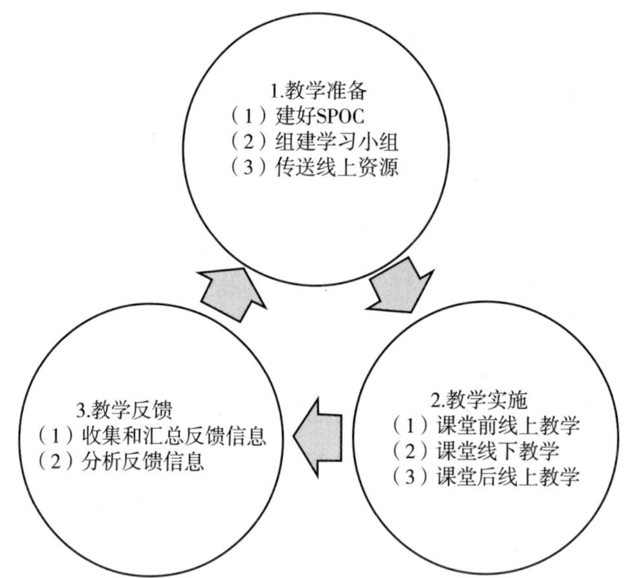

图 2　混合式一流课程《经济法学》的实践流程

（一）教学准备环节

混合式一流课程《经济法学》实践的首要环节为教学准备。教学准备环节的具体工作因教学进度的不同而有所区别。以第一周教学为例，在实施第一周教学之前需要完成以下教学准备工作。

第一，建成 SPOC。首先，任课教师要选择好合适的线上教学平台，例如学习通等。然后，任课教师需要充分了解上课学生的具体情况，包括但不限于学生人数、专业、前期所学过的法学类课程、对本课程的预期等。最后，任课教师针对上课学生的具体情况在选定的线上教学平台建成SPOC（Samll Privabe Online Course）。

第二，组建学习小组。为了更好地实现各项能力维度的具体目标（尤其是其中的团队协作能力目标），混合式一流课程《经济法学》的教学实践大量采用小组教学方法，即以小组为单元进行学习成果展示、案例分析、模拟法庭等教学活动。因此在教学实施之前，需要组建好学习小组。学习小组的组建遵循自愿原则，即由学生自由联合而成。当个别学生在组建学习小组的过程中遇到障碍时，任课教师应及时给予必要的引导和帮助，以确保每一位学生都能成为学习小组的成员。

第三，推送线上资源。在实施教学之前，任课老师需要预先将相关的线上资源推送至建好的SPOC中。需要推送的线上资源因教学内容的不同而有所区别，但通常包括教学大纲、教学任务清单、教学课件、教学视频、教学案例和练习题等。值得注意的是其中的教学任务清单容易被忽略，但教学任务清单其实必不可少，它可以引导学生开启任务导向学习模式，有效避免学习的盲目和懈怠。

（二）教学实施环节

完成上述教学准备工作后，混合式一流课程《经济法学》的教学实践转入教学实施环节。教学实施环节的具体步骤因教学内容知识维度的具体目的不同而有所区别。通常具体目标的要求越高，教学实施环节越完整。以具体目标为熟悉的教学内容为例，完整的教学实施环节包括以下三个步骤。

第一，课堂前线上教学。进行课堂线下教学之前，首先进行课堂前线上教学，旨在基本实现知识目标和思政目标。该教学步骤的主要完成模式为学生在教师的指导下进行线上学习。在该模式下，学生根据自己的学习节奏、时间安排等选择合适的时间、地点和方式，结合预先推送至SPOC中的线上教学资源完成指定的教学任务。在此过程中，学生若有障碍或疑问，可随时通过学习通、微信等向任课教师寻求帮助，任课教师在线即时进行指导和答疑。

第二，课堂线下教学。完成课堂前线上教学后，转入课堂线下教学。课堂线下教学在基本实现知识目标和思政目标的基础上进行巩固、应用和内化，旨在全面实现知识目标、思政目标和基本实现能力目标。在该教学步骤中，小部分时间用于任课教师针对教学内容中的难点进行必要的讲授和答疑，大部分时间用于学生进行展示和交流。因此，任课教师的主要任务不是讲授，而是组织课堂，调动学生的主动性和积极性，引导学生进行有效展示、辩论和探讨等。

第三，课堂后线上教学。课堂线下教学结束后，转入课堂后线上教学，旨在全面实现能力目标和激发学生的创新兴趣、意识。该教学步骤贯彻因材施教的理念，实现个性化教学，格外关注以下两类学生。一类是习惯传统教学、不适应混合式教学的学生。针对这类学生，课堂后线上教学侧重于帮助其补足短板，跟上整体教学节奏，逐步适应混合式教学。另一类是具备创新潜质、有志于深造的学生。针对这类学生，课堂后线上教学侧重于帮助其接触前沿成果，激发其创新兴趣和意识。

（三）教学反馈环节

教学实施环节结束后，转入教学反馈环节，旨在总结前期教学的经验和教训，为后期的教学提供借鉴和启示。教学反馈环节由以下两个步骤构成。

第一，收集和汇总反馈信息。对于任课教师而言，该步骤的主要任务是收集和汇总有关前期教学的反馈信息。这些反馈信息的主要来源渠道包括学生的反馈、督导组专家的反馈、教学团队的反馈等。反馈信息的收集方式主要包括观察、询问、座谈、问卷调查等。对于收集好的诸多口头、书面或电子数据等不同形式的反馈信息，任课教师应及时进行汇总。

第二，分析反馈信息。对于汇总好的上述反馈信息，任课教师应适时进行分析。汇总的反馈信息可以根据不同的标准进行分析，其中最重要的标准是预期的教学目标。即将教学实践的实际效果与前述预期的 15 项具体目标一一进行比对，评估这 15 项具体目标的实现程度，进而查明其原因，总结其经验，找出其不足，并据此调整后期教学。

三　混合式一流课程建设与实践的亮点

（一）教学内容的前沿性

为了确保课程的高阶性和高挑战度，混合式一流课程《经济法学》

以教材为依托，及时纳入最新成果，凸显教学内容的前沿性。其具体表现如下：

第一，紧跟经济法的立法前沿。混合式一流课程《经济法学》密切关注经济法的立法动态，及时将经济法的最新立法成果纳入教学内容。例如课程所采用的马克思主义理论研究和建设工程重点教材《经济法学》（第二版）出版于2019年，《中华人民共和国反垄断法》于2022年修订后，教学团队迅速组织集中备课，统一学习修订后的《中华人民共和国反垄断法》，并及时将之纳入教学内容。

第二，紧跟经济法的理论研究前沿。混合式一流课程《经济法学》密切关注经济法理论研究的前沿动态，适时将经济法理论研究的一些最新成果纳入教学内容。例如在进行有关经济法主体责任的教学时，教学团队密切关注经济法责任的前沿理论研究，并将北京大学张守文教授发表于核心期刊《法商研究》2022年第3期上的学术论文《经济法新型责任形态的理论拓掘》纳入教学内容，以加深学生的理解和激发学生的兴趣。

第三，紧跟经济法的司法实践前沿。混合式一流课程《经济法学》密切追踪国内外经济法司法实践的前沿动态，适时将经济法司法实践中的某些最新案例纳入教学内容。例如在进行有关反垄断法的教学时，教学团队持续关注国内外反垄断的最新案例，并陆续及时将阿里巴巴集团“二选一”垄断行为行政处罚案、美团“二选一”垄断行为行政处罚案、欧盟谷歌反垄断案等最新案例纳入教学内容。

第四，紧跟思政前沿。混合式一流课程《经济法学》积极实施课程思政，密切关注思政前沿，及时将相关思政内容纳入教学之中。例如党的二十大报告全文刊发后，教学团队立即组织专题研讨，统一认识，将相关内容纳入教学内容，并使之与经济法专业知识有机融合。

（二）线上教学资源的高质量

为了确保课程的高质量和因材施教，混合式一流课程《经济法学》充分利用MOOC资源，以SPOC为依托建设了高质量的线上教学资源（详见表1）。

表 1　　混合式一流课程《经济法学》的线上教学资源

序号	难度等级	教学资源名称	教学要求	主要教学目标
1	初级	教学大纲	必须完成	（1）基本实现思政目标 （2）基本实现知识目标
2		教学任务清单		
3		教学课件		
4		教学视频		
5		练习题		
6		教学法律法规		
7	中级	教学案例	必须完成为主，自愿完成为辅	（1）全面实现思政目标 （2）全面实现知识目标 （3）基本实现能力目标
8		讨论题		
9		模拟试题		
10		参考资料目录		
11	高级	前沿学术论文导读	自愿完成为主，必须完成为辅	（1）全面实现能力目标 （2）激发创新兴趣和意识
12		最新案例导读		
13		法律电影赏析		

具体表现如下：

第一，线上教学资源的高度丰富性。混合式一流课程《经济法学》建设了 13 类线上教学资源（具体见表 1）。其中除了教学大纲、教学任务清单、教学课件、教学视频、练习题、讨论题、参考资料目录等 7 类常见线上教学资源外，还包括了教学案例、教学法律法规、模拟试题、前沿学术论文导读、最新案例导读、法律电影赏析等 6 类特色线上教学资源。

第二，线上教学资源的高度兼容性。混合式一流课程《经济法学》秉持兼容并蓄、博采众长的理念进行线上教学资源的建设，其中既有教学团队的自建教学资源，也选取了西南政法大学盛学军团队的《经济法学》、华东政法大学任超团队的《经济法学》等 MOOC 资源。教学团队的任课教师可根据自己的风格对上述线上教学资源进行选择和使用，建立 SPOC，因班制宜，因材施教。

第三，线上教学资源的高度体系化。混合式一流课程《经济法学》建设的这 13 类线上教学资源各自所侧重的教学目标有所区别，故各自的难度等级和教学要求亦不同。例如教学视频侧重于基本实现知识目标，故其难度等级为初级，教学要求为必须完成；而前沿学术论文导读的主要教学目标是激发学术创新兴趣和培养学术创新能力，故其难度等级为高级，教学要求为学生自愿完成。这13类不同的线上教学资源高度立体化，相互联系，密切配合，构成一个有机整体，共同服务于课程培养目标的实现。

（三）课堂线下教学的探究性

实践证明，“在任何一种教育计划中，学生学习与个人发展的质量，总是与学生参与该计划的质量和数量成正比。”[①] 即教学质量与学生的学习投入高度正相关。“所谓学习投入，是指大学生在学习过程中投入的时间、精力和努力。”[②] 为了激励学生加大学习投入，混合式一流课程《经济法学》通过探究式的课堂线下教学显著提升了该课程的挑战度。课堂线上教学的探究性主要通过以下路径实现。

第一，翻转教学角色。混合式一流课程《经济法学》的课堂线下教学充分尊重学生的主体性，将教师的角色由从前讲台上的“讲授者”翻转为课堂的“引导者”，将学生的角色由从前讲台下的“沉默听讲者”翻转为课堂的“主动展示者”。借由教学角色的翻转，混合式一流课程《经济法学》的课堂线下教学扩大了教师与学生、学生与学生之间的多方向、泛中心的互动交流。在师生共同营造的友好、热烈、活泼的课堂氛围中，线下课堂转变为多元主体间思想碰撞、激励创新的互动场所。

第二，广泛采用探究式教学方法。混合式一流课程《经济法学》的课堂线下教学基本遵循任务导向，侧重于设置具有综合性、应用性和开放性的探究性任务，由教师启发和引导学生广泛采用案例分析、主题讨论、模拟法庭、角色扮演等多种探究式教学方式完成这些教学任务。探究式教学方法的广泛采用激发了学生的探究欲望和创新意识，激励学生开启主动式学习（Active Learning）模式，学生自觉地加大了学习投入，学生不再是被动等待灌输知识的“容器”，转而成为主动地以自己的风格探究知识、享受学习乐趣的主体。

---

① 美国高质量高等教育研究小组：《投身学习：发挥美国高等教育的潜力》，吕达、周满生译，人民教育出版社2004年版，第59页。

② 潘金林：《在投身学习中打造顶峰体验——以国家一流本科课程“教育科学研究方法”教学改革为例》，《中国大学教学》2021年第11期。

（四）课程评核的综合性

为了真实评核教学目标的实现程度，混合式一流课程《经济法学》采用综合性的课程评核机制，具体如下：

第一，评核主体的综合性。一般认为，多元主体共同进行综合评核，各自发挥其作用，评核效果才有可能最为显著。[①] 因此从评核主体而言，课程评核应做到多元主体综合评核。为了提升课程评核结果的客观性和公平性，混合式一流课程《经济法学》由任课教师、学生和教学团队等多元化的主体进行综合评核。例如课堂线下教学中探究式任务完成情况的评核，通常综合任课教师的评核意见和学生的评核意见进行综合认定。再如课程期末考试的成绩评核，通常由教学团队的全体教师以流水作业的方式共同完成。

第二，评核内容的综合性。从多元智能理论的视角来看，课程评核应“不仅关注学生的学业成绩，更加注重考查学生综合素质的发展和创新精神的培养，关注学生发展的差异性和独特性。”[②] 因此从评核内容而言，课程评核应对学生的学习态度、学习能力和学习成果等内容进行综合评核。为了提升课程评核结果的真实性和全面性，混合式一流课程《经济法学》的评核贯穿教学准备—课前线上教学—课堂线下教学—课后线上教学—期末考试整个的教学过程，将学生的学习态度、学习能力、实践能力、创新能力和学习成果等纳入评核内容的范围，对之进行综合评核。

第三，评核手段的综合性。科学的课程评核离不开科学的评核手段。为了提升课程评核结果的客观性和科学性，混合式一流课程《经济法学》在传统评核手段的基础上，积极引入计算机和互联网等现代通信技术手段进行综合评核。例如在评核学生的学习态度时，任课教师不仅采用传统手段对学生在整个教学过程中表现出来的学习态度进行主观评判，还根据学习通上所记录的每位学生的教学视频观看时长、练习题的完成情况、讨论题发表观点的频率等大量数字化数据进行客观评判。

---

① ［美］Ellen Weber：《怎样评价学生才有效——促进学习的多元化评价策略》，陶志琼译，中国轻工业出版社2016年版，第3—33页。

② 李志义：《“水课”与“金课”之我见》，《中国大学教学》2018年第12期。

四 混合式一流课程的实践效果

总体而言，混合式一流课程《经济法学》的实践效果显著，“混合教学对学生的学习效果提升与我国当前新课程标准倡导的面向学生核心素养发展培养目标相契合”①。这主要体现在以下三个方面：

（一）课程教学质量显著提高

实践证明，混合式一流课程《经济法学》以“学习革命”推动“质量革命”，显著提高了该课程的教学质量。具体表现为：第一，学生课堂到课率普遍提高。总体到课率由此前的84%上升为95%。第二，学生课堂的专注度明显提高。课堂教学基本消除了低头玩手机、睡觉等不良现象。第三，学生期末考试成绩有了明显提高。在期末考试时间为110分钟、试题由教研室统一命制、试题难度相当、阅卷由教学团队全部教师统一流水作业等同等条件下，混合式一流课程的学生期末考试成绩较传统课程有了明显的提高（具体见表2），采用混合式教学后，学生成绩最高分由改革前的91分提高为98分，提高了7分；最低分由27分提高为42分，提高了15分；平均分由74.5分提高为82.1分，提高了7.6分；优秀率（90-100分）由3.4%提高为12.1%，提高了8.7个百分点；良好率（70-89分）由70.9%提高为82.8%，提高了11.9个百分点；不及格率由4.3%降低为0.4%，降低了3.9个百分点。

表2　　不同教学模式下学生成绩的比较

	最高分	最低分	平均分	优秀率	良好率	及格率	不及格率
传统教学	91	27	74.5	3.4%	70.9%	21.4%	4.3%
混合式教学	98	42	82.1	12.1%	82.8%	4.7%	0.4%
差异	+7	+15	+7.6	+8.7%	+11.9%	-16.7%	-3.9%

① 李宝敏、余青年、杨风：《混合教学对学生学习成效的影响——基于国内外106篇实证研究的元分析》，《开放教育研究》2022年第1期。

（二）学生能力得到不同程度的提升

混合式一流课程《经济法学》将中间目标之一的能力目标细化为分析问题能力、解决问题能力等 9 项具体目标。有鉴于“缺失教学反馈的教学评价是没有活力和生命力的评价”①，为了更真实地评核这 9 项具体目标的实现程度，教学团队专门向学生发放了精心设计的匿名调查表。根据对收回的有效调查表进行统计，学生的各项能力均得到不同程度的提升（详见表 3）。其中，所有学生的分析经济法律问题能力和解决经济法律问题能力均有不同程度的提升；98%的学生的团队协作能力、口头表达能力和搜索整合信息能力得到不同程度的提升；95%的学生的自主学习能力和书面表达能力有不同程度的提升；90%的学生的研究性学习能力有提升；88%的学生的时间管理能力有不同程度的提升。

表 3　　　　学生能力提升自我评价统计表

	能　力	没有提高	有小幅提高	有较大提高	有显著提高	提高率
1	分析经济法律问题能力	–	4%	66%	30%	100%
2	解决经济法律问题能力	–	38%	43%	19%	100%
3	团队协作能力	2%	37%	54%	7%	98%
4	口头表达能力	2%	17%	62%	19%	98%
5	搜索整合信息能力	2%	16%	68%	14%	98%
6	自主学习能力	5%	42%	44%	9%	95%
7	书面表达能力	5%	48%	42%	5%	95%
8	研究性学习能力	10%	53%	27%	16%	90%
9	时间管理能力	12%	52%	31%	5%	88%

（三）推动法学高等教育新形态的塑造

实践证明，混合式一流课程《经济法学》不但短期内能够有效应对新冠疫情的严峻挑战，而且长期内能够推动法学高等教育新形态的塑造，实现法学高等教育的数字化、智能化和个性化，提升法学高等教育的普及

① 钟楚红：《大学课堂教学评价存在的问题及对策》，《高等教育》2018 年第 11 期。

面和公平度，深度契合我国法学高等教育发展的内在需求和法学高等教育的国际趋势。混合式一流课程《经济法学》将教育信息化作为教育系统性变革的内生变量，积极推进现代通信技术与法学高等教育的深度融合，有利于推动“互联网+法学高等教育”从“新鲜感”向“新常态”转变，不断推动法学高等教育新形态的塑造。

五 结语

为了实现培养德才兼备的应用型法治人才的最终目标，混合式一流课程《经济法学》将最终目标从思政、知识和能力维度转化为 3 项中间目标，细化为 15 项具体目标。围绕着这 15 项具体目标，混合式一流课程《经济法学》按照教学准备——教学实施——教学反馈三者动态循环的基本流程进行实践，并做到教学内容前沿、线上教学资源高质量、课堂线下教学探究化和课程评核综合化。实践证明，混合式一流课程《经济法学》能够显著提高教学效果，推动法学高等教育新形态的塑造。

Research on Construction and Practice of MOOC+SPOC+First-class Online-offline Blended Undergraduate Course of Economic Law

Peng Lifeng Dong Laixing

Abstract: As an example of provincial first-class online-offline blended undergraduate course, the economic law course provided by Northwest University of Political Science and Law adheres to outcomes-based education. In order to cultivate applied law talents with both political integrity and professional competence, the economic law course makes full use of MOOC, organizes SPOC on Learning Platform, adopts inquiry teaching and carries out comprehensive curriculum assessment. Practice shows that the economic law course has significantly improved the teaching effect. The research is a profitable attempt in the construction, application and popularization of first-class online-offline Blended Undergraduate Course.

Keywords: first-class undergraduate course; online-offline blended teaching; economic law

OBE 理念下“深度报道”课程教学设计与实践

李　楠　徐　思　龚继武*

摘　要： 文章基于成果导向教育（Outcome Based Education，简称 OBE）教学理念，对“深度报道”课程的教学活动进行纵深设计，采用 OBE 教学理念中反向设计正向实施的原则，明确聚焦于学习成果与产出。为了帮助学生获得良好的学习效果，笔者对课程教学内容、教学方式等进行了系列改革。通过教学内容的提炼与整合，构建“知识模块”与“知识矩阵”，明确学生每阶段学习内容与学习成果。转变后的教学方式，做到了“以学生为中心”的教、“成果为导向”的学，培养学生“应用知识”学习观，提高学生发现与解决问题的能力，“赋能”未来择业与就业。

关键词： 成果导向教育；深度报道课程；创新能力；学习成果

一　引言

成果导向教育（Outcome Based Education，简称 OBE）主要强调以下四个问题：想让学生取得的学习成果是什么？为什么要让学生取得这样的学习成果？如何有效地帮助学生取得这些学习成果？如何判断学生是否取得了这些学习成果？在实践中，OBE 教学理念紧紧围绕如下的基本原则开展①：清楚聚焦于有意义的学习成果，提供支援，为成果扩大机会，对成功寄予较高的期待，以最终学习成果为起点反向设计和开展教学活动。故此，OBE 教学理念下的教学活动是围绕明确的学习成果来组织，并且

---

* 李楠，西安欧亚学院讲师，传播学硕士，研究方向：新闻传播与深度报道。徐思，西安欧亚学院讲师，新闻学硕士，研究方向：创意写作。龚继武，知乎城市（陕西）高级编辑，研究方向：内容创意与生产。

① 姜波：《OBE 以结果为基础的教育》，《外国教育研究》2003 年第 3 期。

以学生为中心开展的。

“深度报道”课程是新闻学专业的核心必修课程之一，兼顾较强的理论性实践性，对该专业创新型人才的培养至关重要。在“新文科”建设的大背景下，国内外高校都开展了“深度报道”课程教学改革研究，主要涉及该门课程理论与实践教学内容的安排、考核方式的改革等，但是在实际教学改革中也遇到了众多的问题，比如现有的“深度报道”课程教材内容众多、内容宽泛，部分学生存在畏难情绪，解决实际问题的能力较差；授课中缺乏真实的问题情景，学生缺乏学习动力，学习目标不明确，学生走向媒体岗位后有知识没能力，在媒介融合的大环境下，无法第一时间上手进入真实的采写环节，增加了媒体行业的新员工成本。

针对上述问题，结合笔者多年来从事“深度报道”课程教学实践经验，通过对于该门课程的教学特点及 OBE 教学理念的分析，发现该门课程教学活动与 OBE 教学理念有极强的适配性。为此，笔者将 OBE 教学理念引入该门课程的教学活动中，结合一线传媒公司的真实项目需求，对“深度报道”课程教学进行了改革与实践。通过教学活动的反向设计、正向实施，教学内容的提炼与整合、传统教学方式的转变等，充分体现了以学生为中心、以成果为导向的教学理念，旨在通过课程的学习加强学生应用知识能力与创新能力的培养，“赋能”优质内容生产、未来新闻传播领域择业与就业。

二　教学活动的反向设计正向实施

学习知识的目的是应用和创造知识，而应用和创造知识所需要的技能和创造力，归根结底是创新能力的体现。创新能力培养的主体是学生，而最能体现学生创新能力高低的标准是学习成果（Learning Outcome）。因此，本文基于 OBE 理念中的反向设计正向实施原则，确定“深度报道”课程教学活动的设计思路和实施步骤。

教学活动反向设计的思路如下：教学目标—学习要求—教学内容。为了确保“深度报道”课程教学活动设计的合理性和可行性，开课前笔者组织本校本学院 2020—2021 级 141 位新闻学本科专业学生，围绕着“深度报道”课程教学目标进行问卷调查、讨论与座谈，进一步明确该门课程的教学目标是使学生能够熟练掌握深度报道的基本理论与方法，提高实践动手写作能力，培养创新思维能力以及分析问题与解决问题的能力。根据上述教学目标确定具体的课程学习要求，并进一步提炼和整合课程教学内容。

教学活动正向实施的步骤如下，教学内容讲授—学习要求的提出—相关新闻写作能力的培养—完成学习成果。首先，以课程教学内容为载体，参照教材讲解各知识点的过程中，提出具体的学习要求。然后，通过一线传媒企业的真实命题作业、实践的形式，进行专业实践训练，完成相关深度报道文稿的撰写（学习成果），达成相关能力培养的目标。

三　教学内容的提炼与整合

深度报道课程教学内容具有理论与实践相结合，新闻写作的常规表达与互联网新技术新方法相结合，静态设计与动态研究相结合的特点。该课程的重点是通过课程学习掌握深度报道基础理论知识、了解深度报道生产过程，并掌握相关深度报道独立文体的写作。难点是该门课程前期理论知识点冗杂，学生在有限的课堂学习时间难以理解和掌握。因此，将“深度报道”课程教学聚焦于深度报道的理论、写作与应用，体现教学活动的过程思维性，以便有步骤、有层次递进式推进教学，使得学生习得知识、获得学习体验并最终固化为能力。

从深度报道知识的纵向和横向联系出发，按照深度报道写作的过程提炼和整合基本教学内容，并以深度报道独立文体写作为桥梁，实现理论教学内容和实践教学内容的有机融合，从而构建此课程的完整知识体系。

1. 以知识点之间的纵向联系为纽带，将相关知识点提炼为知识模块，避免教学内容零散化

“深度报道”课程的知识点冗杂，为了让学生更加牢固理解和掌握这些知识点，笔者对课程教材的基本内容进行系统梳理和归纳，按照每一个知识点之间的纵向联系，将同一知识点下的相关知识点进行提炼，形成该门课程的知识模块（表 1）。通过知识点之间的关联，更加系统地学习每一个模块的教学内容，以“深度报道实操”这一知识模块为例，将这一模块知识点拆解为深度报道的消息源、现场意识、采访及写作策略。这样学生便可以将四个知识点联系起来，更加系统地学习本知识模块的内容。同时，基于 OBE 教学理念，在教学过程中，每一个知识模块都有模块学

习成果来检验。

表 1　　深度报道课程的知识模块、内容与学习成果

<table>
<tr><th>知识模块</th><th>主要内容</th><th>模块学习成果</th></tr>
<tr><td rowspan="2">深度报道概论</td><td>深度报道的概念界定、中外深度报道比较、内涵及操作路径“时空搅拌机”</td><td>以操作路径“时空搅拌机”为模型，解析经典深度报道新闻稿件作品</td></tr>
<tr><td>深度报道的发展轨迹及反思；深度报道实践的专业策略</td><td>反思深度报道发展轨迹、探究未来发展趋势</td></tr>
<tr><td rowspan="4">深度报道实操</td><td>深度报道的消息源管理、分类、运用的基本规范、获取途径</td><td>采集真实消息源获取途径</td></tr>
<tr><td>深度报道的现场和风险意识、灾难报道的现场策略</td><td>有关深度报道现场意识概括的综述性小论文</td></tr>
<tr><td>深度报道的采访障碍、方式和工具、突破的路径与策略</td><td rowspan="2">一线传媒公司真实命题——平凡人的不平凡故事</td></tr>
<tr><td>深度报道的写作理念、策略、文体特点</td></tr>
<tr><td rowspan="4">深度报道专题</td><td>调查性报道的内涵及类型、写作策略、典型案例分析</td><td>绘制调查性报道思维导图</td></tr>
<tr><td>特稿的定义与分类、采写要求与攻略、典型案例分析</td><td>特稿制作流程说明及成果报告</td></tr>
<tr><td>人物报道的基本理念、采访与写作策略</td><td>人物报道制作流程说明及成果报告</td></tr>
<tr><td>互联网推动深度报道的变革、互联网使用策略、互联网深度报道的特点及趋势</td><td>一线传媒公司真实命题——独立完成真实命题深度报道新闻作品并发布</td></tr>
</table>

2. 以深度报道写作过程为主线，将知识模块整合为知识矩阵，防止教学内容的割裂

通过上述各知识模块的学习及模块学习成果的完成，学生已经掌握了深度报道这门课程的基本教学内容。但是，在实际授课中笔者发现学生对于这些知识模块之间的联系、各个知识模块对实现深度报道课程教学目标的作用和支撑力还是不清楚。故此，以深度报道的写作与应用为主线，将主要知识模块整合为知识矩阵（图 1），在图中明晰地表明了每一个知识模块与课程教学目标“深度报道的写作与应用”之间的关系，从而使学生明白“为什么要学习该知识模块？”，“学习本知识模块对于我学习该门课程的作用是什么？”，明确各知识模块对于完成该门课程的教学目标的贡献。深度报道课程的知识矩阵是该课程主要知识模块内容的融合，充分

体现了该门课程的教学目标，其学习成果就是基于一线传媒公司的要求完成一篇真实的深度报道作品并进行多平台发布。

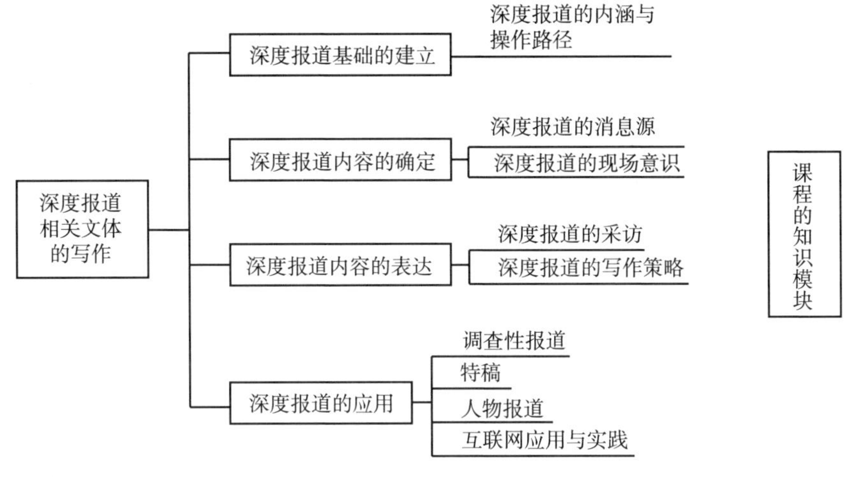

图 1 深度报道课程的知识

3. 以深度报道的写作与应用为桥梁，将教学内容在时空上延伸，实现实践学习与理论学习相结合

结合本专业“深度报道”课程教学的实际情况，以问题为导向，积极开展以学生为中心的自主学习模式，充分利用学生的课余时间，实现教学内容在时间上的拓展；以深度报道的写作与应用为桥梁，引领学生“走出”教室，“走进”真实的问题情景，进行思维方法与实践能力的训练，将理论教学内容与实践教学内容融为一体，实现了教学内容在空间上的延伸。例如，在“深度报道的采访”这一模块的教学设计中，要求学生利用课下时间采访身边有着不平凡故事的平凡人；在课堂理论知识授课中，独立完成采访提纲、采编手记等工作，并以深度报道文章的形式完成“不平凡故事的平凡人”主题的写作并完成发布，以此引导学生积极查阅并解析优秀的人物采访深度报道文章，采访提纲的前期准备工作及后期采编手记的撰写等，培养学生的自主学习能力。理论与实践相结合，促使学生形成对相关知识点的多角度认知，自觉地激发内心学习的驱动力。

4. 以发展、联系的观点为导向，注重深度报道课程与其他学科的交叉，培养解决问题的能力与创新能力

以发展观点来阐述“深度报道”课程的发展脉络，让学生深刻理解

“深度报道”课程的理论发展过程，进而掌握其基本的方法和原理，特别是优秀的深度报道作品的解析，从而启发学生的创新思维品质，拓宽未来深度报道写作的无限可能。以联系的观点来阐述“深度报道”课程与其他学科的关系，重视学科交叉能力的培养，重视学生知识面的广度与宽度的扩展，培养发散性思维能力，从而提高学生的创新能力。例如，将知识矩阵中的“基于大数据的新闻报道分发方式”模块内容，与计算机、数学、互联网、大数据分析等相交叉，鼓励学生利用相关学科知识，精准地完成深度报道文章的写作与应用，从而提高了学生解决问题的能力和创新能力。

四　传统教学方式的转变，加强学生自主学习的能力培养

（一）强化思维训练，促使教学活动转变为学思结合

思考是创新的关键，只有善于思考才会有创新和发展。而其中的桥梁便是质疑和疑惑的解答，只有通过思考后的质疑被解答后，知识才能被深刻理解。在课程里面，以问题和疑惑为基础，在教师的有效引导下，学生针对相关问题进行探究，更加有利于培养学生的创新能力①。

在“深度报道”课程设计中，笔者将课程每个知识模块的重点内容整理成几个主要问题，然后以主要问题为驱动，为学生提供自我探究和学习的空间，引导学生带着问题去解析深度报道课程的知识点、优秀的作品，带着主动思考的模式去开展采访、材料整理、写作与发布。同时，在讲解知识点时注重思路的讲解、方法的探究，引导学生会思考，进而培养学生们发现问题、分析问题和解决问题的能力。以“深度报道的内涵及操作路径”模块中的“操作路径：时空搅拌机”知识点为例，该知识点是该模块的重点和难点所在，该知识点逻辑性强，与该模块其他内容衔接性较强，其中涉及“核心现场”“事实边界”“时间轴——横向”“时间轴——纵向”等较为晦涩的概念。结合该知识点的特点，在课堂教学中，设置多部经典的深度报道作品解析、“操作路径：时空搅拌机”模型在畅

① 陈晴光：《研究性教学策略探索与实践：以电子商务概论课程为例》，《高等理科教育》2013 年第 6 期。

课平台，做好课前的预习工作，给学生留出足够的思考时间；在课程教授中，教师带领学生用“操作路径：时空搅拌机”模型去分析这一部经典的深度报道作品；最后，在给予学生启发和思考引导的基础上，鼓励学生自己用此模型去分析其他优秀的深度报道作品，加深同学们对于“核心现场”“事实边界”“时间轴——横向”“时间轴——纵向”等概念的认知，以做到在后续写作中灵活运用，提高解决问题和创新的能力。

（二）以学生为中心，实现开放式教学活动

传统的教学活动是围绕着教师、教室和教材有序开展。在这样的情况下，学生获得的知识仅仅是教师的讲授，场景的设置也仅限于教室，授课的内容仅限于配套教材。在如此相对狭小的空间内，难以实现教学内容、教学过程和思维空间的全面开放，难以做到以学生为中心的开放式教学。① 为此，需要切实转变课堂教学方式，以学生为中心，充分调动学生们参与课堂的能动性，促使教学活动在时空上的延伸。在时间上做到由课内到课外的延伸，在空间上做到由教室到社会真实大环境的延伸，在内容上从配套教材到经典的深度报道作品、参考文献资料的延伸，使得学生在“学会”的基础上做到“学以致用”，在“学以致用”的基础上培养创新精神。

例如，在“深度报道的采访”知识点的讲述中，涉及心理学、人际沟通理论的内容，在课堂授课前引导学生查阅、准备相关交叉学科的资料，以激发学生们对本知识点的兴趣；而后，在授课结束后通过作业，引导对于深度报道如何有效采访进行思考、资料的查阅、社会真实环境的采访实践，通过思考搭建好解惑的桥梁，达到知识点内容的巩固和掌握，完成相关专题内容的学习，进而达到知识矩阵中“深度报道生产过程”模块内容的掌握，为后期应用知识能力的提升奠定良好的基础。

（三）着重培养知识应用的学习观念，实现单纯教学活动向学生能力提升的转变

厦门大学学者史秋衡等指出大学生的学习观主要有两种，“应用知

① 汪善勤、陈家赢、张健：《开放式地理信息学科教学体系构建》，《高等理科教育》2013 年第 6 期。

识”学习观和“记忆知识”学习观。[①]“应用知识”学习观认为学习是应用知识、解决实际问题、提高自身能力和实现自我发展；“记忆知识”学习观则认为学习是记忆知识和信息。在课堂授课中持有不同学习观的同学，会有不同的面对知识的认知和学习方法与方式。由此可见，不同的学习观会直接影响到学习方式与方法，并最终影响到学习收获和产出。

笔者结合 OBE 教学理念，设计“深度报道”课程的应用性、能力提升性教学目标，采用探究式、引导式、讨论式等教学方式，促使学生利用原有知识，积极主动思考，发现问题进而分析问题、解决问题，并在此过程中形成创新精神。以课程为依托，帮助学生形成“应用知识”的价值观，以知识模块中最小的知识点为培养能力的载体，使得整个教学活动转变为能力提升的学习过程。

五　学习评价方式的改革，更加重视学习成果的产出

在 OBE 教学理念下，面对学习评价标准的制定，做到提高学生学习期待，制定一系列具有一定挑战指数的评价标准，鼓励学生在“做中学”。在学习评价中，将初级内容与高阶内容适当区别开来，并且“因材施教”设置一对一辅导课，确保每一位学生都有相同的机会达成最后的学习成果产出的目标。

例如，在“深度报道”课程学习评价中，分为两大部分内容。其一，针对每一知识模块的内容制定进阶式平时作业，以此作为知识模块学习成果的评价，通过每位同学知识模块作业的提交来评价是否掌握了本知识模块的内容；其二，整体知识矩阵学习成果的产出评价，学生需要在后四周的时间内，独立完成一部一线传媒公司的真实命题深度报道新闻作品并发布。笔者与一线传媒公司的行业老师对该深度报道新闻作品进行评价，对学生专业知识的掌握程度、应用知识分析能力、解决问题能力及创新精神进行评价。

---

① 史秋衡、郭建鹏：《我国大学生学情状态与影响机制的实证分析》，《教育研究》2022 年第 10 期。

六 结语

OBE 教学理念是一种非常系统、具有创新精神的现代教学理念。在“深度报道”课程中引入 OBE 教学理念是一次积极创新的设计与实践。笔者通过教学活动的反向设计正向实施，在一定程度上保证了教学目标与学习成果产出的对标性。在实际授课中，以最终学习成果——独立完成一部一线传媒公司的真实命题深度报道新闻作品并发布，实现了课程“知识模块”“知识矩阵”之间的无缝衔接。相较之前的“满堂灌”式授课方式更能体现教学活动的逻辑性与缜密性，在“做中学”的课程设计更容易实现课程实践与理论的有机结合，相较于传统教学，更容易启迪学生思考，为学生构筑属于自己的课程知识脉络。

以学生为中心，改革传统的教学方式，实现教学活动学思结合、教学时空延展、学生能力的提升等，有效激发学生“上与下”“内与外”探索、创新精神。OBE 教学理念下“深度报道”课程教学实践取得了显著效果，在终结性考核的一线传媒公司真实命题的作业中，涌现出大量优秀的深度报道新闻作品；在后续的其他课程学习中，涉及深度报道写作类的环节学生知识点掌握得更加牢固，在实际运用中更加灵活；在毕业设计中，涉及深度报道作品的写作时，作品的呈现更加规范。当然，在教学实践中也存在一定的问题，部分学生的“学习目标”不够明确，导致在进阶式学习成果的产出评价一般，这些问题都有待于课程知识模块学习成果进一步细化，同时也要求教师在教学实践中优化评价方式。

Design And Practice of In-depth Reporting Course Teaching Based on the Concept of OBE

Li Nan Xu Si Gong Jiwu

Abstract: In this paper, the teaching activities of "In-depth reporting course" are designed based on the concept of outcome based education (OBE). Using the principles of reverse design and forward implement of teaching activities, it focuses on the learning outcomes and outputs. In order to help students achieve the learning outcomes, the teaching contents and teaching methods are reformed. Meanwhile, the "knowledge modules" and "knowledge matrixes" are also constructed are also constructed through the integration of teaching contents followed by the further clarified learning outcomes of every stage. The changing of teaching way has achieved the student-centered teaching and outcome based learning. Cultivating the concept of "applied knowledge" learning and improving the abilities of discovering and solving questions, achieving the cultivation of the innovative abilities, empowering students to job-hunting in the future.
Keywords: outcome based education; in-depth reporting course; innovative ability; learning outcome

论以学生为中心的个案全过程教学法*

蒋丽华**

摘　要：以学生为中心的个案全过程教学法是在教学中，融合以学生为中心、案例教学和全过程教学三重理念，教师在教学过程中起主导作用的教学方法。该教学法旨在改进传统的案例教学方法，提高学生对知识掌握的深度和广度，培养学生的法律思维能力，内化学生的法律职业伦理，有助于实现实体法与程序法的融合、推进知识教学和实践教学同步。其主要教学模式包括但不限于与法律诊所课程与律师实务课堂教学合作模式、BOPPPS 与 TBL 教学结合模式、多师同堂模式。具体而言，须搭建"学训一体"的课程体系、以请求权基础思维为"引擎"、采用"前展后拓"式教学。

关键词：法治人才培养；以学生为中心；个案全过程；案例研习

案例是法学教学过程中的重要素材，采用一种恰当的案例分析教学方法，有助于在有序解构案例的基础上，通过理论结合实践的方式深入提高课程教学质量。

以学生为中心的个案全过程教学法，是指在案例研习教学中，融合以学生为中心、案例教学和全过程教学三重理念，教师在教学过程中起主导作用的教学方法。该教学方法旨在更新法学案例分析课程教学理念，破除传统案例教学中对案件的局部分析，在案例授课和学习过程中给予学生充分的自主学习机会，在确保教师在教学过程中主导地位的基础上，强调以学生为中心。

然而，现有学术研究和教学实践缺少教育学与法学的深度融合，在案

---

* 基金项目：西北政法大学 2022 年校级教改项目"以学生为中心的民事个案 全过程教学法研究"（项目编号：XJYB202214）。

** 蒋丽华，西北政法大学民商法学院讲师，研究方向：民事诉讼法。

例教学过程中，对以学生为中心与个案全过程之间的关系及其教学改革上关注不够。以学生为中心、案例教学和个案全过程教学三重理念相融合的教学方法的设计与推广存在深入探讨的空间。因此，本文对以学生为中心的个案全过程教学法的价值定位、主要特色、三重主线、教学模式与教学设计进行层层解读，以求对深化专业课程建设和法治人才培养有所裨益。

一 论以学生为中心的个案全过程教学法之价值

（一）改进传统的案例教学方法

我国传统案例教学多讨论案件的局部，关注案件的某一部分，主要是为了让学生加深对某一部门法的个别理论和法律问题的理解，缺乏对案件的整体性理解问题，是讲演式教学的重要组成部分。教学过程中以教师的“满堂灌”为主，教师是整个教学过程的中心，学生大多数情况下只能被动地接受并记忆，课堂上很少也很难主动参与教学过程，师生互动性较差。促进以学生为中心的个案全过程教学法的推广，有利于改进上述案例教学方法中的弊端。

按照《面向2035高校哲学社会科学高质量发展行动计划》的要求，应创新研究方法手段，加强创新平台建设，提升教育出版水平，构建有效提升国家文化软实力的学术体系。以学生为中心的个案全过程教学法突出以学生为中心，旨在强化学生的主体地位，破解通常案例研习中教师选择案例、学生被动分析学习的僵局，实现师生之间和学生之间的充分互动。

（二）提高学生对知识掌握的深度和广度

正确对待知识，是开展教学活动和实现课程价值所必需。以学生为中心的个案全过程教学法注重老师与学生之间的互动，在这一双向互动过程中，学生通过主动学习、发问和老师的答疑，形成全面理解知识和分析案件的能力。教师在授课过程中不是以将知识规则传授给学生作为重心，而是及时传授知识规则的发现方式与过程。在这一过程中，老师可以针对某一知识点对学生进行主动发问，也可以对学生的逻辑与论证思路进行评价。

以学生为中心的个案全过程教学法强调学生之间的互动。在课程准备阶段，通过分组的方式，在学生中形成较为固定的互动团体。通过共同查找资料、分析案例、角色扮演、制作法律文书等方式，促进学生之间的交流。在课堂上，通过不同小组之间学生的辩论、质疑与回应，让学生在交锋与共融中得到量与质的提升。

以学生为中心的个案全过程教学法要求学生掌握实体法与程序法的基本原理、基本方法、基本观点，为分析和解决相关案例提供理论支撑。因此采用该教学法有助于倒逼学生加强基本理论和基本知识的学习，在潜移默化中加深学生对实体法和程序法深层次的理解与融会贯通。在课程设置与教学过程中，除了提高学生对知识掌握的深度和广度，还应将知识带进学生生命里。[①] 这意味着要在传授学生基础知识的基础上，引导学生进行深度学习，最终达到将知识融入学生生命里的效果，实现学生的能力和精神增值。因此，以学生为中心的个案全过程教学法还致力于对学生法律思维和能力的培养。

（三）培养学生的法律思维和能力

以往案例教学过度注重理论传授，忽视对学生法律思维的培养。以学生为中心的个案全过程教学法渗透着法律思维培育的要求，促进学生法律思维的培育和能力的提升。在法律职业教育中，存在重视技能而忽视法律能力的培养。法律职业具有技术性，技术性是法律职业合法性的基础，有利于维护法律的稳定性与可操作性。[②] 但唯技术性倾向导致法律工具化、法律职业的无序化。为塑造学生的法律能力，应致力于培养学生的问题意识，通过对现实问题的关注和法律制度的反思，提炼问题并寻求解决问题的方法。在反复训练的基础上，学生将会形成有序的逻辑思维，法律能力由此产生和提升。以学生为中心的个案全过程教学法在推行过程中，将培养学生法律思维和提升学生能力融入知识中，做到“术道结合”，促进知识传授、能力培养和价值引领三重目标的实现。

以学生为中心的个案全过程教学法采用教师精选的案例，分阶段将个案的相关材料全部发给学生。学生根据案件材料了解研究案件事实，并在此基础上查找和研究相关法律规定甚至类似案件的处理，确定案件的诉讼

---

① 郭元祥：《把知识带入学生生命里》，《北京大学教育评论》2021 年第 4 期。

② 杨信：《法律职业教育的技术主义倾向及其克服》，《黑龙江高教研究》2021 年第 8 期。

策略，撰写相关法律文书，参与小组和课堂讨论甚至模拟法庭的辩论、教师的点评等活动的授课方式。此举有助于让学生以职业法律人的思维方式，对案件进行全局性、整体性、综合性的分析与思考，加深学生对整个部门法理论和法律问题的理解与运用。

（四）内化学生的法律职业伦理

法律职业伦理伴随法学专业的完善和法律职业共同体的建立而出现，体现了道德与法律的互动、互补与互通。法律职业以追求公平正义作为最高的伦理价值，潜移默化地约束法律从业者的行为，使法律职业被社会接纳和信赖。法律职业伦理是法律职业者践行法治的前提，法律职业伦理的夯实有助于法治的有序运行。但当前的法律职业伦理面临新技术、公众道德等多重挑战。[①] 法律职业伦理具有可培养性，我国法律职业伦理体系的构建除进行比较研究和实证研究外，更应关注相关课程的建设。

《中共中央关于全面推进依法治国若干重大问题的决定》提出培养造就熟悉和坚持中国特色社会主义法治体系的法治人才及后备力量。习近平总书记在 2017 年 5 月考察中国政法大学时明确要培养高素质法治专门人才。法律职业伦理的重要性在国家层面得到肯定和重视。教育部在 2018 年《普通高等学校法学类本科专业教学质量国家标准》中，将法律职业伦理作为法学十门专业必修课之一。《卓越法治人才教育培养计划 2. 0》亦明确加大学生法律职业伦理的培养力度，并将法律职业伦理教育贯穿法治人才培养的全过程。因此，各高校法学院应当优化培养方案，将“德法兼修”外化于行、内化于心，引导学生树立正面的理想信念。[②] 在具体施行层面，高校往往开设专门的法律职业伦理课程，也有高校在设立法律职业伦理教研室的基础上，打造“学训一体”的法律职业伦理教学模式。[③] 法律职业伦理的内化除设置专门的课程之外，还应当将其纳入全

① 贾一锋、马长山：《法律职业伦理重建与法治底线支撑》，《学习与探索》2020 年第 12 期。

② 郜占川：《新时代卓越法治人才培养之道与术》，《政法论坛》2019 年第 2 期。

③ 刘坤轮：《“学训一体”法律职业伦理教学模式的实践与创新》，《政法论坛》2019 年第 2 期。

部的法学课程。①

在以学生为中心的个案全过程教学过程中，充分融入对学生德法兼修的培养目标和具体内容，确立以德为先的培养理念，采取润物无声的融贯式教学，避免重蹈重技能轻德性的覆辙。以学生为中心的个案全过程教学法基于《卓越法治人才教育培养计划 2.0》的要求，优化课程结构，注重对学生法律思维和职业技能的训练，在课程设置过程中将中国特色社会主义法治理论贯穿其中，更加注重学生主动学习态度的培养，实现获得基础知识和技能与形成正确价值观的双赢。

二　以学生为中心的个案全过程教学法之主要特色

（一）以学生为中心、案例研习和全过程教学法相结合

以学生为中心意味着以学生的学习和发展为中心，学生学习要通过自己的内化，发挥自身的主观能动性。案例研习注重案例的运用，个案全过程教学法依照法的运行过程来培养学生的职业技能。以学生为中心的个案全过程教学法融合了上述三种教学法的优势，在凸显学生主体地位的同时，发挥案例教学的优势，选取典型案例进行体系化的全过程学习。

在以学生为中心的个案全过程教学法的具体运用中，学生在进入课堂之前具备一定的概念和框架，课堂实践全员化，充分保障每一位同学在课程中的思考、交流与实践机会。采用司法实践中的热点法治案例、指导案例和与法律实务部门共享案例作为素材，进行全过程的分析。因此，以学生为中心的个案全过程教学法旨在吸收以学生为中心的教学法、案例教学法和全过程教学法各自的优势，同时克服三种教学法各自推行下的弊端。学生的责任与自主感在这一教学法的适用中得到增强，多位教师在分享知识的过程中增进教师与学生的依赖与尊重。

（二）实现实体法与程序法相结合

2021 年 4 月习近平总书记在考察清华大学时强调，要用好学科交叉

---

① 钱大军、李博：《论法律职业伦理课程设置与教学方法的选择》，《中国大学教学》2020 年第 10 期。

融合的“催化剂”，加强基础学科培养能力，打破学科专业壁垒。他同时还指出，要加快培养紧缺人才。

在法学领域，实体法和程序法应相辅相成，而非相互背离。实体法与程序法的相互交融式的研究与学习，既有助于防止学术研究的贫困化，也有助于学生从多重视角深化对知识的理解，在打破实体与程序壁垒的基础上提升法律职业素养与能力。例如《民法典》颁布之后，原有规范得到整合和更新，更加需要民事诉讼法在原则和制度上予以协调对接。① 以学生为中心的个案全过程教学课程的设置，充分考虑到时代发展和最新立法的动向，从实体与程序两个维度展开，既要兼顾到实体和程序的差异，也要注重两者的衔接与统合。

以学生为中心的个案全过程教学法在教学内容、体系的设计上，本着理论与实践相结合的原则，整合实体法与程序法的教学内容，将请求权基础思维融入案例教学中，保证案例分析的完整性。按照司法审判的一般流程设计专题，每一专题由若干典型案例组成，以案例分析为载体，以实体法和程序法有机结合为教学内容，形成较完整的课程体系，培养学生跨领域知识融通能力和实践能力。

（三）知识教学与实践教学同步

以学生为中心的个案全过程教学法既注重知识的传授，又强化实践教学。对于知识教学和实践教学，在具体授课过程中存在异步化的现象。传统的知识教学追求理论上的完美主义，因过分重视理论而轻视实务。传统的实践教学旨在扭转这一现状，但往往由于定位和具体开展过程中的不足而导致知识教学和实践教学内容不一致，在衔接上出现脱节，导致阶段化的割裂和内容上的“孤岛”。我国实践教学源于对西方国家教学范式的引进，由于我国历史文化和法治实践的中国特色，西方的教学范式未必适合我国。此种异步性不利于我国法治人才培养和模式优化。实践教学不应去知识化，而沦为单纯的非常态化的表面活动。②

《关于实施卓越法律人才培养计划的若干意见》指出要加大实践教学

① 张卫平：《民法典的实施与民事诉讼法的协调和对接》，《中外法学》2020 年第 4 期。

② 参见李志刚《法治人才培养中实践教学模式的中国探索：“同步实践教学”》，《中国政法大学学报》2017 年第 5 期。

的比重，通过校外和校内两个维度具体展开。该意见意识到了实践教学的不足，并高屋建瓴地指明了改革方向，但众多高校在具体操作过程中出现了异化处理，将实践教学变成了“实践活动”。[①]《高等教育法》第5条指出，高等教育的任务是培养具有社会责任、创新精神和实践能力的高级专门人才。实践教学并不是放开手脚、在绝对信任学生的基础上展开教学，而是贯通教师在这一过程中的主导地位和知识传授，确保知识教学与实践教学相同步。

充分意识到知识教学与实践教学脱节这一法学教学症结后，以学生为中心的个案全过程教学法以知识教学和实践教学的同步化为出发点，将知识教学与实践教学相贯通，在卓越复合型法治人才培养过程中做到知行合一。在具体教学设计上，确保学生全程参与到教学中，打破特定时间和阶段的限制，同时注重专业技能和职业伦理培养的同步、社会发展与社会需求同步，紧跟法治热点并全面加强与实务单位资源同步共享。

三　三重主线：以学生为中心；以教师为主导；个案全过程

（一）以学生为中心

大学教学改革需要确立以学生为中心的理念，应逐步将本科课堂中心从教师转移到学生，应对教学内容、手段、模式和评价等进行精心科学的设计。[②] 本文主张的个案全过程教学法将以学生为中心作为主线之一，旨在克服传统以教师为中心的针对教材的演讲式课堂弊端，基于学生学习的目标导向，优化课程结构，以任务为驱动，通过团队组织的形式，发挥学生自主学习的主动性。以问题为导向，将学生置于实践的情境中，让学生成为课程的推动者和实施者，打破学生上课时的沉默状态，改善其在课堂上的表现。简言之，本教学法在教学目标设计的基础上，通过师生合作、团队合作的方式，增强学生的团队合作精神和社会交往能力。

① 李志刚：《法治人才培养中实践教学模式的中国探索：“同步实践教学”》，《中国政法大学学报》2017年第5期。

② 陈凡：《以学生为中心的教学何以可能——基于51所大学本科课堂现状的实证研究》，《高等教育研究》2017年第10期。

（二）以教师为主导

高等教育从“教”向“学”关注重心的转变体现了对学生可迁移能力培养的重视，但依旧需要教师的引导，控制权依旧应当掌握在教师手中，教师在教育资料选择、激活知识和促进思考等方面起主导作用。以学生为中心的个案全过程教学法强调学生的中心地位，但传统的教学框架不会被完全摒弃，并不改变教师在教学过程中的主导地位。在此教学法下，教师依然要负责教学大纲的设计，积极引导学生进行思考，带动课堂气氛，并维护良好的教学秩序。教师在主导教学的过程中更加关注学生学习体验和需求的满足，在同情式尊重与理解的基础上引导学生，在感情上与学生产生共鸣，进而培养学生良好的态度、品质与人格，督促学生构建自主学习路径。

（三）个案全过程

个案全过程教学法与美国个案教学法、德国案例教学法相比具有真实性和活态性，此教学法根植于我国司法实践和法学教育土壤，具有广泛适用性。[①] 对于学科划分导致的知识不完整性和片段性，能够通过个案全过程教学法进行弥补，并有效矫正学生分析案件的角度，在提高案例分析的实战性和学生的职业能力方面具有显著功效。[②] 作为探索法律实践教学的新路径，个案全过程教学法将法律思维培养、职业技能训练和职业道德培育提升纳入教学范围，对个案全过程教学设定明确的教学目标和教学规划。[③]

以学生为中心的个案全过程教学法围绕集中审理的现代庭审理论进行课程设计，囊括实体和程序问题，打破传统案例分析在一次课程中仅分析某案例关于管辖或证据的一个知识点，从程序与实体的双重视角分析案例。[④] 对于案例的选择，一般倾向经历了一审、二审和再审程序的代表性

---

① 丁鹏超：《论个案全过程教学法在工业法教学中的适用》，《河南教育学院学报》（哲学社会科学版）2018 年第 1 期。

② 杨严炎：《“个案全过程教学法”的价值与功能》，《法学评论》2013 年第 5 期。

③ 王晨光：《“个案全过程教学法”是探索法律实践教学新路径》，《法学》2013 年第 4 期。

④ 章武生：《个案全过程新论——以集中审理为中心》，复旦大学出版社 2020 年版，第 1—527 页。

案件，使学生在学习过程中对程序的全貌和各个程序的特点有更直观的了解。在案件分析过程中，不仅要讨论实体问题上的争议，还要综合涉及从起诉到判决做出的所有程序问题。在法律文书写作上，不仅要练习起诉状、答辩状、判决书的起草，还要学习各种合同的起草和法律风险审查。

四　以学生为中心的个案全过程教学法之模式

（一）与法律诊所课程、律师实务课堂教学合作模式

传统中国法学教育存在轻视实践教学的弊病，为强化学生法治实践能力，各大高校纷纷开设案例研习、法律诊所和律师实务课堂课程。案例研习课程采用以案例为基础并进行研讨的教学方法，既包括大班级和小团体的讨论，也包括案例撰写与角色扮演，要求学生具有较高的主动性与自觉性。[①] 美国案例教学中的案件多由教师对上诉法院案件裁剪而来，且忽视对获得案件初始阶段的技能培训。德国的案例课程注重法律适用和对法官思维的培养，轻视律师技能和思维的传授。我国在引进案例研习课程时借鉴了域外案例教学的模式，但也不可避免地存有上述缺陷。

法律诊所课程注重提升学生的法律推理能力，运用案例教学法开展教学活动，包括内设式法律诊所、外置式法律诊所和模拟法律诊所课程三种子模式。[②] 律师实务课堂是介绍我国律师制度及律师业务的一门实践课程，目的在于培养学生走向实务岗位的基本业务素质，毕业后能够快速适应司法实践工作。[③] 法律诊所课程和律师实务课堂均涉及案例教学，注重学生实践能力的培养，并传授学生律师职业技能。

以学生为中心的个案全过程教学法以案例研习为基础，主要合作的对象是讲授法律诊所课程和律师实务课堂的教师。在与法律诊所课程和律师实务课堂合作的过程中更加注重学生的主体地位，对个案进行全过程的分

① 王青梅、赵革：《国内外案例教学法研究综述》，《宁波大学学报》（教育科学版）2009 年第 3 期。

② 章武生：《我国法学教学中应增设“模拟法律诊所”课程研究》，《法学杂志》2011 年第 6 期。

③ 缪妙、陈文兴：《〈律师制度与实务〉课程教学模式探讨》，《高教学刊》2017 年第 20 期。

析。在与法律诊所课程和律师实务课堂相结合的情形下，案例占据中心地位，意味着教师要将整个案件的相关材料全部发给学生，尽量使学生看到的材料就像它最初呈现在律师面前的那样，从而使学生得到全方位的训练。不仅注重案件程序与法律适用层面的问题，而且关注案件的事实；不仅培养学生的法官思维，而且传授学生律师职业技能。

（二）BOPPPS 与 TBL 教学结合模式

高效的教学方法有助于激发学生积极学习和运用知识，意识到自己在学习过程中的主体地位。BOPPPS（Bridge-in、Objective、Pre-assessment、Participatory Learning、Post-assessment、Summary）教学法强调以学生为中心的教学理念，以建构主义为理论依据，将教学内容切割为导言、学习目标、前测、参与式学习、后测及总结六个小单元。该教学法充分考虑到学生注意力集中的时限，条理化的教学安排体现了系统性和循序渐进性的思维。[①] 在参与式学习的过程中，允许学生对权威提出怀疑，充分激发学生的好奇心和创造意识，并在教师的主导下保证正确的发展方向。

TBL（Team-Based Learning）教学法注重团队的协作，但不是传统上的小组讨论，而是高层学习目标导向下的应用型学习。该教学法在了解学生知识水平、学习能力、特长等差异的基础上，有针对性地对学生进行分组，确保团队背景多样化和实力相当。[②] 学生在团队中对课程内容进行充分的讨论，并相互督促和监督。BOPPPS 教学法与 TBL 教学法都强调以学生为本位的教学理念，两种方法的结合有助于使学生在民事个案全过程教学中充分发挥中心作用，更好地实现具体的教学目标。

高等学校的教学应将学习与发现相结合，并促使由学习向发现的转化。以学生为中心的个案全过程教学法在采用 BOPPPS 和 TBL 教学法的过程中注重向学生提出问题，坚持理论联系实际，将理论知识教活教透，在将知识教学与实践教学结合的过程中，为学生提供将理论知识解决实践问题的机会，培养学生将理论知识用于分析和解决实际问题之中。同时将

---

① 曹丹平、印兴耀：《加拿大 BOPPPS 教学模式及其对高等教育改革的启示》，《实验室研究与探索》2016 年第 2 期。

② 李芳：《布鲁姆分类学与美国大学 TBL 应用——基于美国德克萨斯大学 TBL 经验》，《比较教育研究》2014 年第 5 期。

科学研究引入教学过程，教师在授课过程中向学生讲授自身科研体会，并积极引导学生参与部分研究工作，培养学生的科学精神、态度、道德和方法。

（三）多师同堂模式

双师同堂模式的推行源于对传统教学的反思，既有打破实体法与程序法藩篱的目的，又有克服传统案例教学真实性欠缺的考虑，同时还希望通过此种全新的教学模式提升学生的自主思维能力。[①] 双师同堂教学方式首先在西南政法大学得到肯定，然后得到了众多高校的推广和实践，进一步细分为辅助式、平行式和互补式双师同堂模式。之后有学者在双师同堂的基础上提出了多师同堂模式。[②] 在笔者看来，多师同堂和双师同堂的实质性差别不在于人数的多少，而在于教师知识背景的更加多元化。具体而言，以学生为中心的个案全过程教学法采用两种同堂模式。

一是实体法与程序法教师同堂。实体法与程序法相分离的教学模式，在法治人才培养上具有天然的缺陷。[③] 为克服传统实体法与程序法分离的案例教学的弊端，在授课过程中设置民商法、刑法、行政法等实体法与诉讼法相结合的多师同堂解析案例教学法，教学体系、内容按照诉讼一般流程设计安排，由实体法与程序法的老师同堂授课，教师人数为两人或两人以上，多位老师共同主持，引导和启发学生，实现师生互动、生生互动、师师互动。多师同堂模式既有利于培养学生综合运用法律知识解决实际问题的能力，提高其学习兴趣，又使老师在实体法和程序法的碰撞、交流中得到提高。

二是实务教师与专职教师同堂。法学不仅是一门理论性学科，更具有显著的实践性。为防止理论和实务的断层，有必要增加学生了解实践的机会，提前认知法律从业实践，减少工作后的不适应性和融入社会的障碍。

---

① 张玉敏、刘有东：《双师同堂解析民事案例——案例教学模式的新尝试》，《海南大学学报》（人文社会科学版）2010 年第 5 期。

② 王杏飞：《“多师同堂” 协同教学模式的路径透析》，《黑龙江高教研究》2014 年第 8 期；赵红梅：《多师同堂面对硕士研究生授课研究——基于我校多师同堂授课教改实践》，《中国法学教育研究》2019 年第 2 辑。

③ 陈磊：《双师同堂推动程序法与实体法交融的教学进路探索》，《法学教育研究》2020 年第 3 期。

法官、检察官、律师、仲裁员等实务部门从业者，基于自身专业特长和知识储备，与专职教师同堂授课，既提升理论又拓展视野，在理论与实践的碰撞中做到两者的相互交融。专职教师要以开放的心态对待校外老师，帮助实务教师尽快熟悉和适应课堂授课，同时对实务教师的实践性思维进行补充和质疑。[①] 在具体的授课过程中，除制定详细的授课计划外，实务教师和专职教师应进行适当的排练与模拟，减少实际授课中的不确定情形与突发情况。

综上所述，本文所指的多师同堂模式中包括实体法教师、程序法教师、实务教师，在涉及特定伦理问题时还可以邀请非法学教师。对于实务教师的选择，要充分考量其业务实践能力和宣讲组织能力。由于涉及领域的广泛性，教师人数一般在三人以上。融入线上线下混合的教学模式，通过“互联网+”的便捷性，培养学生的应用技能。[②] 采用互补式多师同堂模式，数位老师均作为主讲，将各自专业结合后指向同一主题，深入挖掘真实典型案例，在创新课堂开展方式的基础上，实现教师、理论与实务之间的协同。

五　以学生为中心的个案全过程教学法之展开

（一）搭建“学训一体”的课程体系

新文科背景下国家卓越法治人才的培养应当定位高远，具备家国情怀和国际视野。“新文科”的“新”主要集中在三个层面，即学科样态的交叉性、学术旨趣的实践性、学科创新的多元性。习近平总书记在 2017 年 5 月考察中国政法大学时强调，法学学科是实践性很强的学科，法学教育要处理好知识教学和实践教学的关系，学生不仅要有良好的法学素养，同时也要强化法学实践教学。教学和实践应当是同步关系，而不是阶段化的割裂，应在教学的过程中融入实践因素。实践教学不能去知识化和教学

---

① 陈伟、蔡荣：《双师同堂刑事案例教学的角色定位与身份互动》，《中国法学教育研究》2015 年第 4 辑。

② 程雪梅：《应用型本科法律职业人才培养之路——以民事诉讼法课程为例的线上线下双师教学模式研究》，《司法智库》2020 年第 2 卷。

化，否则会沦为一种纯粹的形式化活动。

在具体教学过程中，需兼顾国家法治建设、社会建设的需求以及学生的兴趣，在遵循法治人才成长规律的基础上，进行有针对性的策略回应。不仅要打牢学生的专业基础，还要适应法律职业需求，做好本科教育与硕士、博士研究生的衔接，贯通理论教育与国家统一法律职业资格考试制度。在实践方式上，应充分利用校外社会实践基地、校内法律援助中心和模拟法庭中心，成立由授课教师和学生代表组成的实践教学小组，依托教改项目和学校专项经费，确保实践教学的落实和效果。

在课程筹备和推行过程中，学校和授课教师应主动对接法律实务部门，进行长效授课。采用同步实践教学方式，搭建学训一体的课程体系平台。① 此举旨在打破传统理论知识学习后再检验，将实践教学定位为人才培养末端形式环节的常规。实践教学不同于专业实习，其应贯穿于整个法治人才培养的全过程。为了贯彻学训一体的课程体系，高校应与法律实务部门进行深度协同，将法律实务部门的优质资源请进校园，由优秀法律实务工作者在课堂上与学生进行面对面互动。以个案全过程为支撑，进行庭审观摩和互动讨论。借助现代信息技术，与实务部门进行深度资源共享，丰富案例素材，开创“法学院校—实务部门”资源双循环。

（二）以请求权基础思维为“引擎”

寻找请求权基础，是民事法官找法的根本，由此体现出来的法律思维，被称为请求权基础思维。请求权基础思维根植于实体法上的请求权，在知识论上对于塑造法律人的法律思维与共同体意识具有重要意义。基础规范是法官审理案件的依据，实务界所推行的“要件审判九步法”也将请求权基础规范的确定作为要件式审判中不可少的一步。② 因此，请求权基础思维兼具知识性和实践性，不仅是学理上分析问题的思维，也是司法实务工作者应当掌握的思维。

请求权基础思维逻辑清晰、风格鲜明，在诉讼攻防、多角关系的理顺上，是一种优异的案件分析方法。在案例分析过程中采用“请求—抗

① 黄进：《创新同步实践教学模式 培养卓越法律人才》，《中国高等教育》2014 年第 17 期。

② 邹碧华：《要件审判九步法》，法律出版社 2020 年版，第 75 页。

辩—再抗辩”的请求权基础思维，具有规范和体系上的法教义学价值。[①] 在教学效果上，请求权基础思维的运用不仅有助于学生养成缜密的思维，提升检索和写作能力，也有助于教师在师生互动中形成以学生为中心的教学观，在思想碰撞中做到教学相长。[②]

高校教育具有明确的职业倾向性，课程的设置与教学内容需要围绕培养目标展开。实践教学应当通过提高学生个案分析能力，进而锻炼学生抽象概括能力和推理能力。[③] 以学生为中心的个案全过程教学法围绕应用型、复合型卓越法治人才培养的目标展开，力求所培养的学生具有合理的法学知识结构和能力结构。以请求权基础思维为引擎，学生通过专业分析技巧的掌握与教师的启发，借助专业知识和校内外实践，建立起独立思考能力和创造能力。

（三）采用“前展后拓”式教学

在授课前，教师预先根据学生兴趣进行分组，并给予学生在教师划定目录范围内选择讨论主题的权利。由各小组自主设计提纲和细节，通过与专业教师、实务导师和小组成员之间的交流与沟通，形成本小组的文字报告和 PPT。在这一过程中，专业教师充分关注学生，把握学生讨论的方向，并在学生查找案例资料方面提供数据库、经典案例和必读书目上的指导。实务导师根据自身实务经验，提前针对学生准备的不足提供实务上的指引，并为学生提供必要的实践素材。

在课程设置中，教师通过设置特定的案例，让学生直面真实的伦理困境，让学生在不断识别和分析伦理、道德与规则中加深对职业伦理的认识和理解。[④] 在具体授课上，根据预设的分组由具体负责的同学向全体成员分享实践案例，并进行简短的要点和争议归纳。在汇报的基础上，多位教师根据学生的准备和备课情况展开具体的教学。在课后延伸上，通过 QQ、微信、学习通等工具，师生之间进行充分的交流。教师广泛听取学

① 金晶：《请求权基础思维：案例研习的法教义学“引擎”》，《政治与法律》2021 年第 3 期。

② 朱晓喆：《请求权基础实例研习教学方法论》，《法治研究》2018 年第 1 期。

③ 赵雪洁、刘军：《法学教学模式研究》，东北师范大学出版社 2018 年版，第 168 页。

④ 陈云良：《新时代高素质法治人才法律职业伦理培养方案研究》，《法制与社会发展》2018 年第 4 期。

生对课程的收获和对授课过程的建议，总结授课过程中的亮点和不足。教师之间进行互相的评价和回顾，找出配合不默契和知识点未能点透之处，为后续改进提供参考。

在考核与评估方式上，包括对教师和学生两个方面的评价，既包括教师对学生的评价、学生对教师的评价，还包括教师之间的互评与学生之间的互评。对学生的考核评价，主要关注学生的参与度，从学生的阅读书目完成情况、案例筛选准备情况、课堂交流情况、文书写作情况、课后反馈情况等方面进行综合考察。在对教师的评价体系上，应当突出对学生发展和教师育人导向的评价。学生法律职业能力和思维方式、责任意识的形成与老师密切相关，老师对学生的培养不应仅限于知识和技能的传授，因此在评价体系上应采多元指标模式。在对教师的评估上，为保证结果的有效性和合理性，应体现学生的中心地位，但并不意味着由学生决定。[①] 引入同行评估，由同行专家在聚焦学生学习和发展的基础上，综合考量教学方法、学生参与、教师专业化、学习反馈、学习成果和学生满意度等，对授课教师进行全方位的评估。

六、结语

以学生为中心的个案全过程教学法，旨在在发挥学生主动性、教师主导性的基础上，将实体法和程序法的理论知识传授给学生，培养学生的法律思维和职业技能。进而引导学生积极利用案例资料自主学习，在打破学科藩篱的基础上触类旁通，调动学生各科目学习的积极性。以学生为中心的个案全过程教学法对于教师和学生均提出了更高的要求，促使教师、学生和教学内容三要素在动态和统一的教学过程中得到升华，有利于更好地培养新文科背景下的应用型、复合型卓越的法治人才。

① 王寅谊：《以学生为中心不代表由学生决定——基于高校学生评教的广义和狭义理解》，《高教发展与评估》2020 年第 6 期。

On the Student-Centered Whole-Process Cases Teaching Method

Jiang Lihua

Abstract: The student-centered whole-process teaching method of case is a teaching method that integrates the three concepts of student-centered, case teaching and whole-process teaching, and teachers play a leading role in the teaching process. This teaching method aims to improve the traditional case teaching method, the depth and breadth of students' knowledge, cultivate students' legal thinking ability, and internalize students' legal professional ethics, which helps to realize the integration of substantive law and procedural law, the synchronization of knowledge teaching and practical teaching. Its main teaching modes include, but are not limited to, the cooperation mode with legal clinic courses and lawyers'practice classroom teaching, the combination mode of BOPPPS and TBL teaching, and multi-teacher-in-class mode. Specifically, it is necessary to build a curriculum system of "integration of learning and training", take the basic thinking of claim rights as the "engine", and adopt the teaching of "forward development and backward expansion".

Keywords: cultivating legal talents; student - centered; whole case process; civil case study

高校大学生法律援助发展问题研究

李雅萍　李梓莹*

摘　要：法律援助旨在向因经济困难或者其他因素而难以通过一般意义上的法律救济手段保障自身权利的社会弱者提供法律帮助。大学生法律援助作为其中重要而独特的力量，对我国法治社会一体化建设具有重要的推动作用，但作为独特的参与主体，大学生的援助能力、援助社团的日常活动等囿于条件限制阻碍了其发展。本文拟通过分析当前大学生法律援助的价值、总结其基本发展模式、揭示存在的共性问题并给出发展建议，以促进大学生法律援助的不断进步。

关键词：大学生；法律援助；志愿者

法律援助是一项扶助贫弱、保障社会弱势群体合法权益的社会公益事业，是当前法治中国建设的重要组成部分。法律援助工作是向有需求而又无力解决面临法律问题的人无偿提供法律咨询、代写法律文书、进行诉讼和非诉指导的活动。《中华人民共和国法律援助法》明确规定公民所遇法律事项，在没有委托代理人或辩护人时，可以申请法律援助或由人民法院指定辩护。一般情况下，法律援助是由接受政府财政支持、国家司法部门监管、律师协会协助工作的专门机构提供，但人员不足，覆盖面不大等问题制约着司法援助工作的展开。然而，大学生在法律理论学习过程中对司法实践具有强烈的需求，高校大学生是法律援助的重要社会补充力量。研究大学生法律援助的发展及其存在的问题，可帮助他们树立以人民为中心的法治理念、充实法律援助队伍力量，也能提高大学生的实践能力，以实

* 李雅萍，西北政法大学经济法学院副教授，硕士研究生导师，法学博士，主要研究方向为环境与资源保护法学。李梓莹，西北政法大学经济法学院，西北政法大学法律服务中心援助部第39届部长。

务促进理论学习，有助于德法兼修的高素质、复合性法律人才培养，对推进法治中国的建设具有重要意义。

一 大学生法律援助的发展模式与价值分析

（一）我国大学生法律援助的发展与运行模式

1992 年 5 月 20 日，由武汉大学万鄂湘教授发起设立了我国首个正式的高校法律援助组织“社会弱者权利保护中心”，由法学院三年级以上接受过法律诊所课程训练的学生担任志愿者。20 世纪 90 年代，我国主要高校纷纷展开法律援助工作，形成了各有特点的法律援助组织。当前全国共有一百多个大学设立了法律援助组织，主要集中于政法类院校和知名法学院，以学校所在地为中心向外辐射。[①] 各学校运行模式的不同主要体现在援助地点和援助人员上，即在哪里援助、如何援助和谁来援助。华东政法大学社会法律援助中心、北京大学法律援助协会和西北政法大学法律服务中心援助部在高校大学生法律援助中具有一定的代表性，均为社团性组织。

西北政法大学法律服务中心是 1984 年成立的学生社团组织，法律援助部是法律服务中心的核心部门，面向社会免费提供法律援助，日常工作包括办公室白天值班、法院值班，解答当事人问题、代写法律文书、代理案件等援助事务。30 余年时间，解答群众来信 3 万余封，接待当事人 15 万余人次，向当事人提供法律咨询 16000 余人次，代写法律文书万余份，代理各类案件 5000 余件，其中数百起案件诉讼期间长达两年以上。通过多年努力，西北政法大学法律援助部产生了广泛的社会影响，每年吸引众多重视法律实务的学生积极参与，新成员的加入从选拔、培训到正式援助完全由学生自主完成，且完全做到工作日全天援助覆盖。成立以来共有超过 2000 人接受法律援助培训，在西安市乃至西北地区都有一定的影响力。

华东政法大学社会法律援助中心将招募的学生按照不同方向划分为六个业务组（家事纠纷、劳动纠纷等），分别负责不同种类的案件咨询；社

---

① 莫洪宪：《为了社会的公平与正义：法律援助实践之探索》，《武汉大学学报》（社会科学版）2002 年第 3 期。

团有专业的指导老师，在校区设有单独办公室用以接待当事人。[①] 北京大学法律援助协会则未对学生进行方向的划分，但是在校内和校外（法院）皆有援助点，这大大拓展了接触当事人的渠道。[②]

从援助地点来看，校内外结合能够使学生接触到更多的当事人和案件，有助于学生消化课堂学习到的理论知识，提升他们的实践能力。从援助人员划分来看，按照专业分组和不区分专业的分组各有利弊：专业组划分可以使不同学生在个人感兴趣的方向有更深入的探究，以便能够更专业地为求助者提供服务；不区分专业的综合组则能够训练学生对法学知识的综合运用，让学生在各类案件的处理中获得宝贵的实践经验，适应面更为广泛。不同高校的不同模式有不同特点与考量，一定程度上体现了高校的育人模式和人才的专业素养。

近年来随着互联网的高速发展，加之新冠疫情反复，各高校均提供了线上咨询模式，包括但不限于微信公众号、微博以及其他新媒体平台。这使大学生法律援助打破了地域的限制，也使跨省市的咨询交流变得非常便利，但线上也存在叙述不清、交流不畅等问题，年纪较大的求助者这些问题更为明显，需要通过面谈的方式加以解决。

综上，即便时间地点以及途径有些微的差异，但高校法律援助总体还是以基础法律咨询为主，个别高校能够拓展至代理案件阶段。法律咨询对于有需求的群众来说是不可或缺的，因为并非所有纠纷都需要司法途径解决，也有不少纠纷可以通过司法以外方式解决。大学生法律援助通过基础的法律咨询向当事人阐明纠纷中的法律关系，提出合适的解决方案，既节省了当事人的时间与精力，也最大限度节约了司法资源，促进了法治社会的发展。

（二）大学生法律援助的社会价值

1. 国家人才战略与立德树人的要求

“教育、科技、人才是全面建设社会主义法治国家的基础性、战略性支撑”，法治国家、法治政府、法治社会的一体化建设离不开法律人才，具有扎实的理论知识和丰富实践经验的法律人才是法治社会一体化建设的

---

① 参考公众号“华政法援”。

② 参考公众号“PKULAA”。

第一资源，是我们依法行政、保障司法公正、加快建设法治社会的中流砥柱。党的二十大报告中强调的“教育、科技、人才”三要素虽然各有侧重，但实际上是整体协同、有机推进的统一整体。[①] 教育是手段，代表第一生产力的科技和第一资源的人才离不开教育，大学阶段的学习则是专业知识和能力培养的黄金时机，是落实立德树人基本要求和实现“三全育人”体制机制的具体路径。大学生法律援助立足实践，将法学教育深植于人民群众之中，使学生在与老百姓的接触中发现法律问题并为之提供解决方案，很好地回答了怎样培养人、为谁培养人的问题，坚持了以人民为中心发展教育的根本立场，为构建高质量教育体系提供了具体方法。[②]“三全育人”与“立德树人”联结互通，大学生法律援助将立德树人贯穿于学生成才全过程，渗透于教育教学各环节，调动校内外各方资源，反映在人才培养各方面，也是教书育人、实践育人、服务育人、管理育人、文化育人、组织育人的实现路径和生动样本。[③]

2. 社会需求与法治建设力量的补充

改革开放以来，我国经济处于高速发展阶段，法律对于维护社会稳定的作用日益凸显，以法律途径解决问题成为普通公民与他人产生纠纷时的首要选择，由此产生了大量的法律服务需求；当当事人认为自己的权利受到侵害，决定通过司法方式救济时，便需要有能力的人代写法律文书；真正进入诉讼程序后，则需要有专业知识的人提供诉讼代理服务。但“知识有价”，并不是所有人都能负担得起诉讼过程中所需的费用，仍有许多群众因为经济或其他原因无法自主维权，我国法律援助事业发展便有了现实基础。[④] 新时代全面推进依法治国需要大批不同类型的专门法律人才，不仅亟须国际化的高端法律人才，经济发展和法治进步也需要大量应用型、复合型的法律人才。

---

① 宁国良、沈昊飞：《中国式现代化的人才支撑：内涵、逻辑与路径》，《湖南社会科学》2023 年第 1 期。

② 高俊丽：《新时代落实立德树人根本任务的三个基本问题》，《沈阳师范大学学报》2023 年第 2 期。

③ 冯刚：《新时代高校“三全育人”的理论蕴含和深化路径》，《厦门大学学报》（哲学社会科学版）2023 年第 1 期。

④ 韩桂君等：《新文科背景下高校法律援助发展困境及对策》，《湖北警官学院学报》2022 年第 4 期。

然而，我国的法律人才储备并不能满足当前的法律援助需求，以下为2022年主要国家万人律师比的比较，表中的数据清楚地表明了我国和发达国家万人律师比的差距。法律援助从立法层面看律师是主力，从建设法治国家提出到现在，我国万人律师比也从2001年的0.9增加到2022年的4.08，律师绝对数量增长很大，然而从现有数据看，美国、英国、德国、法国的万人律师比分别是我国的9.79倍、7.78倍、4.9倍和2.47倍左右，可见我国法律服务人员在配置上的不足。世界很多国家提供法律服务的除了律师，大量纠纷都是由社区、行业协会和志愿者解决，考虑到我国后者所占比例极少，且受到诸多限制，我国法律服务人员缺口会更大。

2022年主要国家万人律师比（数据表）①

序号	国别	统计年份	人口数量	统计年份	律师人数	万人律师比（‱）
1	美国	2022.2	332470000	2021.7	1327910	39.94
2	英国	2021.1	67215293	2022.1	213504	31.76
3	德国	2021.7	83129000	2021	166000	19.97
4	法国	2021.9	67486000	2019	68000	10.08
5	韩国	2021.8	51669000	2021.2	29642	5.74
6	中国	2021.1	1412600000	2022.2	576000	4.08
7	日本	2022.1	125440000	2022.2	42951	3.42

数据来源：维基百科、各国律师协会官网及年度报告。

2022年1月24日司法部官网发布了《全国公共法律服务体系建设规划（2021—2025）》提出，到2025年，全国执业律师将达到75万名，每万人拥有律师数（人）5.3，即使这样，也还达不到韩国现在的水平，更比不上欧美。从法律援助的实际情况来看，2020年全国法律援助机构共办结法律援助案件近140万件，受援216万余人次，有效维护了农民工、未成年人、受疫情影响的普通群众等不同群体的合法权益。② 而

① 《解读丨75万律师、万人律师比5.3‱背后的5个结论》，知律2022年2月19日，https://view.inews.qq.com/k/20220219A08ODU00?web_channel=wap&openApp=false，2023年3月2日访问。

② 《2020年全国法援机构办结法律援助案件近140万件》，人民网2021年3月2日报道，http://sft.xizang.gov.cn/xwzx/ywxx/lsgz/202105/t20210520_202838.html，2023年3月21日访问。

2021 年全国各级人民法院共受理案件 3351.6 万件，且这一数字呈逐年递增趋势，[①] 这种现象不仅给司法机关造成了较大的压力，也凸显法治社会建设中公众对法律服务的巨大需求。大学生法律援助作为我国法律援助制度中的特殊力量，一定程度上弥补了社会需求面临法律力量的不足。同时，也能够帮助选择司法救济的当事人合理表达诉求、阐明法律事实与理由，减轻法官的工作压力，缓解援助律师不足的困境，从而推进现代公共法律服务体系的建设。[②]

3. 法律因应与高校法律人才培养要求

2022 年 1 月 1 日生效的《法律援助法》明确了高等院校的法学专业学生可以从事法律援助活动。[③] 这一规定从立法的高度确立了高校大学生从事法律援助的合法性，也使得高校法科生的培养与法律援助制度的完善发展紧密联系，互促共进。今日法学院热爱法律援助的志愿者，就是明天法院或者律师事务所、基层法律服务所法律援助的中坚力量，预示着新时代法治社会建设的发展之路。[④]

对于高校法学教育而言，开展法律援助既是对社会现实需求的积极回应，也是提升自身教育水平与能力的必然要求，必然增强学生学法、用法的能力。《全国公共法律服务体系建设规划（2021—2025）》明确了我国法治发展建设目标，即到 2035 年，基本形成与法治国家、法治政府、法治社会建成目标相适应的现代公共法律服务体系。党的二十大报告也明确了全面推进国家各方面工作法治化的目标任务，人才是社会发展的基础和第一资源，法治人才和基层法律工作者是法治社会建设的重要力量。作为向社会输送人才的基地，高校对法科生的培养机制影响法治人才质量，影响着社会公众司法正义之实现，乃至我国法治社会的进程。我们应当明

① 中央纪委国家监委：《人民法院 2021 年受理案件 3351.6 万件 结案标的额 46.7 万亿元 司法服务保障社会主义现代化国家建设》，参见 https：//www.ccdi.gov.cn/，2023 年 3 月 21 日访问。

② 程滔：《法律援助的责任主体》，《国家检察官学院学报》2018 年第 4 期。

③ 《中华人民共和国法律援助法》第十七条第二款：高等院校、科研机构可以组织从事法学教育、研究工作的人员和法学专业学生作为法律援助志愿者，在司法行政部门指导下，为当事人提供法律咨询、代拟法律文书等法律援助。

④ 姜飞燕：《应用型人才培养模式下高校法律援助制度研究》，《华北理工大学学报》（社会科学版）2021 年第 1 期。

确，群众寻求法律援助是为了什么，要解决什么样的法律问题，只有明白这个问题，才能有效克服大学生“只知理论，不懂实践”的缺陷，让学生在感悟法治进步中坚定理想信念，在了解群众疾苦中磨炼坚强意志，在奉献社会中增长智慧才干。法律的生命在于经验，而不在于逻辑，优秀的法官或律师，均是法学理论功底深厚又具有丰富生活经验的人，法学专业学生不接触法律实务问题，便难以将书本上的法学理论与现实生活相联系，陷入“读死书，死读书”的尴尬境地。因此高校要以“应用型、复合型”的法学人才培养为目标，应关注学生参与法律援助的热情，及法律援助对学生理论学习的促进，重视并多维度设计和安排实践教学，给予学生较为充分的理论与实践结合的机会，依法完善育人制度，鼓励他们了解弱势受援群众所代表的基层法律诉求并给予法律援助，促进学生的能力成长。基层治理与社会基本矛盾的解决是当代法科生的使命，让人民群众感受到司法案件的公平正义是每一个法科生的努力方向。

二　大学生法律援助各阶段特点及其存在问题

（一）大学生法律援助各阶段特点

1. 援助志愿者选拔培训

大学生法律援助的优势是有相对宽裕的时间和充沛的精力，服务热情较高；劣势是缺少法律实务工作的实践经验。援助志愿者一般来自于学校内不同的法律院系，新应募者要经过面试、笔试和集中培训学习，方允许正式从事法律援助工作，并且在工作伊始仍需有经验的学长们的指导。因为法律援助社团是志愿服务的公益性组织，虽然有的在校园内有专属办公室为当事人提供法律服务，但其运行基本靠自己，大多没有专业教师的指导，更多地依赖于学生自身的专业素养。

2. 援助基础——当事人接触

援助志愿者与当事人的接触是法律援助工作开展的第一步，除了校内值班，社团宣传更显重要。通过院校或社团影响吸引当事人，在这方面，传统的“五院四系”具有固有的优势；有的援助社团通过代理知名案件被媒体采访报道，也扩大了影响和地方知名度。如轰动一时的“处女嫖娼案”——麻旦旦案，其诉讼代理人即为西北政法大学援助部志愿者、当时正在大三就读的学生，该案虽未得到预期赔偿，但首次将精神赔偿纳入国家赔偿范围，被中国法学会行政法学研究会评为“推动中国法治进程的十大行政诉讼典型案例”。还有一系列被地方媒体报道的帮助农民工讨薪案。通过这些代理案件，使得西北政法大学的法律援助在当地乃至西北地区获得普遍赞誉。由此可见，典型案例和有效宣传可以让校园内的法律援助社团走出校门，扩大影响力，提高知名度，更好地为当事人服务。

3. 援助延伸——与法院对接

大学生法律援助的深度展开是志愿者进入法院进行导诉服务，与援助律师共同值班。援助者在法院进行志愿服务时接待的当事人，相关案件（纠纷）大都已经进入到司法阶段，或者当事人已经做好了进入诉讼的心理准备，援助志愿者自然也应将援助的重心放在审查起诉地点是否符合诉讼管辖的要求、诉讼请求是否得当以及相关材料是否齐全、应该采取何种诉讼策略以最大化地保护当事人的合法权益等。可见在不同的地点或阶段，援助者的工作重点具有很大的不同，这就需要援助者及时调整思路，以便更加有效地为受援助方提供相应的法律服务。

4. 疫情下的援助新途径——新媒体模式

自 2020 年以来，由于新冠疫情的反复，大学生法律援助原有的线下服务经常无法正常运行，在援助志愿者和当事人无法见面交流的情况下，新的交流途径顺势而生：首先是通过微信公众号和当事人进行线上交流，对他们的疑惑加以解答；其次援助者在抖音、小红书等多个平台开设账号“××大学法律援助”，通过制作普法宣传视频等方式对自身进行宣传扩大影响，经过大数据的精准推送后便能有效吸引到有相关援助需求的群众，对当事人的问题进行答复。相较于多数人，大学生群体对于互联网的运营更加熟悉，在该领域有一定的优势。因此，依托网络来弥补疫情以及空间距离阻隔造成的不便，是高校法律援助的新思路。

（二）大学生法律援助的实际问题

1. 援助者知识和能力不足影响法律援助

当下，多数高校从事法律援助的学生以本科生为主，而由于法学专业法律职业资格考试以及考研的时间安排，大学四年级学生基本无暇参与，但一年级新生法律知识特别有限，二、三年级的学生就成为法律援助的主力。这就意味着学生是在一边进行专业课的学习，一边知识输出直接面对法律实务，这也是大学生法律援助遭受质疑的原因之一——学生的专业水平和经验都不够充分，法律素养欠缺，能力有限。法律援助面对的并不全是简单的民事纠纷，复杂疑难案件也时有出现，甚至面临新技术引发的新问题。特别是遇到定性量刑要求很严格的刑事案件、复杂的工程类合同纠纷等案件，本科生的知识便明显不足，在无专业教师指导的情况下往往难以提供有效咨询。个别高校虽然开展了研究生法律援助的尝试，但还未成为高校法律援助的主要力量。

（二）缺乏身份认同援助工作受限

缺乏身份认同是高校大学生在进行法律援助中的常见问题。不少当事人认为学生的专业能力当然不如律师，不信任学生、不听取学生意见的现象时有发生，甚至出现了向学生寻求帮助后带着学生给予的建议转而聘用律师的情况。且多数情况下学生的定位都是“志愿者”这一概括性称呼，极易让当事人轻视法律援助的专业性。事实上，基层法院受理的很多民事案件都是事实清楚、法律关系明确的简单纠纷，此类案件并不需要高深的法律知识，当事人一味地追求援助者的资历和经验，使得本科生的援助工作展开受限。①

当援助工作涉及代理案件时，学生的身份则更加模糊。《刑事诉讼法》第三十三条规定，辩护人除律师和犯罪嫌疑人、被告人的监护人、亲友外，可以是“人民团体或者犯罪嫌疑人、被告人所在单位推荐的人”，大学生援助志愿者大都不属于某个人民团体，有的被告人没有单位，有的被告人虽有单位，但单位为了避免麻烦，不愿意推荐大学生做辩护人，在这种情况下，大学生很难以代理人的身份参与刑事案件的代理。根据我国《民事诉讼法》第六十一条之规定，大学生援助志愿者“可以”作为推荐公民出庭，以帮助需要援助的当事人参与诉讼。立法用语是“可以”，社区为援助者开具推荐证明时就可以自由裁量，社区一般不了解大学生的知识能力和职业操守，在很多情况下缺乏配合，导致大学生获得援助者身份颇费周折。身份上的尴尬导致了工作的不顺，限制了对案件的代理。

① 陈爱武等：《高校法律援助组织发展路径选择》，《中共山西省委党校学报》2019 年第 1 期。

（三）重视不足影响法律援助的开展与人才培养

目前，仅有个别院系将法律援助与法学教育相融合，在法学专业本科培养方案中开设了1—2学分的法律援助实训必修或选修课，以提高学生解决法律问题的能力，但法律院系对法律援助的实训作用普遍认识不够，法治人才培养方案尚需完善。[①] 而从校内援助来看，法律援助社团普遍存在没有固定办公室、缺乏资金支持和专业老师指导等问题，导致学生的法律援助工作常常无法开展。没有固定办公室，线下会见当事人无固定场所，使得当事人求援无门，难以获取当事人信任；缺乏经费支持，没有最起码的交通补助和电脑、复印等设备，援助社团的正常活动无法开展，社团的对内对外交流都受影响；没有专业的教师指导，会使学生在援助过程中遇到疑难案件时，即使花费大量时间查阅资料，最终仍然难以对纠纷的性质和解决策略获得清晰的认知，出错的概率也会增加。而学校一般对于老师的指导，不作为课时量进行折抵，指导工作纯粹依靠老师的热情很难具有可持续性。法律援助社团是法律院系的专业社团，与国家人才培养和学生专业能力发展密切相关，与其他发展学生兴趣、拓展知识面类的学生社团相比有本质的区别，同等对待说明法律院系对于法科学生培养方向的偏离，忽视了司法实务对于合格法律人才成长的重要性。

从目前所了解的情况看，只有部分院校开展了法院的导诉业务。事实上，我国的基层法院普遍存在司法拥挤现象，但部分当事人来法院前并未咨询或了解，极容易出现管辖错误、材料不足、不符合立案要求等情况，基层法院普遍存在案多人少的情况，无奈只能每日限号立案。大学生法律援助通过导诉台对当事人进行分流引导，对立案材料进行初步审查，能够最大限度地保证立案窗口经手的都是能够在该法院立案的案件，大大减轻了立案庭的工作负担，提高了工作效率。而在此过程中，法科生在案件接触中将理论与实际结合起来，反哺到日常的法律咨询工作中，积累经验，双向促进。但现实中高校援助社团很难保证每个工作日都派出同学与援助律师一起值班，或者派出的同学因各种原因并未能负责直面当事人的导

① 中华人民共和国教育部：《对十三届全国人大三次会议第2087号建议的答复》，http://www.moe.gov.cn/jyb_xxgk/xxgk_jyta/jyta_gaojiaosi/202010/t20201009_493631.html，2023年5月5日访问。

诉，导致在具体的援助工作中还需与法院进一步沟通。高校大学生法律援助的业务领域与很多地方法律援助中心的功能基本一致，但在实践中还是被很多当事人忽视，导致大学生法律援助很难有效地展开。法律援助是学生走出校门、了解社会的绝好机会，高校乃至整个社会却未予以重视。当前我国的基本矛盾已转化为人民日益增长的美好生活需要和不平衡不充分的发展之间的矛盾，大学生法律援助志愿者可以通过法律援助深入了解人民群众的医疗卫生、食品药品、环境与劳动等方面的法律实务问题，在学习过程中扎根社会对法学理论进行扬弃与反思，这对德法兼修的法治人才培养无疑非常有益，而不受重视的社会氛围抑制了这一作用的发挥。

（四）接触当事人信息不畅，联系方式单一

高校法律援助最大的阻碍事实上是缺乏与当事人对接联系的途径。当事人不知道从哪里可以得到援助，援助志愿者不知道哪里有人需要援助，二者之间的沟通联系信息不畅。疫情前主要以线下方式进行，经常是当事人多方打听来校咨询，有的却无果而返。疫情后多数社团开通的社交账号较少，也存在着疏于管理的现象，使得当事人难以联络到法律援助者，缺乏宣传和沟通不畅始终是高校法律援助存在的问题。

在法治社会建设不断推进的今天，越来越多的人选择运用法律武器解决问题。根据司法部报告显示，2021 年，全国律师共办理法律援助案件 103 万余件，且仅仅是成功得到援助并解决的①，这与当事人实际需要相比，仅仅是九牛一毛，由此可见需要法律援助案件之多。因此，如何有效地与当事人对接，是当下亟须解决的问题。

三　高校大学生法律援助发展对策

（一）纳入实践教学，配备专业教师

法律援助是学生将理论学习与法律实务结合的重要社会实践活动，法

① 中华人民共和国司法部：《2021 年度律师、基层法律服务工作统计分析》，http://www.moj.gov.cn/pub/sfbgw/zwxxgk/fdzdgknr/fdzdgknrtjxx/202208/t20220815_461680.html，2023 年 5 月 5 日访问。

律院系在课程设置上应充分认识到该实践活动在学生能力培养方面的积极作用，从立德树人和为国家培养应用型、复合型法律人才的要求出发，落实教育部“鼓励支持高校将法学教育与法律援助、公共法律服务深度结合”的指导，对法律援助进行课程设计，与诊所课程、案例教学课程一起作为选修或必修课纳入教学实践，突出教学活动中理论与实务的结合，使学生的援助实践始终有专业老师可咨询、全程有专业老师系统指导，为学生的实务活动增强底气。

法律援助实务对学生专业要求较高，既需学生对实体法有较扎实的掌握，又需要能较熟练根据程序法要求进行活动。课程设置可根据专题需要配备专业教师，解决多数学校面临的无指导教师或无专业方向的指导教师的问题。目前，学生只能通过自行摸索学习，特别是低年级学生在学习时间和知识储备不足的情况下，有些课程他们还未学习，或者只是按照课时参与了听课和考试，这对于提供法律援助的需要而言是远远不够的，长此以往，会使他们参加法律援助的热情受到打击；高年级同学虽然学了某些课程，但是在遇到疑难问题时，往往也会定性不准，积极性也极易受挫。当下多数高校的法律援助基本以民事类纠纷为主，这种设置并非因为其他案件无人咨询，而是因为援助者的实务能力所限不得已而为。故高校应当通过课程设置有计划地对参与法律援助的学生进行专业指导，将教师对社团的指导与课时挂钩，特别要做好培训期的讲解和疑难新案件的分析，改变学生只能就民事、婚姻家庭等简单案件提供援助的弊端，从而拓宽案件范围和高度，以适应当事人的援助需求。[①]

（二）加强法律援助社团能力建设，鼓励开展校际交流

专业能力是法律援助的立身之本，大学生法律援助志愿者要不断学习，提高专业技能和志愿意识，才能做好法律服务。因此，参与援助的学生应当充分利用好课堂学习法律实务知识，积极选修学校开设的实务课程，如法律援助指导课程、法律诊所课程和法律案例教学课程等，跟随老师和实务专家练好基本功；在课余时间，重视校内开庭、实务专家和律师的讲座，法律院系应为援助社团提供相关信息。法律援助社团也可以针对

① 刘亦峰、严若冰：《高校法律援助机构的运行与发展模式》，《天津法学》2019 年第 2 期。

近期援助案件或社会关注热点举办讲座，对援助志愿者进行专题培训，做好法律援助社团的基本能力建设。

鼓励研究生参加法律援助社团，这是法律硕士培养方式的要求[①]，也可以提升法律援助社团成员的素质结构。当前部分高校有少数研究生参加了法律援助社团，明显增强了法律援助社团的能力。研究生阶段部分学生已经通过律师资格考试，具备一定的法律理论知识和实务能力，他们的加入改变了法律援助社团的组成结构，一定程度上会提高援助案件的解决水平，同时也有助于促进法律援助这一社会公益事业的发展，进一步提高高校法律援助的质量与服务水平。

交流是取长补短的有效方式，法律援助社团的校际交流可以进一步促进社团发展和能力建设。早在 2013 年，中国人民大学就主办了第一届全国高校法律援助发展研讨会，首次将全国各地高校法律援助团体联合起来，共同探讨高校法律援助中存在的问题和解决方案。通过定期的交流学习，高校法律援助社团可以弥补短板，加深对法律援助的理解，对援助案件和司法实践形成较为一致的认识，促进社团发展和高校人才培养。大数据时代，线上线下的交流变得更为方便，具体可采取交错进行的方式，以加强校际之间的相互学习，提高大学生法律援助的活力。

（三）重视对大学生法律援助的支持

立法对于大学生法律援助的相关规定应进一步完善。《中华人民共和国法律援助法》第 17 条规定，法学专业学生作为法律援助志愿者，可以为当事人提供法律咨询、代拟法律文书等法律援助。高校大学生的法律援助人员身份及其法律援助活动均“有法可依”，这为高校大学生的法律援助工作提供了指导，使他们在从事法制宣传、进行司法调解、提供诉讼代理等方面的工作时有法可循，为我国高校大学生法律援助社团的发展带来了良好的机遇。他们在法律援助中的案件代理身份也应得到保障，在他们获得代理人授权需要出庭时，应简化手续，使他们获得法律服务的完整体验，用整个法律服务过程获得的经验教训指导理论学习，实现“三全育人”的目的，从制度上保障立德树人目标的实现。

---

① 《全日制法律硕士专业学位研究生指导性培养方案》第四条关于“培养方式”规定：重视和加强实践教学，着重理论联系实际的实务能力培养。

高校法律援助社团因其专业性和实践性而区别于其他社团，所以不论大学法律院系还是法院都应对大学生法律援助予以扶持。首先针对不少高校法律援助存在的宣传力度不足、大众认可度低的情况，高校应当主动加强宣传推广，做到被社会公众了解。例如在学校网络平台给法律援助社团新媒体一席之地，或者将法律援助社团的新媒体在各校友会推介，向实习或实训基地定期推送等多种方式，通过校友会或实习基地的辐射作用，加大对法律援助社团服务和活动的宣传，鼓励学生服务社会的热情，加大他们参加社会实践的机会，为本校法律援助吸引当事人。其次，应重视对法律援助社团的适当投入，配备应有的办公设备，给予必要的资金支持；社团活动需要的场地、资金和智力支持，均可以通过制度建设予以实现，践行培养复合型法律人才的使命。

法院也应重视大学生法律援助社团的作用，对进入法院的大学生援助者进行适当的引导和培训，让他们在导诉服务或其他适宜岗位发挥应有作用，引导他们将来的职业发展，为法院培育好后备力量。

（四）社团自主开展多媒体运营，创新援助模式

在数字时代的今天，人们获取信息的途径广泛而多样。传统的纸媒和电媒影响十分有限，越来越多的人能够轻易通过网络获取有效信息，大数据可以通过算法设置，为有法律需求的人精确推送所需服务。因此高校大学生在深练内功的同时，应深入调研各类社交软件的用户主体，通过不同形式的多个新媒体运营，精准有效连接不同年龄层次和教育程度不一的受援人员，扩展援助范围。网络即可克服距离的限制，通过媒体软件进行简单法律问题的沟通，为需要线下见面的当事人提前做好准备，将大学生法律援助服务扩展到学校所在地以外的地域，充分实现校际之间的交流效果。

四 结语

当前我国高校大学生的法律援助仍处于发展阶段，尚存诸多问题亟待解决。大学生跨出校门认识社会、以法律援助的方式服务社会，需要学校各方面的大力支持，需要相关法院的适当引导，更需要社会的肯定。大学生法律援助志愿者的身份问题，还需立法的明确，为他们参与社会法律服

务提供畅通路径。与此同时，大学生也应当立足国情民情，注重理论学习与实务的结合，提升个人能力，为参加法律援助和一切法律实务工作做好准备，推动高校大学生法律援助向更完善、更实际的方向发展，也使自己成长为德法兼修的复合型法律人才。

Research on the Development of College Students Legal Aid

Li Yaping　Li Ziying

Abstract: Legal aid aims to provide legal assistance to the weak in society who are unable to protect their rights through legal remedies in the general sense due to economic difficulties or other factors. As an important and unique force, college students' legal aid plays an important role in promoting the construction of social integration under the rule of law in China. However, as a unique participant, college students' assistance ability, daily activities of aid associations, and other constraints hinder their development. This article intends to promote the continuous progress of college students legal aid by analyzing the value of college students legal aid, summarizing its basic development models, revealing common problems, and providing development suggestions.

Keywords: college students; legal aid; volunteer

大学生劳动素养状况及培育路径研究*

崔　健　孟　鸿**

摘　要：在“五育并举”的新时代教育方针下，劳动素养是衡量学生全面发展的重要内容之一。从劳动观念、劳动品质、劳动能力和劳动习惯四方面构建大学生劳动素养框架。对西安市6所高校大学生开展问卷调查，了解大学生目前的劳动素养状况。提出大学生劳动素养的培育途径，包括重视引导学生树立新时代劳动价值观，着重塑造学生实干创新的劳动品质，设置有特色的劳动课程体系，培育浓厚的劳动教育文化氛围。更好地发挥劳动教育的综合育人价值，促进大学生劳动素养的提升。

关键词：劳动教育；大学生劳动素养

从2018年召开的全国教育大会到2022年召开的党的二十大，国家提出并一再强调“培养德智体美劳全面发展的社会主义建设者和接班人”，“五育并举”成为新时代的教育方针。长期被弱化、淡化的劳动教育重新纳入教育体系之中，在新时代的综合育人价值不断被强化。劳动素养成为培养“全面发展的人”的重要内容之一。基于此，培育大学生劳动素养成为高校劳动教育的目标和指向，大学生劳动素养状况也反映了高校的劳动教育水平。

自习近平总书记在全国教育大会上提出，要努力构建德智体美劳全面

---

* 基金项目：西北政法大学2021年教育教学改革研究项目“新时代劳动教育融入高校思政课的教学与实践研究”（项目编号：XJYB202110）、2021年度陕西本科和高等继续教育教学改革研究项目“依托学科竞赛构建‘以学为中心’创新人才培养模式的研究与实践”（项目编号：21BZ052）和陕西省高等教育学会2021年高等教育科学研究项目“人力资源管理省级一流本科专业人才培养体系的理论探索与实践”（项目编号：XGH21156）。

** 崔健：西北政法大学管理学院副教授，硕士生导师，主要研究方向：人力资源管理与高等教育管理。孟鸿：西北政法大学副教授，硕士生导师，主要研究方向：思想政治教育。

培养的教育体系，形成更高水平的人才培养体系，[①] 高校劳动教育研究逐渐成为热点研究领域，劳动教育研究成果也非常丰富。但是关注当代大学生劳动素养的调查研究只有零星的几篇文献，如王正青等（2021）对重庆大学生劳动素养水平进行实践评估。[②] 张拥军等（2020）调查分析了湖北省高校大学生的劳动教育现状及认知。[③] 周君佐等（2022）围绕粤港澳大湾区高校的劳动教育现状开展调查。[④] 这些研究都反映了当地大学生的劳动素养状况，但也显示西部高校在大学生劳动素养研究方面的缺失。为此，本文对西安地区高校开展大学生劳动素养进行调查，以增进对西部地区大学生劳动素养状况的了解，探讨提高西部大学生劳动素养的培育路径，更好地发挥劳动教育综合育人价值。

一　劳动素养概念与大学生劳动素养框架

劳动教育的研究热潮带动了对劳动素养的深入探讨。檀传宝（2019）从素养的基本概念出发辨析了劳动素养概念。他认为劳动素养指经过生活和教育活动形成的与劳动有关的人的素养，包括劳动的价值观（态度）、劳动的知识与能力等维度。[⑤] 龚春燕等人（2020）认为劳动教育的核心是提升劳动素养。劳动素养是学生想劳动、会劳动、爱劳动的品格和价值观。[⑥] 顾建军（2020）认为基于劳动素养取向的劳动教育是一种整体教育。劳动素养是学生通过多方面的劳动教育而逐步形成的劳动精神面

① 《坚持中国特色社会主义教育发展道路 培养德智体美劳全面发展的社会主义建设者和接班人》，《人民日报》2018 年 9 月 11 日。

② 王正青、刘涛等：《新时代大学生劳动素养测评模型构建与测度研究》，《现代教育管理》2021 年第 6 期。

③ 张拥军、李剑、徐润成：《新时代大学生劳动教育现状及认知影响因素研究——基于湖北省部分高校大学生的实证分析》，《思想教育研究》2020 年第 6 期。

④ 周君佐、李镓、咸春龙：《大学生劳动教育的现状分析与对策建议——基于粤港澳大湾区 6 所高校的调查》，《高教探索》2022 年第 1 期。

⑤ 檀传宝：《劳动教育的概念理解——如何认识劳动教育概念的基本内涵与基本特征》，《中国教育学刊》2019 年第 2 期。

⑥ 龚春燕、魏文峰、程艳霞：《劳动素养：新时代人才必备素养》，《中小学管理》2020 年第 4 期。

貌、劳动价值取向和劳动技能水平等要素凝结而成的整体状态。[①] 王泉泉等人（2021）从核心素养视角界定劳动素养的内涵，劳动素养被认为是学生在长期劳动学习与实践过程中逐步形成的，适应个人终身发展和社会发展需要的价值观、必备品格和关键能力的综合表现。[②] 余江舟（2021）依据心理学“知、情、意、行”四个范畴，划分了劳动素养的四重维度：劳动价值观、劳动情感品质、劳动知识技能、劳动实践习惯，四个层次从内到外逐层展开。[③] 张进财、高芳芳（2021）解释了劳动素养的时代内涵。认为当今劳动素养已经超越了传统的知识和能力范畴，既要有“想劳动”的责任意识，也要有“会劳动”的技能本领，更要有“爱劳动”的品格追求。[④] 综合各位学者的表述，本文对劳动素养有如下理解：第一，劳动素养是个体接受与劳动有关的一切教育活动而形成的后天教育结果，因此劳动教育直接影响个体的劳动素养。第二，尽管学者对劳动素养的内容界定不一，但是劳动素养涵盖了关于个体对待劳动应持有的观念、品质、能力、习惯等内容。因此劳动教育要注重构建学生全面的劳动素养体系。第三，劳动素养强调要与社会时代发展相契合。因此劳动素养应与社会发展需求相匹配。

大学生作为科学技术、思想理论方面的前沿群体以及劳动力市场的潜在群体，是国家重点培养的高素质人才，注重并提升劳动素养对完善其综合素质、提高人才竞争优势、培养社会责任感乃至实现全面发展均具有重要意义。[⑤] 因此，培育大学生劳动素养有着积极的社会意义。在正确理解劳动素养概念的基础之上，有必要构建一个大学生劳动素养框架，这对培育大学生劳动素养有明确的路径指向作用。本文提出从四方面构建大学生劳动素养的内涵框架，即劳动观念、劳动品质、劳动能力和劳动习惯。其中劳动观念是内在基础，直接影响劳动者的劳动品质、劳动能力和劳动习

① 顾建军：《加快建构新时代劳动素养评价体系》，《人民教育》2020 年第 8 期。

② 王泉泉、刘霞、陈子循、王辉、刘金梦、李金文：《核心素养视域下劳动素养的内涵与结构》，《北京师范大学学报》（社会科学版）2021 年第 2 期。

③ 余江舟：《新时代劳动素养的四重维度》，《中国高等教育》2021 年第 2 期。

④ 张进财、高芳芳：《新时代劳动素养评价的价值意蕴与实践路径》，《思想理论教育导刊》2021 年第 10 期。

⑤ 王正青、刘涛等：《新时代大学生劳动素养测评模型构建与测度研究》，《现代教育管理》2021 年第 6 期。

惯，而劳动品质、劳动能力和劳动习惯则是劳动者内在劳动观念的外在表现。

（一）劳动观念：新时代劳动价值观

劳动观念是对劳动、劳动者、劳动过程、劳动关系等的基本看法，是劳动素养中的认知基础。[①] 劳动创造财富，劳动推动技术变革、劳动促进经济发展、劳动促进社会文明、劳动使人类进步。树立起劳动价值观，才能确立对劳动的根本认识，才能促进个体养成正确的劳动能力、劳动品质和劳动习惯。习总书记提出“劳动最光荣、劳动最崇高、劳动最伟大、劳动最美丽”的劳动价值观，对劳动的本质做了最深刻的解读。当代大学生应当以新时代劳动价值观指导目前的大学学习与生活，并对未来的就业做出正确的价值判断。

（二）劳动品质：实干创新

劳动品质体现个体在劳动过程中的投入程度和展现出的劳动特性。今天的大学生肩负着“实现中华民族伟大复兴中国梦”的历史重任，又身处数字经济时代。历史任务艰巨，社会日新月异，因而大学生一方面应当积极响应习总书记提倡的“辛勤劳动、诚实劳动和创造性劳动”的劳动态度，另一方面充分认识新时代劳动的特点，工作数字化、智能化、网络化，对人的创造性劳动要求更高，大学生要重视培养自身创新求变的时代精神。具备实干创新劳动品质的大学生，才能经得住新时代事业开拓的各种艰辛困苦，立足于科技时代发展的浪潮之中，为社会提供有创新性价值的劳动。

（三）劳动能力：理实并重

劳动能力是完成劳动任务所需的各种知识、技能和经验的综合。大学生是未来社会的劳动中坚力量，是高素质劳动者群体的代表。因而大学生不仅要掌握自身专业的知识体系，还应掌握其他劳动知识，包括劳动教育学、劳动经济学、劳动法以及劳动关系等知识。让大学生懂得劳动与人生、劳动力价格与市场、劳动法律与权益、和谐劳动关系，成为知识复合

---

① 顾建军：《建构素养导向的劳动教育体系》，《教育发展研究》2020 年第 24 期。

型的劳动者。同时，要注重劳动实践活动对劳动知识的促进和转化作用，在劳动实践中提升自身的劳动能力。

（四）劳动习惯：积极参与

劳动习惯是个体在劳动过程中表现出的有倾向性的行为方式。劳动教育强调体力付出和手脑并用，强化实践体验。因而积极参与各种劳动是养成劳动习惯的唯一途径。无论是日常生活劳动、生产性劳动和服务性劳动，还是大学丰富多样的知识竞赛活动或社团活动，通过积极参与能够让学生身体经受考验，意志得到磨炼，思维得以发展，做事提升效率，在积极参与中，人生规划更清晰，奋斗的动力更强劲。

二　问卷调查设计与样本情况

（一）问卷调查设计

基于构建的大学生劳动素养框架，本文编制相应的调查问卷了解西安地区大学生劳动素养。问卷分为两个部分：一部分是调查对象的背景信息。通过性别、户籍、独生子女情况、学生所在年级和专业性质 5 个问题了解参与调查大学生的基本情况，目的是让调查结果具有普遍意义。另一部分则是与调查主题相关的问题。劳动观念通过大学生对实施劳动教育的基本看法以及是否了解新时代劳动价值观进行评估；劳动品质通过了解大学生对劳动态度以及在不同类型劳动上的投入程度进行评估；劳动能力通过了解大学生的劳动教育理论和实践水平方面进行评估；劳动习惯从大学生参与劳动教育的自愿程度进行评估。

（二）调查样本情况

此次调查问卷发放对象主要面向西安市属地高校的大学生，涉及的大学包括 1 所 985 大学，1 所 211 大学、4 所省内一本大学。参与调查的大学生全部为一到四年级的普通全日制本科生，学生专业涉及管理学、法学等人文社科类以及计算机等理工农医类。本次调查采用“问卷星”在线问卷调查平台发放问卷 216 份，剔除答题时间少于 1 分钟的问卷，最终回收有效问卷 204 份，问卷有效率 94. 4%。调查问卷样本的描述性统计分析结果如表 1 所示，调查问卷的样本数量和样本分布情况比较合理，因此调查结果能够反映大学生目前的劳动素养水平。

表 1　　样本分布情况

变量	属性	频数	百分比（%）
性别	男	65	31.86
	女	139	68.14
户籍	城镇	67	32.84
	乡村	137	67.16
是否独生子女	是	65	31.86
	否	139	68.14
年级	大一	47	23.04
	大二	63	30.88
	大三	52	25.49
	大四	42	20.59
专业	人文社科类	174	55.29
	理工农医类	30	44.71

三　大学生劳动素养调查结果分析

（一）新时代劳动价值观不够清晰

劳动教育是形成新时代全面育人体系的重要内容，因而开展劳动教育的重要性不言而喻。这通过调查大学生对劳动教育的持有态度和掌握新时代劳动价值观情况来反映他们的劳动观念。调查结果显示，西安市大学生对接受劳动教育持肯定态度，却不十分了解新时代劳动价值观的内容。数据显示，大学生对高校开展劳动教育，持有“非常赞同”和“比较赞同”的观点合计达 92.59%（见表 2），说明大学生认为劳动教育是有必要的，也愿意积极响应劳动教育。但在问及“你是否了解新时代劳动价值观的具体内容?”，即习近平总书记提出“要树立劳动最光荣、劳动最崇高、劳动最伟大、劳动最美丽”的新时代劳动价值观。调查结果显示只有 37.04%的大学生能够说出新时代劳动价值观的具体内容，而 62.96%的大学生说不上来（见表3）。说明绝大部分大学生不了解新时代劳动价值观的基本内涵。

表2　大学生对高校开展劳动教育的态度

您对大学开展劳动教育是否支持？	
A. 非常赞同	38.73%
B. 比较赞同	53.43%
C. 无所谓	7.84%
D. 比较反对	0%
E. 非常反对	0%

表3　大学生对新时代劳动价值观的认知

您是否了解新时代劳动价值观的内涵？	
A. 了解	B. 不了解
37.04%	62.96%

（二）认同劳动教育的重点在于培养劳动品质，但对创新性劳动投入不足

劳动者具备的劳动品质直接影响劳动者的劳动质量。通过调查大学生对高校劳动教育的侧重点和目前大学生投入的劳动实践活动类型可以了解大学生的劳动品质。在被问及“你认为大学劳动教育应侧重于哪方面？”的问题，选项“具备辛勤、诚实和创造性的劳动品质”占比75.98%，远远高于其他几个选项（见表4）。从调查数据呈现的较大差异性来看，大学生认为培养劳动品质远比构建劳动知识、锻炼劳动技能、提供劳动实践机会和创造劳动氛围要重要，反映大学生认为劳动教育的价值重在立德的观点。但从大学生投入不同劳动实践的活动类型来看，个人事务劳动或家务劳动投入时间的占比最高（67.65%），其次是校内外公益活动（55.39%），而创新性劳动（如创新创业竞赛或社会实践调查等）投入时间的占比最低（32.84%）（见表5）。反映出大学生的劳动实践还处于低级阶段，在创新性劳动方面投入不足，大学生劳动素养有待提高。

表 4 大学生认为高校劳动教育的侧重点

您认为大学劳动教育应侧重于哪方面?	
A. 具备辛勤、诚实和创造性的劳动品质	75.98%
B. 构建完善的劳动知识体系	40.69%
C. 锻炼专业性的劳动技能	34.8%
D. 提供丰富的劳动实践机会	38.73%
E. 创造浓厚的校园劳动氛围	11.27%

表 5 大学生投入的劳动实践活动类型

您在大学期间投入时间较多的劳动实践类型是?	
A. 社会生产性劳动	33.33%
B. 个人事务劳动或家务劳动	67.65%
C. 校内外公益性劳动	55.39%
D. 个人勤工俭学劳动	38.73%
E. 创新性劳动（如创新创业竞赛或社会实践调查等）	32.84%

（三）劳动教育开展不平衡，劳动胜任能力有待提高

人人都是劳动者，人人都要懂劳动。高校劳动教育提供系统化的劳动教育课程能够完善劳动者的知识结构，提供必要的劳动实践活动可以增长劳动者的经验，磨炼劳动者的意志品质，两方面共同提升综合劳动能力。通过调查“你所在高校目前实施劳动教育的情况?”的问题反向了解大学生是否从高校劳动教育中获得到足够的劳动知识理论教育和劳动实践教育。调查结果数据从整体上表明各个高校普遍实施劳动教育，但是选项“劳动教育主要落实在思政课堂中”(56.37%) 和有相应的劳动教育学分要求（56.37%）占比高于选项“开设系统的劳动教育课程”（38.43%）和“提供多种多样的劳动实践活动”(32.79%)。说明目前劳动教育逐渐纳入高校人才培养体系，但是侧重于将劳动教育与思政教育相结合，突出劳动教育的德育功能，而有助于提升大学生劳动胜任能力的劳动理论教育与劳动实践教育相对弱化。(见表 6)

表 6　　高校实施的劳动教育情况

你所在高校目前实施劳动教育的情况？	
A. 劳动教育落实在思政课堂中	56. 37%
B. 开设有系统的劳动教育课程	37. 25%
C. 有相应的劳动教育教材	32. 84%
D. 有相应的学分要求	56. 37%
E. 主要是提供劳动实践活动	43. 63%
F. 不太清楚	5. 39%

(四) 对劳动实践活动有参与意愿，但参与行为并不积极

劳动教育强调学生要亲历劳动过程，达到树德、增智、强体、育美的综合育人效果。但是如今的大学生学业繁忙，校内外各类信息及活动令学生应接不暇。互联网的消费时代，许多大学生在业余时间里痴迷网络游戏等各种网络娱乐活动。大学生对有组织的劳动实践活动并不积极主动参与，这从“你愿意积极参与有组织的劳动实践活动吗?”的调查问题可以得出结果。绝大部分学生（90. 19%）有参与意愿，但其中选择“很愿意，觉得很有意义”（35. 29%）的学生人数远低于选择“愿意，有空闲就参加”（54. 9%）的学生人数，选择“一般，强制要求就参加”（7. 84%），“不是很愿意（1. 47%）以及非常不愿意（0. 49%）”的占比较低。整体说明大学生具有参与劳动实践活动的意愿，但是并不是自己一定要争取的活动，受个人时间安排的影响较大，这也说明大学生参与劳动实践活动的积极性不是很高，良好的劳动习惯还未建立起来。(见表 7)

表 7　　大学生对劳动实践活动的参与意愿与行为

您愿意积极参与有组织的劳动实践活动吗？	
A. 很愿意，觉得很有意义	35. 29%
B. 愿意，有空闲就参加	54. 9%
C. 一般，强制要求就参加	7. 84%
D. 不是很愿意，觉得意义不大	1. 47%
E. 非常不愿意，觉得是在浪费时间	0. 49%

四 大学生劳动素养的培育路径

（一）重视引导树立新时代劳动价值观

大学生既远离家庭的教育和监督，又未完全进入社会接受用工管理，大学校园成为大学生学习生活的现实空间。大学生在这一阶段又处于个体价值观形成的最后时期，因此高校在大学生劳动教育中承担主体责任，发挥重要的引导作用。一是高校要重视劳动教育的地位，把劳动教育同思政教育、专业教育、健康教育、美育教育放在同等重要的位置，用五育融合的视角构建高校全面发展的育人体系。二是高校要在树立大学生新时代劳动价值观的过程中积极行动起来。大学生进入大学时本身的价值观带有家庭教育、地域观念和社会风气的影响，个人价值观参差不齐，对劳动价值的认识程度不一。高校应站在“培养全面发展的人”的高度上开展各种劳动教育，从教学、生活等各类活动中发挥劳动教育的综合育人功能，修正大学生个体既有的劳动价值观，耳濡目染地形成新时代的劳动价值观。

（二）着重塑造“实干”和“创新”的劳动品质

实践出真知，创新求发展。劳动教育强调实践育人，劳动者必须脚踏实地深入其中，在“实干”中获得成长。袁隆平院士说：“我培养学生，第一要求就是要下试验田。”④在实验田中接受骄阳的炙烤，在田间地头日复一日的劳作，才能在农业应用科学研究上有所收获。这是对实干精神的最好解读。数字经济、人工智能引领下的新时代更强调劳动者用创新性思维思考问题，提供创造性的劳动成果，才能促进社会发展和经济繁荣。因而高校对大学生重在塑造“实干”和“创新”的劳动品质。一方面高校在为大学生提供多样化的劳动教育活动时，要在劳动时间和劳动强度上有明确的要求，让学生在身体上和精神上充分付出，获得实实在在的劳动体验，培养勤勉、诚实的劳动态度。另一方面积极鼓励学生参与各类实践实训活动，他们在实践实训时会不自觉地把理论知识与实际情形相对照，对信息重新整合的能力增强。频繁的实践实训活动激发了学生思考问题的活跃程度，形成多角度的研究视角，创新思维得到发展，有利于培养大学生的创造性劳动态度。

（三）设置有特色的劳动课程体系，提高劳动胜任能力

劳动教育既是知识的教育，也是实践的教育。合理设置高校劳动教学课程体系，选择适合教学的各类劳动理论知识和实践课程，既有利于大学组织实施劳动教育，也有利于大学生劳动能力的提高。根据人力资源管理胜任力理论，胜任力包括知识与技能、社会角色、自我形象、个人特质和社会动机等因素。知识技能可以通过学习与培训来获得，而社会角色、自我形象、个人特质和社会动机等个性品质必须通过实践性活动来获得。所以高校劳动教学课程体系一方面需要构建完备的劳动教育知识理论体系，如开设劳动教育学、劳动经济学、劳动法、劳动关系学等选修课程，让每个学生具备“专业知识+劳动科学知识”的复合知识体系；另一方面加强劳动实践实训体系建设。劳动教育是教育形式的变革与转变，高校通过开展生产、公益、创新、竞赛等各种劳动实践形式，让大学生在劳动实践中认识自己、定位自己，从而明确自身的社会角色、自我形象、个人特质和内驱力程度，有针对性地改进自身，提升自我的劳动胜任力。

（四）培育浓厚的劳动教育文化氛围，养成良好的劳动习惯

劳动习惯的形成非在旦夕之间，也无法通过说教来培养，但却能在浓厚的劳动氛围中经过长期浸润而自发地形成。因此高校要培植浓厚的校园劳动教育文化，养成大学生积极主动参与各项劳动活动的习惯。首先要重视发挥劳动模范对大学生劳动教育的引领作用。高校要积极与各地工会联系，在高校建立劳动教育基地，让劳动模范走进校园担任劳动教育兼职导师，或开展劳动模范系列讲座，让大学生近距离接触最美劳动者，领悟劳模精神、劳动精神、工匠精神，感受劳动之美，从大学生内心深处种下养成劳动习惯的种子。其次高校要积极宣传报道师生们的实训实践活动。这些实训实践活动与大学生的学业有千丝万缕的联系，对实训实践活动进行深入的宣传报道可以让大学生了解实训实践活动的准备、开展及其结果，了解参与者从活动中获得的收获和成长，让大学生克服畏难情绪和懒惰思想，形成积极参与实训实践活动的行为习惯。再有高校后勤部门每年可以组织大学生开展有意义的劳动竞赛，比如校园除草大赛、宿舍楼清理大

赛、食堂帮厨大赛等生产生活性的活动，这些事务平时都是后勤人员为学生提供服务，大学生通过劳动竞赛来参与这些日常享受的劳动服务，从中学会尊重普通劳动者，学会珍惜他人劳动成果，促进生产生活劳动习惯的养成。

A Research on College Students' Labor Literacy and It's Cultivation Path

Cui Jian Meng Hong

Abstract: Under the educational policy of "fiveeducation simultaneously", labor literacy is also one of the important contents to measure students' overall development of students. The framework of college students' labor literacy is constructed from four aspects: labor concept, labor quality, labor ability and labor habit. A questionnaire survey was carried out in six colleges and universities in Xi'an to understand the status of college student's labor literacy. It is found that the current labor education in colleges and universities has the following problems: the overall promotion of labor education in colleges and universities is insufficient, labor education has not formed prominent teaching effect, emphasis on moral education over ability training, neglect to carry out typical education activities. It puts forward that colleges and universities should attach importance to the main responsibility of labor education, strengthen the effect of labor education, improve the curriculum of labor education, and carry out typical labor education activities to promote the level of labor literacy of college students in all aspects.

Keywords: labor education; university students labor literacy

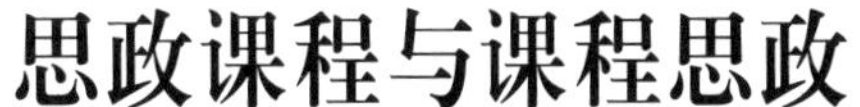

思政课程与课程思政

课程思政视域下高校课程质量提升研究与实践*

方丽娟　张荣刚**

摘　要：课程思政是高等教育高质量发展和社会对人才培养需求的必然产物。课程思政作为一种教育理念，对课程关键因素产生较大影响，直接决定课程的质量。从课程思政视域审视并改革课程，对课程进行改进，是课程质量提升的有效途径。基于课程思政实现课程质量提升面临的挑战，可从理念和认知、课程关键因素、课程思政教师等方面对课程进行改革优化。基于此，《电子商务安全管理》课程以课程思政为抓手，以课程关键因素改进为主要路径进行改革实践，从而促进课程质量的持续提升。

关键词：课程思政；人才培养；课程质量；提升；电子商务安全管理

提高人才培养质量是高校课程思政建设的出发点。2020年教育部发布的《高等学校课程思政建设指导纲要》（以下简称《纲要》），进一步明晰了课程思政的建设要求和路径遵循，开启了全面推进高校课程思政建设、全面提高人才培养质量的新格局。[①] 关于课程思政，学界从不同视角展开了一系列理论和实证研究。理论研究主要集中在课程思政内涵与本质、课程思政的功能与价值、课程思政的内容、课程思政的路径与方法等方面。实证研究主要在教学设计、教学模式、测评指标与体系等方面展开。课程思政实践方面的研究与改革主要以具体课程或学科为载体对课程

* 基金项目：西北政法大学2022年教学改革研究项目“基于课程思政的《电子商务安全管理》课程质量提升研究与实践”（项目编号：XJYB202236）；陕西省科学技术厅项目“乡村振兴背景下健全陕西农村电商‘全域生态’体系构建与优化路径研究”（项目编号：2022KRM176）。

** 方丽娟：西北政法大学商学院讲师，主要研究方向：数据治理、数字经济安全。张荣刚：西北政法大学教授，副校长，博士，主要研究方向：风险与危机管理，网络经济。

① 洪早清、袁声莉：《基于课程思政建设的高校课程改革取向与教学质量提升》，《高校教育管理》2022年第1期。

思政的实践问题和对策进行探讨。部分研究聚焦在课程思政与教学质量方面，但这类研究数量不多，相关研究存在明显不足。通过对课程思政重新审视后，我们认为，思政之本在课程，思政的归宿是教学质量和人才培养质量，只有将课程思政进一步纳入课程的整体框架并融入完整的课程教学体系，课程思政才能有效促进课程教学质量实质性提升。

一 课程思政是提升高校课程质量的内在与现实需求

（一）内在需求

我国高等教育已取得规模上的突破，但同时也暴露出高等教育发展同质化、教学质量和人才培养能力等方面的问题。有些学者关注到教育面临的对人的认识的缺失，对人的教化、对生命的关怀和精神构建缺失等深层次的问题。课程是教书育人的基本单元，是人才培养的核心，是影响学生发展最直接的因素。无论是知识还是价值都要以课程为单位进行传递，都要以课堂为阵地进行传播。[①] 因此，课程质量直接决定着人才培养的质量。课程思政是国家对教育的反思，是对教育价值的重新审视和回归。课程思政将价值观引导融入知识传授与能力培养中，是人文价值和现实价值的体现和融合，是对怎样培养人的教育革新和内在追求。

（二）现实需求

教育是国之大计、党之大计。目前世界正处于百年未有之大变局的调整期，我国正处于“两个一百年”奋斗目标的历史交汇期，国内外环境复杂多变，民族复兴与国家崛起对高等教育提出更加迫切的需求。《中共中央关于制定国民经济和社会发展第十四个五年规划和二〇三五年远景目标的建议》确立了到2035年建成教育强国的奋斗目标，提出建设高质量教育体系的战略任务。要求全面贯彻党的教育方针，坚持立德树人，加强

① 奚丽萍、柳俊丰：《课程思政问题向度的澄明与思辨》，《教育教学论坛》2022年第6期。

师德师风建设，培养德智体美劳全面发展的社会主义建设者和接班人。[①] 高等教育只有实现从规模发展向内涵发展转变，才能更好地为国家经济发展培养优秀人才。高等教育育人为本，深化改革，课程为要。课程思政是一种教育理念，为课程质量提升提供新的思路。通过课程这个载体，在教学过程中增强青年一代的政治、制度和文化认同，有机融入国家意志、社会主义核心价值观、法治道德、人格养成等。这恰恰体现了教育的社会价值，使教育回到教育本身，回到面对人的现实中。

二　课程思政驱动高校课程质量关键因素提升

课程思政是一种新教育教学改革理念，直接影响课程改革的方向。课程目标、课程内容、教学方法、课程资源、课程教师和课程考核等关键因素中能否真正贯穿课程思政理念，决定了课程质量提升的成效。

（一）课程思政促使课程目标更加合理

课程目标是课程要实现的目标和意图，它是课程价值的体现，反映课程的定位，对课程其他环节具有重要的导向作用。课程目标包括一般目标和具体目标，是课程教学设计的基本依据，是确定课程内容、教学方法、考核方式等的基础，对学生知识、能力、人格等提出全面的要求。[②] 课程目标是否合理是课程其他要素能否满足人才培养需求的前提。《纲要》指出，落实立德树人根本任务，必须将价值塑造、知识传授和能力培养三者融为一体、不可割裂。因此，课程目标的设定必须涵盖思政目标，否则难以达成育人与育才的统一，导致专业教育与思政教育“两张皮”，影响立德树人根本任务的实现。

（二）课程思政推动课程内容创新

课程内容是实现课程目标的载体，是学生认知建构和能力发展的基

① 新华网：《中共中央关于制定国民经济和社会发展第十四个五年规划和二〇三五年远景目标的建议》，http：//www. gov. cn/zhengce/2020 - 11/03/content _5556991. htm，2020 年 11 月 3 日。

② 郑秀英、苏海佳、孙亮：《基于核心要素的高校课程质量持续提升机制探索》，《中国大学教学》2021 年第 8 期。

础，不仅包括专业知识和技能，还包括思想和观点、行为和习惯等。课程内容应是时代化、中国化和国际化的综合。其中中国化是指课程建设内容要紧紧围绕坚定学生理想信念，以爱党、爱国、爱社会主义、爱人民、爱集体为主线，围绕政治认同、家国情怀、文化素养、宪法法治意识、道德修养等重点优化课程思政内容供给，系统进行中国特色社会主义和中国梦教育、社会主义核心价值观教育、法治教育、劳动教育、心理健康教育、中华优秀传统文化教育。[①] 但是课程思政内容供给不是在专业知识上简单嫁接思政元素，而是围绕课程目标将专业知识体系中蕴含的、内生的显性思政元素与隐性思政元素进行解析，对知识性与教育性内容进行精准取舍，实现两者的连接与重构，形成系统性、逻辑性的新的内容体系。基于课程思政推动课程内容创新，产生优质课程内容，这彰显了更高的课程质量观。

（三）课程思政贵在教学得法

教学方法是教学过程中师生为达到课程教学目标所采用的具体方法和行为方式的总称。教学方法以课程教学目标为导向体现出特定的教育教学价值观念，并受到课程教学内容和教学组织形式的制约。教学方法是教法与学法的统一，涉及技术媒体、教学模式及具体方法。互联网、大数据等信息技术使知识传输方式和获取途径发生巨大变化，知识更新周期缩短，教与学必须适应这些变化。课程思政在微观层面是一种教学方法论，是实现育人育才的方法、过程和活动。教学有法，但无定法，贵在得法，教师在思政教学准备中要根据不同的目标与内容，选择适宜的教学方法。[②] 在了解学生的基础上“以学定教”，在运用讲授、案例研讨、情景模拟、课堂辩论、项目驱动、问题探究等教学方法中充分融合信息技术，创新教与学的模式，加强师生互动、生生互动，实现课程教学质量提质增效。

（四）课程思政加快课程资源更新升级

教学资源是为有效开展教学，开发和建设的各种材料和条件，如教

---

① 中华人民共和国教育部、教育部关于印发《高等学校课程思政建设指导纲要》的通知。

② 蒲清平、何丽玲：《新时代高校课程思政教学提质增效的实践路径》，《思想教育研究》2022 年第 1 期。

材、课件、微课、案例、习题等教学资料和教学软件等支持系统。信息技术与教育的深度融合演变出线下课程、线上（MOOC）课程、线上线下混合式课程等多种课程形态。课程思政促使不同形态的课程重新定位课程目标、创新课程内容与教学方法，这必然要求课程资源与之同步更新升级。建设高质量的课程思政资源是高质量课程的基本保障。

（五）课程思政要求教育者必先受教育

教师是课程的建设者、实施者，是课程质量的第一责任人。课程的育人成效，在一定程度上受限于教师个人的能力和素养。教师是否具有强烈的育人自觉意识，是决定育人成效的前提和基础。高校 80%的教师是专业教师，80% 的课程是专业课程，学生 80%的学习时间用于专业学习。[①] 因此，提高专业课教师的思政意识和能力是促进课程质量提升的关键。

（六）课程思政促进课程考核科学化

课程考核是依据一定标准，通过科学方法来评价课程目标、学习效果等是否实现以及实现的程度，并依据考核反馈对课程进行改进和优化。课程考核至少应提供形成性评价、总结性评价，以及教学改进依据。然而，思政考核的信度和效度受很多因素的影响，如考核内容、考核方式、考核指标等，这些因素相互关联、相互影响。对于学生价值观、思想道德等较难量化考核的内容，应从系统的角度确定和分析这些因素，建立科学评价体系，以免陷入质量提升的误区。

三　基于课程思政提升课程质量面临的挑战

长期以来，高校专业教育普遍存在思想价值引领功能普遍缺失，各类课程之间协同育人合力不强，思想政治工作闭环难以形成，育人实效不足。[②] 受课程自身和外部环境的影响，基于课程思政提升课程质量面临较

---

① 邓辉：《高校课程思政建设全面推进》，《光明日报》2020 年 6 月 6 日。

② 童卫丰、杨建义：《从三重维度厘清“课程思政”的教育逻辑》，《江苏高教》2022 年第 1 期。

大挑战。

（一）课程思政偏差阻碍课程质量提升

1. 课程理念偏离

课程理念偏离，课程实践必然偏轨。实践中存在几种认知偏离，第一种认为思政主要是思政课的职责，专业课主要任务是传授专业知识、培养专业能力。这种认知是将教书和育人功能割裂开来。第二种是将课程思政看作行政命令或行政任务，未将其作为教育理念认识其内在的价值。第三种虽认同课程思政是教育理念，但未将其内在价值与高等教育内在价值需求建立关联。这些偏离的存在导致基于课程思政提升课程质量的效果大打折扣。

2. 课程内容偏向

课程内容偏向一方面是指未能及时将前沿科研成果和行业最新发展反映到课程内容中，使课程内容存在一定的滞后。另一方面是指课程思政元素的挖掘与融入，既存在单一化偏向，又存在杂乱化偏向。单一化偏向是指课程思政内容挖掘主要局限于政治教育，忽视了思想指引、价值观引领、精神塑造和伦理道德等方面的内容。杂乱化偏向是指课程思政元素过于宽泛，内容关联性不强，在融入时只是思政元素的简单堆砌，缺乏系统性，无法与课程自身逻辑相契合。课程内容偏向导致课程内容看似“创新”了，但内容供给质量却不达标。

3. 教学方式偏硬

长期以来，我国高等教育在教学中偏重教师的“教”，忽视学生的“学”，教学过程以单向灌输为主，教学方法单一生硬，缺乏互动，对于价值观、精神塑造和道德培养等内容不但不容易引起学生共鸣，反而招致学生的反感。青年一代是互联网原住民，部分教师未能准确把握其特点和需求，在线下课堂、线上课堂、线上线下混合课堂中未能恰当有效使用信息技术手段激发学生学习兴趣，引发教学互动，从而使媒体技术难以促进学生作为“整体的人”的发展。

4. 课程评价偏简

客观有效的课程评价有助于改进课程教学。目前对于课程思政教学评价还处于探索阶段，在实践中对课程思政教学评价总体偏简。一方面表现为评价对象偏简。教师和学生是课程教学的主体，是课程教学的主要评价对象。目前课程思政教学评价比较重视对学生“学”的评价，轻视对教师“教”的评价。另一方面表现为评价指标偏简。目前课程思政评价指标比较注重结果性评价而非过程性评价，从而导致重结果轻过程的评价导向。

5. 课程资源偏弱

以“学生为中心”的课程理念及新课程形态对课程资源提出更高要求，教材、课件、课程大纲等传统课程资源已不能满足线下课程的教学，更无法支持线上课程和线上线下混合式课程的教学。多元化、立体化的课程资源不足，能达到一流课程建设要求的资源更加缺乏。

（二）数字化生存给课程质量提升带来新挑战

人类迈入数字化时代，高等教育也必然被烙上数字化的烙印。数字化给课程质量提升带来机遇也带来挑战。

1. 教学面对的是更为“复杂”的学生

数字化使信息产生和传播变得更加容易，各种开放性网络平台为不良思想的滋生和传播提供了温床。青年一代在不同的网络平台中穿梭，获得的信息鱼龙混杂，低俗、虚假信息极易影响他们的价值观念和道德情操，一些西方社会思潮会有目的的侵蚀和蛊惑大学生的思想。另外，网络平台信息传播在算法的支配下进行分发，算法可以根据个人兴趣爱好向受众推送信息，不同受众可能看到不同的信息，最终产生千人千面的效果。信息获取千人千面，而每个人看到的信息又符合其价值观和兴趣爱好。久而久之，用户都沉浸在为自己量身定制的“信息茧房”里，社会共识的达成更为艰难。[①] 因此课程思政面临的是更难说服的受众，如何在各种信息圈子和群组的思想层面产生说服效果是个不小的挑战。

2. 要求教师拥有更高的信息素养

数字化使传统的教师权威受到挑战，教师不仅要加快自身知识更新，提升自身科研水平和教学能力，同时要提升自身的信息素养。教师需要及时学习掌握先进的信息技术手段，以适应新形态课程的教学。特别是在进行课程思政教学设计时，教师能根据学生的新特点、新需求灵活应用，提

---

① 张香萍：《数字化生存下高校课程思政的挑战与应对》，《湖北师范大学学报》（哲学社会科学版）2022 年第 3 期。

高育人效果。

3. “对空言说”的教学时空缺乏亲密感

数字化催生了多种数字教学媒体和教学手段，为课程思政教学的呈现和互动提供更多途径。但为迎合学生过度追求教学方式方法的多样性，这种喧宾夺主式的应用，只能落入技术至上的窠臼，从而损害教学。另外，借助数字媒体进行的互动能否真正达到情感传递的效果还有待商榷。“在过去，交流的成功是一门‘跨越鸿沟去触摸’的艺术，是为了克服中介性的身体去触摸另一个人的灵魂的话；那么到了电子媒介时代，同样作为一门艺术，交流的成功就变成了跨越中介性的灵魂去触摸另一个人的身体。”① 如果缺少了真实的时空语境，师生交流则可能成为“对空言说”。从事数字时代人际关系研究的拜厄姆教授指出：“人们在不同媒体上会有截然不同的体验，但却没有一种媒体能提供面对面交流中的亲密感和联系感。”②

四 以课程思政为抓手提升课程质量的路径选择

（一）转变理念与认知

课程思政是教育观、课程观、教学观的时代演进，是在宏观、中观和微观三个层面对教育本质的认识，并在实践中演进更迭。课程思政产生于社会主义新时代的宏大背景，正值“十四五”历史时期，使教育观、课程观、教学观的内涵更加丰富。从育人观看，课程思政是育人观的转变，体现着“教书育人、管理育人、服务育人”到“三全育人”的实践。从课程观看，课程思政进一步强调“以课育人”的功能，将“育人”功能推向所有课程和所有教师，使课程思政与思政课程“同向同行”，解决“育人”合力不足的实践问题。从教学观看，教师“重教书轻育人”的教学观，学生“重专业轻思想”的成长观长期以来未能得到很好化解，课

① ［美］约翰·杜翰姆·彼得斯：《对空言说》，邓建国译，上海译文出版社2017年版，第326页。

② ［美］南希·K. 拜厄姆：《交往在云端》，董晨宇、唐悦哲译，中国人民大学出版社2020年版，第13页。

程思政恰逢其时。在教学方面，教师由“经师”向“人师”转型，从注重学生的“专才”到更加注重学生“全面发展”，提升了育人高度。[①]

（二）注重课程关键因素的优化改进

《纲要》明确指出，课程思政建设要落实到教学的各个环节。

1. 优化课程目标定位

在进行课程目标的设计时，要坚持“价值、知识和能力三位一体”的整体目标架构，结合各自专业所对应的社会领域，细化为具体的可以操作和考评的目标体系。[②] 对课程知识目标、能力目标、情感目标、态度目标、价值观目标等进行设计时不能将课程目标与思政目标简单相加，生搬硬套，而要对课程阶段目标和终极目标精确定位，运用系统思维整体设计，统一实施。

2. 加快内容更新，将思政内蕴于课程

教师是课程内容的建设者、开发者和使用者，教师应加快自身知识体系的更新，并将学科新理论、新发展、新热点等转化为课程内容。课程内容既要符合学科知识的演进逻辑，又要融入中国的历史和实践，同时要保证知识逻辑和学生认知逻辑的一致性。教师应对专业课程内容深入分析，从知识的科学性、教育性视角进行诠释，从知、情、意、行诸方面彰显课程内容的价值。[③] 另外，为避免课程思政内容低水平建设，可以有组织地探索专业课课程思政的建设方案和指导意见，为教师提供教学参考和指导。[④]

3. 融合数字技术，创新教学方式方法

后现代主义的教育主张认为：教师的任务不仅仅是传授知识，而在于转化智慧，帮助学生认识各种意识形态、权力与知识之间的关系，培养学

---

① 奚丽萍：《课程思政的问题向度与逻辑分析》，《高教学刊》2022 年第 17 期。

② 何良伟、靳玉军：《新文科背景下高校课程思政建设的实践路向》，《西华师范大学学报》（哲学社会科学版）2023 年第 1 期。

③ 赵传兵、丁梧秀：《高校专业课程思政化的认识误区与实践策略》，《高教学刊》2022 年第 10 期。

④ 孟子敏、李莉：《课程思政教学实践中的若干问题及改进路径》，《中国大学教学》2022 年第 3 期。

生的批判能力，并且鼓励教师与学生之间发展一种平等的对话关系。[①] 教师要引领学生将专业知识、基本原理转变为使命力量和深刻道理，离不开教师与学生的深度互动，离不开学生对学理和事理深切的体验。正如伽达默尔所言："在道德教育领域没有'客观知识'，有的只是各种'偏见'，因为每个人都有自己的经验与文化传统。任何权威主义、话语霸权、单纯灌输都是没有实际意义的。"[②] 因此要求淡化"师""生"角色，承认教师和学生同为主体，在真正的交流中彼此相长。借助虚实融合与跨平台支撑的智能教育环境，通过翻转课堂、对分课堂等教学方式，灵活运用案例分析、小组讨论、课堂辩论、演讲、角色扮演、情景模拟、实践调查、项目研究等教学方法激发学生学习的主动性和体验感，使学生真正做到动心、动脑、动嘴、动手。

4. 数字技术赋能课程资源建设

运用数字技术，推动立体化课程资源建设。立体化课程资源可以有效辅助线下教学，支撑线上或线上线下混合式教学。根据课程目标，按照国家一流课程建设标准建设线上及线下立体化课程资源，包括课程教学大纲、课件、微课、视频、案例库、习题库、研究论文、国家政策及法律法规等。其次，课程资源建设的重点是以新形态教材建设为突破口，建立立体化教材及数字课程。另外，教师要在教案课件的编写上下功夫，把学科新成果、行业新发展、社会新热点作为课程思政的源头活水有机地融入教案课件。

5. 完善相关评价方案与评价指标

优化评价方案，探索"教"与"学"并重的评价，在评价方案中加强思政"教"与"学"的效果评价。

第一，将教师的自评与校评相结合。教师可以通过课堂问卷调查和与学生交流等方式进行自我评价。学校可以通过学生问卷调查和量化打分及教学督导等方式对教师进行评价。评价指标设计时在原有指标的基础上增加教师思想意识、政治觉悟、思政教学设计能力及育人能力等指标。第

---

① 祝智庭、钟志贤：《现代教育技术——促进多元智能发展》，华东师范大学出版社2003年版，第117—118页。

② 任燕华：《高校德育的叙事取向与对话德育的生成》，《黑龙江高教研究》2006年第12期。

二，将学生的形成性评价与总结性评价相结合。在评价指标设计时，无论是过程性考核还是学期末的综合考核，应在专业知识和能力等教学达成度指标的基础上，根据课程特点增加价值观、思想道德修养、人文素养、科学精神、职业素养等评价指标。

（三）努力提高教师育人自觉性与教育教学能力

首先，教师必须建立为党育人，为国育才的自觉性。“要自觉做中国特色社会主义的坚定信仰者和忠实实践者，忠诚于党和人民的教育事业，自觉把党的教育方针贯彻到教学管理工作全过程，严肃认真对待自己的职责”。① 同时在教学中贯彻教书育人相统一的原则。帮助学生提升知识和技能的同时，培养学生自学能力和适应社会发展的能力。

其次，教师需要加强自身思想政治素养，坚定政治方向，提升职业道德修养，坚持以德施教，以德育人。做好“经师”和“人师”，将立德树人融入教育教学的全过程、全环节。另外，教师应自觉提升自身的课程思政教学能力。一方面，可以从教学、专业和历史三个视角入手提高挖掘课程内生思政元素的能力。另一方面，可以从行业、国际、文化三个视角入手提高拓展课程外生思政资源能力。

最后，提升创新教育教学方式方法能力，包括提升将教材内容转化为教学内容的能力，准确把握学生的需求以及找准创新教学载体等。②

五　《电子商务安全管理》基于课程思政提升课程质量的实践

《电子商务安全管理》作为国家一流专业“电子商务及法律”专业的一门专业必修课，理应回应课程思政，寓价值观引领于本课程的知识传授和能力培养之中，落实立德树人的根本任务。

---

① 习近平：《做党和人民满意的好老师——同北京师范大学师生代表座谈时的讲话》，《人民日报》2014 年 9 月 10 日。

② 蒋占峰、刘宁：《高校教师提升课程思政育人能力的价值意蕴、现实挑战与逻辑进路》，《中国大学教学》2022 年第 3 期。

（一）课程现状及问题

《电子商务安全管理》课程从 2018 年开始进行课程思政探索，在课程教学大纲、教学内容、教学方法等方面尝试融入课程思政，但是由于未将课程思政这一教育理念真正融入整个课程教学体系，导致课程教学中偏向知识化和工具化取向，对课程育人价值发掘和课程育人功能发挥不够。例如课程思政元素挖掘不充分、显性与隐性思政未有效结合等，使得课程思政效果比较零散和形式化，无法有效发挥课程思政建设对课程质量提升的作用。

（二）围绕课程关键因素进行课程改革实践

课程紧紧抓住“内生”这一原则，围绕课程关键因素，构建知识传授、能力培养、价值塑造为一体的课程优化体系。

1. 优化课程目标，建立“三维一体”的课程目标体系

对课程目标进行系统化设计。第一，优化课程总体目标，使课程目标与“立德树人”的整体目标关联起来。第二，完善课程细分目标，即细化各个章节的知识目标、能力目标和价值目标，使知识逻辑与育人逻辑统一起来。

2. 优化课程内容，建立“三维一体”的课程内容体系

课程内容体系是人才培养的依据，是对整个课程体系结构与功能的重新考量。构建“三维一体”的课程内容体系就是根据课程知识目标、价值目标和能力目标，整合课程的育知、育能、育人功能，实现显性教育与隐性教育的有机结合，促进学生的自由全面发展，“三维一体”课程思政体系框架如图 1 所示。在知识维度，丰富完善电子商务安全知识体系，构建以总体国家安全观为核心的电子商务安全框架体系，把经济安全、文化安全、社会安全、科技安全、信息安全等总体国家安全观内容嵌入课程知识体系中，实现课程知识在广度和深度的拓展。在价值塑造维度，结合课程内容挖掘和梳理本课程所蕴含的思想价值和精神内涵，实现课程知识体系中孕育课程价值体系。在能力培养维度，提高学生相关技术的应用能力、遵规守法合规经营的能力、风险管理与应急处置的能力等。

3. 优化教学设计，将培育塑造价值观基因式植入课程

思政元素是媒介、是载体，也是课程价值重构的关键。首先对课程内

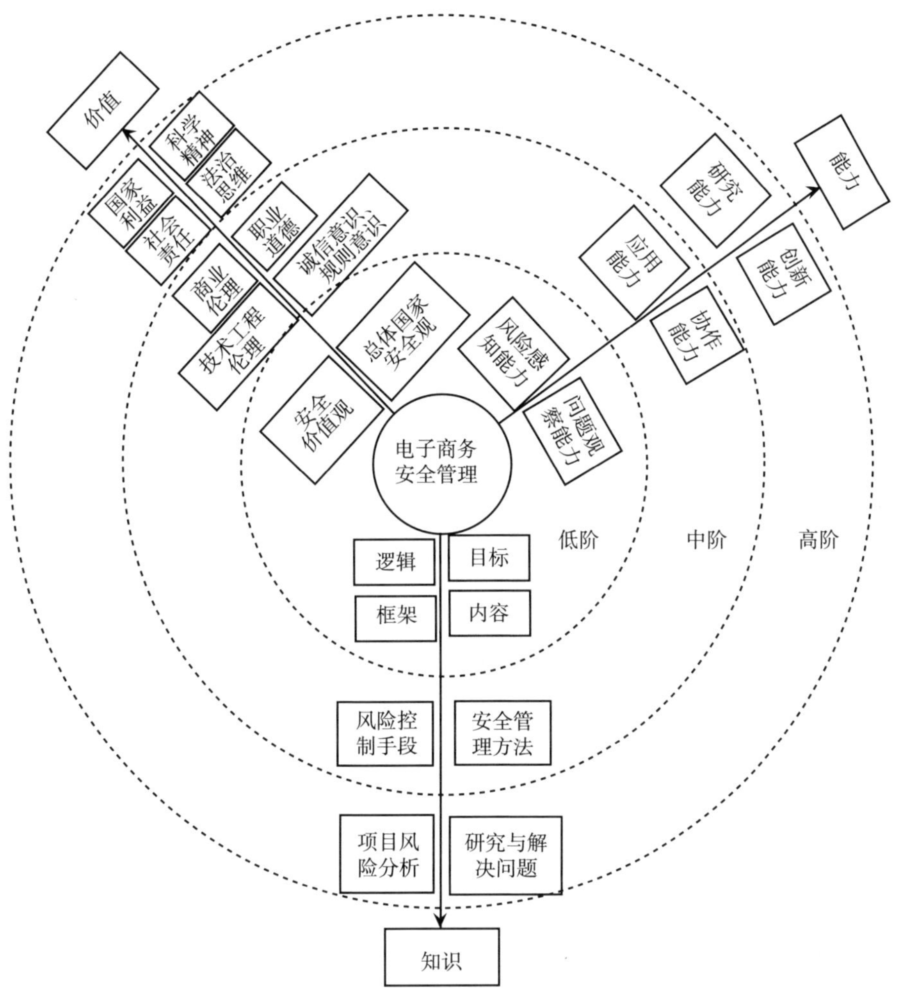

图 1 “三维一体”课程思政体系框架

容进行全面梳理，挖掘和提炼课程内容中蕴含的思政元素，即政治认同、国家意识、文化自信、人格养成、职业素养、科学精神等。然后将思政元素与课程原有知识有机融合，做到知识性与思想性相统一。例如，把中国传统安全文化和朴素的安全价值观融入安全基本概念中，从而实现在价值传播中凝聚知识的底蕴，在知识传播中强调价值的引领。另外，在课程思政元素挖掘和应用时与国家战略、学科前沿相联系、与时事热点或生活实际相联系、与学生未来所从事的职业要求相结合。例如，选择学生非常熟悉的滴滴企业，对滴滴出行安全事件及违规上市事件进行讨论，加强学生安全意识、国家意识、合规意识、社会责任等。下面以该课程第一章为例，说明课程思政融入教学设计，如表1所示。

表1　课程思政融入教学设计样例

教学单元	知识点	课程思政目标	思政元素	思政元素融入
第一章 电子商务安全概述 第一节 电子商务与电子商务安全 第二节 电子商务安全需求 第三节 电子商务安全的管理内容	（1）电子商务的定义、从安全视角理解短电子商务、电子商务安全及其重要性 （2）电子商务安全要素、电子商务的逻辑层次及其安全需求 （3）电子商务安全管理的内涵、电子商务安全管理手段	（1）学生能领会中国安全文化的博大精深 （2）熟悉电子商务安全的特点，提高安全意识，增强个人防范能力 （3）掌握电子商务安全要素的内容，能认识电子商务安全需求与电子商务发展的关系，树立安全与发展的辩证观。能从系统的角度分析安全问题，站在为人民谋福祉和维护国家安全的高度解决安全问题	（1）挖掘中国安全文化中蕴藏的安全价值观，增强文化自信 （2）“总体国家安全观”是国家安全的顶层设计，引领电子商务安全与发展 （3）把握电子商务安全和发展，与国家安全和发展的辩证统一，增强企业合规意识、社会责任和国家意志	（1）以任务驱动方式，梳理中国古今与安全有关的典故、名言和重要论述，体会其内涵和中国智慧 （2）采用课堂辩论形式辨析电子商务安全是否应建立总体国家安全观 （3）使用对分课堂对滴滴系列安全事件等行业热点问题进行分组讨论，使同学们坚定立场，遵纪守法，坚决维护国家安全和国家利益

4. 以“学生为中心”，优化课程教学方法

人本主义学习理论的代表人物罗杰斯倡导教学应以学生为中心，实行非指导性教学。学生是学习的中心，教师是促进者、服务者。借鉴罗杰斯的教学理念，课程以“学生为中心”，运用现代信息技术及智慧教室等构建自学、帮学、互学相结合的学习共同体，建立了基于SPOC的线上线下混合教学平台。线下教学借助该平台开展多种互动教学，增强学习体验。线上教学提供丰富的学习资源和一定弹性的学习任务及活动，学生可以根据自己的时间和兴趣完成。教学平台中沉淀下来的学习数据，为教师提供指导、发现教学问题，为形成性评价提供客观依据。另外，课程采用情景模拟、课堂辩论等多样化、艺术化的教学方法将课程育人元素恰当地融入课程教学。例如，对支付场景进行模拟、对算法权力进行课堂辩论等，培养学生思辨能力的同时在思想情感上引起学生共鸣，使学生在学习专业知识的同时感受到其中所蕴含的价值取向。

5. 完善和补充课程思政教学资源

对课程线上和线下教学资源进行优化，将思政元素融入包括教学大

纲、PPT 课件、微课等教学资源中，同时建设思政特色资源，出版课程思政特色教材，搜集整理重要论述和经典语录、特色案例、行业热点问题、研究论文、相关政策及法律等，开展网络安全宣传周等特色实践活动。

6. 优化课程评价方案

教师定期开展课程教学调查，及时掌握“教”的情况。细化过程评价项目，丰富综合性评价内容。在过程评价与期末考核中增加国家意志、安全文化、价值观、合规意识、商业道德等思政元素的考核，全面了解“学”的情况。

（三）课程思政改革调查与反思

课程教师采用调查问卷对《电子商务安全管理》课程教学进行调查。调查发现，绝大多数学生认为本门课程的课程思政融入比较充分，自己在安全意识、问题观察能力、风险感知能力、应用能力、协作能力、创新能力以及安全价值观、总体国家安全观、诚信意识和规则意识等方面都有了很大提升。但有少部分学生认为专业课没有必要开展课程思政，说明有部分学生对专业课开展课程思政的认识不到位，需要加强宣传引导。有四成学生认为课程教学方法有待完善。教师应进一步分析教学方法的特点，合理选择和应用。有不到四成学生认为课程内容和课程资源有待完善。课程内容和课程资源建设是一个持续的过程，教师应对标“一流课程”，加快更新、及时补充和完善。

六 结语

所有专业课程应以课程思政为契机，重新审视课程，在课程知识体系的基础上构建课程思政体系。围绕课程教学的关键因素进行课程思政融合创新，并将其作为主要路径来改善课程教学效果。通过实施课程思政，固化课程思政理念、增进课程思政实效，并通过课程思政释放出的效能落实课程立德树人的根本任务，助推课程质量持续提升。

Research and Practice on Improving the Quality of College Curriculum from the Perspective of Curriculum Ideology and Politics

Fang Lijuan　Zhang Ronggang

Abstract: Curriculum ideological and political education is the inevitable product of the high-quality development of higher education and the social demand for talent training. As an educational concept, curriculum ideology and politics have a great impact on the key factors of curriculum and directly determine the quality of curriculum. It is an effective way to improve the quality of curriculum to examine and reform the curriculum from the perspective of curriculum ideology andpolitics. Based on the challenges faced by realizing the improvement of curriculum quality through curriculum ideological and political education, curriculum reform and optimization can be carried out from the aspects of concept and cognition, key factors of curriculum, and teachers of curriculum ideological and political education. Based on this, the course of E - Commerce Security Management focuses on the ideological and political aspects of the course and takes the improvement of key factors of the course, so as to promote the continuous improvement of the course quality.

Keywords: curriculum ideological and political; talent training; course quality; promotion; e-commerce security management

《电子支付与网络金融》课程思政教学优化路径研究*

邢继军**

摘　要：《电子支付与网络金融》课程思政教学，旨在从金融学、管理学、法学、计算机技术等视角引导学生了解国家战略，增强学生对国家经济发展和金融创新战略的认同感，提高学生的专业认知能力，提升学科核心素养。但是，由于教学主体对课程思政认知不足、基于课程思政的教学资源系统化的缺乏及课程思政教学理念没有体现出以学生为中心等原因导致思政效果不理想。本文从分析问题着手，结合课程思政的内涵提出了具体优化路径：通过加强校内外协同育人的联动性来提升任课教师的奉献精神和专业素养、优化教学资源实现系统化课程思政融入点、多种教学方式并行以完善“以学生为中心”的教学理念等，最终实现学生德育与智育双达标的育人目标。

关键词：电子支付与网络金融；课程思政；优化路径；协同育人

当前，学界对课程思政的目标有一个统一认识，即开展专业课程教育的同时强化对学生的正确价值观塑造。① 为了达成这一目标，不但授课过程中任课教师要将价值观塑造和培养与课程理论有机统合，作为教学主体的教师应该具备高尚的爱国情操和良好的专业素养，② 同时课程也必须有优质教学资源和能够最优化课程思政的教学方式。本文以《电子支付与网络金融》课程为例，在探讨其课程思政现状与问题的基础上，着力构

---

* 基金项目：西北政法大学 2022 年校级教学改革研究项目“基于 BOPPPS 模式的电商类专业课程思政教学改革”。（项目编号：XJYB202237）

** 邢继军：西北政法大学商学院副教授，主要研究方向：人工智能，电子商务安全。

① 邱伟光：《课程思政的价值意蕴与生成路径》，《思想理论教育》2017 年第 7 期。

② 李蕉、方霁：《课程思政中的“思政”：内核、路径与意蕴》，《思想教育研究》2021 年第 11 期。张梦娜：《课程思政建设应注重提升学习者学习价值规范》，《学校党建与思想教育》2022 年第 6 期。

建其课程思政的优化路径。

一 电子支付与网络金融课程思政研究现状

《电子支付与网络金融》是教育部确定的电子商务专业十门核心课程之一，它是互联网环境下金融创新的新产物，是未来金融业发展的一个重要方向。作为学科融合性课程的代表，它融合了金融学、会计学、管理学、计算机科学和通信技术，是一门电子商务类专业典型的代表课程。本课程开展课程思政，旨在从金融学、法学等视角引导学生了解国家战略，增强学生对国家经济发展和金融创新战略的认同感，提高学生的专业认知能力，提升学科核心素养。但是，由于本课程知识点繁杂且更新速度快于本专业其他课程，而且也是近年来刚刚被大多数院校的电子商务专业确认为核心课程，因此，关于其课程思政的目标及研究路径，多数任课教师基本都在不断摸索中，在期刊网站上的相关研究成果非常鲜见。

以课程的类别归属“电子商务类”课程来看，近年来，在课程思政方面的研究也不是很多。在具体融合环节上，要加强“专业思政”“学科思政”方面的研究，[①] 力求挖掘出电商类专业课程的课程思政理论精髓，同时教学过程中要树立明确的教学目标和课程思政目标。[②] 结合电子商务类专业课程的特色，在课程的实践与实验环节过程中，通过设置既能达到教学目标同时也能对学生开展思政教育的实践环节是非常有必要的，[③] 如在跨境电子商务平台操作过程中引导学生加强团队合作和规则意识，在完全信息博弈论实验中加强学生的平等观念等。教学实施过程中，将多种教学方式与教学场景带入课程，如情景教学过程中通过 VR 以直播带货的方式介绍非物质文化遗产，寓教于乐的同时引发学生共情，从而发挥课程思

① 刘锦峰：《高校电子商务类课程思政建设与实践研究》，《高教学刊》2022 年第 7 期。

② 刘阳：《高校电子商务专业课程教育目标探索》，《中国储运》2023 年第 1 期。

③ 郭永奇、王炳涣、王艳玲：《跨境电子商务实务课程思政教学研究与实验》，《对外经贸》2022 年第 12 期。王选飞：《电子商务专业〈博弈论与竞争战略〉课程教学创新探索》，《农场经济管理》2022 年第 12 期。

政的功效。[①]

另外，由于电子商务类课程普遍存在前沿性都比较强的特性，课堂教学难免滞后于现实发展，因此在专业内容和思政内涵融合方面还存在一些问题。如专业课教师因为教学主体能力素养不足对课程思政认知不清导致课程出现“两张皮”的现象，[②] 导致学生普遍对课程思政接受程度不高，另外课程配套资源建设落后也极大程度地限制了课程思政的教学效果，[③] 课程教学过程中相应的评价体系尚未建立起来也是影响课程思政顺利开展的一个重要因素。[④] 在本课程教学过程中，除了存在这些共性问题之外，尚有其他问题存在，课程思政不足与本课程对于课程思政的强烈要求形成了需求缺位。因此，分析课程目前存在的问题，找出解决问题的路径，同时也为本专业其他专业课程的课程思政起到示范作用，是本文核心所在。

二 《电子支付与网络金融》课程思政存在的问题

进入新时代，社会主义核心价值观作为整个社会凝心聚力根本内核的位置日益凸显，如何让社会主义核心价值观贯穿于电商专业课程“求真”的全过程，将成为今后所要面临的首要问题。[⑤]《电子支付与网络金融》，作为电商专业的一门专业必修课程，不但承担了为专业学生掌握电商理论和内涵的“教学”责任，更应体现出为专业学生树立崇高的马克思主义价值观、正确职业道德理念的“育人”本质。然而在实际授课过程中，由于教师能力素养等多方面原因存在，导致目前尚存在一些融入不够的问题。

---

① 李琳：《思政案例融入网络营销课程教学的实现路径》，《西部素质教育》2022 年第 23 期。陈中明：《新媒体环境下“电子商务基础”课程思政融入的路径研究》，《科学咨询（教育科研）》2022 年第 11 期。

② 周松：《高校课程思政建设存在的问题及路径优化》，《高校党建与思想教育》2021 年第 10 期。

③ 赵玲莉、余晓勤、李润发：《“三教”改革视域下面向实践的“新媒体营销”课程思政建设策略》，《西北素质教育》2022 年第 21 期。

④ 殷纾：《跨境电子商务课程思政教学实践与探索》，《常州信息职业技术学院学报》2022 年第 5 期。

⑤ 高德毅、宗爱东：《从课程思政到课程思政：从战略高度构建高校思想政治教育课程体系》，《中国高等教育》2017 年第 1 期。

1. 教学主体对课程思政认知不足导致思政效果不理想

在教学关系中，教师是第一主体，因此对于任课教师来说不论是主动性不足或者认知不够都会使思政教学效果大打折扣。根据笔者前期了解，电子支付与网络金融课程思政不理想主要存在两个方面的表象：一是教育主体对“在专业课中真切践行课程思政”的内心认同不够强烈，尚未普遍形成对课程思政建设的思想共识和实践自觉。具体原因主要在于当前针对教师方面课程思政的效果评价机制尚未建立，特别是尚未进入教师职称晋升、聘任、等级考核等事关教师个人发展的多个方面，所以导致一些专业课教师对此不积极、不主动，即使授课过程中引入思政内容也多半应付了事；二是教育主体对“课程思政内涵为何”的学理性认知不够全面，导致一些课程为了迎合行政指向而泛化地形成思政元素的“专业课程思政化”趋向，如在介绍大额支付系统时，单纯从系统职能及作用出发，没有能够深入挖掘系统建设过程背后所蕴藏的老一辈金融人的克己奉公和无私奉献的精神，也没有深入介绍系统建成之后对整个国家金融现代化的意义，无法让学生达到共情。

2. 基于课程思政的教学资源系统化的缺乏，导致课程思政整体设计未能达标

由于缺乏整体规划思路，在教学环节方面强化具体“思政点”，没有达到“由点及面”，强调“存在性”而忽视“体系化”，没有实现专业课教学中课程思政与专业培养的同频共振，[①] 没有体现课堂思政的内涵，没有形成课程思政教学资源整体化。目前的电子支付与网络金融课程，从教材内容质量到教学大纲的编排、从课件、案例到实验指导书等所有教学资源都难以令人满意，其中，首当其冲的就是教材。由于这门课是近几年才兴起的新兴课程，教材选择面非常窄，在有限的选择中虽然大都有思政元素，但是这些思政点往往处于各自孤立状态，并没有形成思政理论体系。同时，由于教材编写时间、作者的研究领域等多方面的原因使得思政素材陈旧，缺乏全面性和时效性也是一个较大的问题。例如多数教材中所介绍的数字人民币，介绍了其出现并试点的时间线、实现的技术条件及对国家数字化经济发展带来的作用，而关于数字人民币国内推广并应用对于抢占

① 李亚菲：《环境与资源保护法课程思政教学改革研究》，《西北高教评论》2021 年第 1 期。

全球数字货币标准制定高地，人民币国际化给国家带来的重大国际影响等都没有提及。教材选择上的局限带来后续一系列的问题，例如依据教材形成的课件、大纲等难免出现思政点不足、有失偏颇等现象，即便在案例选择、实验指导书的编制中考虑到了思政点融入的问题，但是由于与教材中相关内容无法呼应，导致课堂教学思政效果不理想，育人目标大打折扣。

3. 课程思政教学理念没有体现出以学生为中心，思政目标缺失

当下《电子支付与网络金融》课程在教学过程中，与其他电商类专业课都存在着割裂专业知识和思政内涵相互之间联系的问题，任课教师上课时往往存在“重专业技能提升、轻思想政治教育”，通过介绍教材中已有的蕴含思政内容的知识点或者一两个具有正向价值观的案例就认为本节课思政目标已经达到，甚至有教师出现上课之前“先思政几分钟”再介绍电子商务分类这样令人啼笑皆非的现象，忽略了作为教育客体学生的感受和接受程度，思政效果很难让学生满意。同时，每一个学生的领悟力、专业能力和专业兴趣点不同，“泛大众化”的专业知识课堂讲授都很难做到所有人都能学懂领悟，更何况像价值观、使命感、责任感等需要通过亲力亲为亲身感悟才能建立起来的爱国主义信仰更无法实现。另外，电子支付与网络金融是一门技术性、操作性较强的课程，需要动手实践，如果缺乏具体实践，很多理论知识都无法理解，更何况知识背后的思政含义更无从领会。以上都表明了电子支付与网络金融课程思政“以学生为中心”的教学理念缺位，进而导致思政目标与教学目标没有以目标协同分析为前提进行有效定位，导致目标分化，融而未入，“为了思政而思政”。[①]

正是由于存在以上问题，导致课程思政在课程实践过程中实施不顺畅，效果不理想，最终“育人”的结果与专业培养目标大相径庭。

三　电子支付与网络金融课程思政教学改革的优化路径

根据电商专业本科生培养方案的设置，为了更好地实现“回归常识、回归本分、回归初心、回归梦想”的基本遵循，[②] 使电子支付和网络金融课程思政能够达到预定教学目标，最终实现“思政有内容、联系重依据、

① 唐德海：《课程思政三问：本质、界域和实践》，《现代教育管理》2020 年第 10 期。

② 李滨：《加速演进中的世界与中国历史方位》，《人民论坛学术前沿究》2022 年第 19 期。

教育有效果”的课程思政目标，达到“教书育人双达标”，本文着重从教师素养、教学资源和教学方式三方面提出教学改革优化路径。

1. 加强校内校外相关部门、机构协同育人的联动性，着力提升任课教师的奉献精神和专业素养

习近平总书记曾经在2014年教师节与北京师范大学师生代表座谈时提出了关于党和人民对于好教师的“四有”标准，即“有理想信念、有道德情操、有扎实学识、有仁爱之心”。据此，教师在教育学生时必须做到率先垂范、以身作则。具体来说，要从两个方面着手。

第一，加强校内联动，提升教师的奉献精神。

课程思政是一个大的系统工程，不是一个人一个部门单独能完成的，提倡育人工作的全员参与，是确保课程思政效果的重要前提，在这其中，教育主体即任课教师的主观能动性是重中之重。如何激发教育主体的主观能动性，需要从他们的实际需求出发，急他们之所急想他们之所想。在实际操作中，学校在思政教育工作的顶层设计中必须充分考虑校内各部门、各环节、各要素的整体联动，加强教学、科研、人事等部门的通力合作，① 完善对任课教师课程思政表现的激励机制，加大对课程思政建设优秀成果的奖励力度。如教学管理部门可以根据不同类专业课程的特性选择不同的评价指标，设计相应的评价标准，然后依照此标准给予每一门专业课程应有的赋分，该分数作为在教师职称晋升、聘任、等级考核时教学大项的一项重要指标，以此激励教师主动投入到课程思政的教学及研究工作中去。

第二，校内外联动，着力提升教师的专业素养。

对于任课教师来说，通过查阅资料、观摩高水平课堂教学、参加教学比赛等日常教研活动确实能提升他们的知识储备和专业技能，但是，本课程内容开展是以近年来飞速发展的互联网技术为依托，结合了很多新知识、新方法，必须亲身实践之后才可能对这些新技术、新知识有更全面深入的掌握，才可以将这些技术知识背后蕴含的价值观、科学伦理等了解清楚并传授给学生。因此，授课过程中采用了“走出去请进来”及组建“虚拟课程组”来提升任课教师的专业素养。“走出去”是任课教师经常

① 贾立平：《新时代高校全员育人的根本目标、现实困境与协同体系构建》，《河北农业大学学报》（社会科学版）2023年第1期。

进入企业、研究所等机构学习新知识掌握新技能，以此更容易将新知识新技术背后的思政内涵弄懂吃透。如在学期中本课程任课教师多次深入苏宁云商西北分公司、阿里金融等业界知名企业观摩和学习，深入了解网络金融新模式及运作流程、与AI、大数据等一些高新技术结合的应用等，通过研习加深理论素养和知识储备；“请进来”是延聘行业知名实业界人士进校作为实务导师，通过讲座、项目指导等形式进行师生互动，不但能够让学生在提升专业知识、拓宽专业视野方面大有裨益，同时也是对任课教师专业知识的有益补充，例如在近年授课过程中邀请了青团网运营总监、陕西省电子商务协会人士与任课教师一起担任学生项目指导；“虚拟课程组”是针对一些专业课程热点问题，通过“高校教师+行业企业人士”组成的教学团队来研讨问题背后的技术、法律、伦理。以“辛巴直播带货造假”为例，由专业教师与行业律师、营销实践专家组成的“虚拟课程组”通过网上会议的形式交流、研讨造假背后的技术、法律和职业道德问题，最终将所形成的课程资料科学地设置进入教学环节、思政专题。

2. 优化教学资源，丰富教学内容，系统化电子支付与网络金融课程思政融入点

第一，教材是教学资源的核心，优化教学资源首先从优选严审教材开始。

确定教材选择的原则为：能讲好中国故事、符合思政教育目标、能面向国内外网络金融前沿热难点问题进行解析、具有跨学科交叉融合的内容等，经过严格审核，在有限的范围内选择了清华大学出版社出版的《电子支付与网络金融》，该教材从性质来说，是教育部指定的“电子商务专业规划教材”，从内容来看，教材知识点较新，而且能紧贴本专业发展前沿，虽然教材中显性思政点不明显，但是整体较完备，完全可以通过深入挖掘并二次整理加工完成。

第二，整理课程思政知识点，根据思政目标分别确定其融入课堂的形式。

根据电子支付与网络金融课程思政教学目标整理出每一章节的思政知识点，根据知识点的思政内涵、学科体系、前后关系等要素设置每一个知识点应该以什么形式融入课堂，由此每一章不同的思政知识点会以课堂讨论、专题、辩论等形式出现。

一个思政知识点通过不同课堂形式展现出来所达到的思政目标是不同

的，如通过分组讨论“建立健全城乡一体化的支付体系”，特别是有亲身经历的学生发表自己见解，可以让其他学生理解“乡村振兴”国家战略的现实意义并能从自身出发积极响应其中，而通过案例介绍“数字人民币从计划到实施再到全国16个城市试点”的意义在于案例中已经存在很多真实鲜活更有说服力的数据，让学生们更容易了解普惠金融的含义和实施方法，进一步增强学生对国家政策的信任度和认同感。

第三，制订新的教学大纲、编排课件和其他教学资源。

在大纲编排上，不管是课程目的和性质还是后面章节内容安排，都要求直接体现出“为国家培养综合性交叉学科专业人才”的目标。另外，将思政知识点直接写入大纲，以备任课教师在完善、修改大纲时有据可依。在编撰课件过程中，要求做到思政点明确并“连点成面”，如在介绍货币的起源与发展相关知识时，章节标题就定义为“马克思主义货币学说”，即起到点题的作用，也能将各个相关知识点串接起来。最后，根据课程思政的要求，课程组还分工合作完成了包含35个优秀案例的案例库，其中包含“区块链技术推动普惠金融的发展”“数字人民币的普及和推广彰显大国技术优势”等，还有蕴含思政要素的经典论著介绍、习题库、实验指导书等。

3. 以学生为中心，优化电子支付与网络金融课程思政教学方式

通过多种教学方式并行以完善“以学生为中心”的教学理念，从认知规律上坚持“教师传授有术为主导，学生领悟善用为中心”。坚持以学生为中心，不但要以学生学懂悟透本课程专业知识为基础，还要求他们能身体力行将专业知识和爱国主义信念贯彻到行动中去。在此，BOPPPS模式提供了一种高效的工具。BOPPPS教学模式是加拿大广泛推行的教师技能培训体系ISW的理论基础，[①] 该模式教学理念清晰，课堂教学过程采用模块化形式来进行，实际教学过程多以分组分课题的方式完成，能够在确保教学任务的同时激发学生的学习兴趣和动力。[②] 实践过程中，BOPPPS

---

① 曹丹平：《加拿大BOPPPS教学模式及其对高等教育改革的启示》，《实验室研究与探索》2016年第2期。

② 姚婉清、佘能芳：《BOPPPS教学模式的教学设计要素分析与案例设计》，《化学教育》(中英文) 2022年第18期。牛安娜、杨鹏：《中俄合作办学模式下理工俄语混合式教学模式初探》，《北京联合大学学报》2022年第4期。

模式将课堂教学环节按照以下为六个模块依次进行：B（Bridge-in）：导入环节→O（Objective）：提出教学目标→P（Pre-assessment）：前测→P（Participatory Learning）：学生主导学习→P（Post-assessment）：后测→S（Summary）：总结，通过将它们有机组合连贯构成一个有效的完整课堂过程。BOPPPS模式的核心在于激发学生学习主体性，师生双向参与而并非教师主导，教学理念重在以学生学会学懂为导向而非教师完成教学任务，这与课程思政“以学生为中心”的要求是高度契合的。课程组在本课程中对该模式的运用具体如下：

第一，在课堂授课过程中深入挖掘每节课的思政融入点，分解课堂达到授课目标。

通过不同的授课方式采用BOPPPS模块化的教学模式将课堂分解，特别是利用BOPPPS的高效师生互动能力来达到教学目标。为了鼓励学生积极主动参与不同课堂模式并自由表达观点，可以将他们自由分组，以便于组间同学更能畅所欲言，也便于不善于表达自身观点的学生融入群体，通过营造一个轻松愉悦、受信和鼓励的教学氛围，使大部分学生体会到学习的快乐同时培养了他们的团队合作精神。为了了解学生在BOPPPS教学模式下对专业知识和思政知识点的掌握程度和接受度，授课过程中设置了4个教学反馈节点，以问卷形式了解相关信息，通过反馈结果不但给予不同选项不同得分点，同时还能根据得分点分析下一个教学节点期及时调整教学形式以关注到所有同学。

第二，贯彻习近平总书记“大思政课”的教育理念，注重社会即课堂的现实关照，以赛促教。

充分发挥“虚拟课程组”跨学科跨行业的优势，以“行业+学科”双导师方式带领学生参加“互联网+”“电子商务三创赛”等创业类比赛，指导学生以国家政策主导方向为选题依据，将价值观教育融入双创竞赛的各个环节，如“保护非物质文化遗产”“开展红色游学”等，组织学生撰写报告并参加比赛，同时报告得分也会计入电子支付与网络金融课程最终得分，实现寓德于赛。通过比赛，不但能更好地理解专业知识和把握社会热点问题，同时也让学生对国家大政方针有了亲身感悟，实现立德树人的课程思政目标与实践创新能力提升目标互融互促。

第三，围绕课程思政拓宽教学途径，开展“第二课堂”，提高课程思政的效能。

近几年，专业课任课教师组织学生利用暑期赶赴山阳县或在线开展山阳县“农村电商”发展情况调研，通过实地调研了解当地特色农产品网上销售情况，得到第一手数据后组织在线课堂传授电商农户学习建立电商网站、网站宣传策划、网上引流等知识，带领农户通过直播电商的形式实现增收。这种“第二课堂”形式不但响应了国家“乡村振兴”的国策，极大程度地培养了学生的家国情怀，最终也提升了课程思政的效能。

Study on the Optimized Route of Ideological and Political Educationin the Course of Electronic Payment and Network Finance

Xing Jijun

Abstract: The ideological and political teaching of the electronic payment and network finance course aims to guide students to understand the national strategy from the perspectives of finance, management, law, computer technology, etc. , enhance students'sense of identity with the national economic development and financial innovation strategy, improve students'professional cognitive ability, and improve the core quality of the discipline. However, the ideological and political effect is not ideal because of the insufficient knowledge of the subject, the lack of systematization of the teaching resources based on the course Ideological and political, and the lack of student-centered ideological and political teaching ideas. Starting from the analysis of the problems and combining with the connotation of curriculum ideological and political education, this paper puts forward specific optimization paths: to enhance the dedication and professional accomplishment of teachers, to optimize teaching resources to achieve a systematic integration of curriculum ideological and political, to improve the "student - centered" teaching concept in parallel with a variety of teaching methods, and finally to achieve the goal of educating students to achieve both the moral and intellectual education goals.

Keywords: electronic payment and network finance; ideological and political; optimized route; collaborative education

整体性治理视角下财经类专业课程思政教学新探索

——以统计学为例*

雎华蕾　杨　贾　刘小燕**

摘　要：随着统计学课程思政建设的持续推进，课程思政建设多元建设主体间协调度低下、建设主体不明确、师生间沟通不流畅、教学资源孤岛化等问题成为目前统计学课程思政建设需要重点解决的问题。本文从整体性治理视角出发，在治理理念、治理目标、治理机制各维度与统计学课程思政建设实现理论互动，提出师生间应形成和谐、民主、平等的关系，建立畅通的沟通渠道，有效响应了大学生多样化发展需求；构建跨部门跨学科多元建设主体“协调-整合-信任”的统计学课程思政建设机制，从而破解碎片化困局，实现统计学课程思政高质量发展。

关键词：整体性治理；课程思政；新财经

一　引言

在新技术革命不断深入，数字经济高速发展的背景下，新经济、新技术、新理念大量涌现，这就要求传统财经教育固本创新，在新的人才培养理念下，以学生为中心，关注人的全面发展，培养既扎根中国新经济实践，又能服务地方新发展；有大数据思维与数据分析能力，能响应数字中

---

* 基金项目：西北政法大学2022年教学改革研究项目“‘教—学’主体协同互动机制下《统计学》课程思政建设新探索”（项目编号：XJYB202204）。

** 雎华蕾：西北政法大学经济学院副教授，工学博士，主要研究方向：科技金融与创新管理。杨贾：西北政法大学经济学院硕士研究生，主要研究方向：科技金融与创新管理。刘小燕，陕西省科技资源统筹中心，陕西科技控股集团有限责任公司投资部部长，注册资本评估师、经济师、工学博士，主要研究方向：科技企业创新激励政策和科技投资研究。

国战略、适应数字经济发展；德能兼备，面向未来的新财经人才。[①] 这与高校思想政治工作体系中，经济学、管理学专业课程要培养学生“经世济民、诚信服务”职业素养的要求相吻合。[②] 在新财经理念与课程思政建设要求的双重引领下，新财经人才培养结合自身专业特点积极尝试将思想政治建设融入课程教学中，与思政课程同向而行，由此，在“大思政课”格局之下，[③] 专业课程与思政课程协同发展，课程思政多元主体、多维课程资源的深度融合，是目前高校课程思政高质量发展的重点工作方向。

在针对新财经专业课程思政教学的创新与改革中，不少研究者从实践层面积极探索课程思政建设模式，力求实现思政点“融得进、落得实、看得见”；还尝试从理论层面回答“融入什么，从哪里融入，如何融入”三个基本问题，主要体现在如下几个方面：一是财经类课程的某一具体课程思政教学探索与实践。如有学者基于经济管理类课程交叉性广与应用性强的特征，[④] 在财经类专业课程思想建设中重点关注国情教育，强化法治意识，[⑤] 积极开展课外实践，完善财经类课程实践教育配套措施，[⑥] 在社会经济生活中实现专业教育与德育教育相统一；二是具体课程思政到财经类专业思政的创新发展。有学者探讨了财经类专业思政与《会计学》课程思政融合建设的设计实施策略；[⑦] 三是专业课教师在“课程思政”建设

---

① 马骁、李良华、孙晓东：《关于重构“新财经”人才培养体系的思考》，《高等教育评论》2019 年第 1 期。

② 2020 年 5 月，教育部印发《高等学校课程思政建设指导纲要》指出：经济学、管理学、法学类专业课程要“培育学生经世济民、诚信服务、德法兼修的职业素养”。

③ 在 2021 年两会期间，习近平总书记指出“‘大思政课’我们要善用之”，2022 年 8 月，教育部等十部委印发《全面推进“大思政课”建设的工作方案》提出“全面推进课程思政高质量建设”。

④ 樊丽明：《财政学类专业课程思政建设的四个重点问题》，《中国高教研究》2020 年第 9 期。

⑤ 曲立、张琳、刘文涛：《运营管理课程思政教学的探索与实践》，《中国大学教学》2021 年第 11 期。

⑥ 赖志杰、李春根、方群：《论社会保障学的课程思政价值与实践路径》，《社会保障研究》2022 年第 2 期。

⑦ 尹夏楠、孙妍玲：《专业思政与课程思政一体化建设的探索与实践》，《山西财经大学学报》2022 年第 44 卷。

中的素质、能力与职责；教师是推进“课程思政”的关键因素，[①] 其中教师的课程思政建设意识和能力更是课程思政建设的关键点；[②] 但目前高等教育专业课教师普遍存在课程思政能力不足[③]等问题；这就需要专业课教师基于全员育人目标，专业课教师应站稳政治立场拔高“高度”，涵养政治情怀传递“温度”，增进政治认同挖掘“深度”，坚定政治信仰解决“向度”，[④] 在教学的过程中精准挖掘和彰显“专业课知识”内在蕴含的“思政元素”；[⑤] 以上研究不仅关注到目前财经类课程思政建设实践中的关键问题，且与课程思政建设中结合专业特点分类推进课程思政建设、课程思政融入课堂教学建设全过程、提升教师课程思政建设的意识和能力等要求相一致。

但值得关注的是，课程思政是一项复杂的系统工程，[⑥] 需要多部门、多主体跨界完成。此外，财经类专业特定课程是基于大学生培养方案与专业人才培养要求而开设的，每一门课程都具有特定的学术定位、成型的教学大纲与稳定的知识结构。因此，财经类专业课程思政建设并不是单向度的线性作业，其中特定课程作为课程思政建设复杂网络中的一个节点，需要基于该课程独特的学术定位、教学大纲与知识结构完成思政点的内在深入挖掘，并有机嵌入复杂网络。而在财经类专业特定课程的教学实践中，往往存在主体间协调度低下、建设主体不明确、师生间沟通不流畅、教学资源孤岛化等问题，外显为思政点“硬融入”与“表面化”。本文基于整体性治理理论，以财经类专业统计学为例，协调与整合教学团队、教学主体、教学模式、教学内容等维度的关系与功能定位，解决“碎片化”问题，以期为实现专业课程育人“润物细无声”的课程思政建设目标提供

---

① 刘清生：《新时代高校教师“课程思政”能力的理性审视》，《江苏高教》2018 年第 12 期。

② 刘承功：《抓住全面提升高校教师课程思政建设意识和能力的关键点》，《思想理论教育》2020 年第 10 期。

③ 何润、陈理宣：《试析高校专业课教师课程思政能力的提升进路》，《学校党建与思想教育》2021 年第 18 期。

④ 王淑荣、董翠翠：《“课程思政”中专业课教师政治素养的四重维度》，《河南师范大学学报》（哲学社会科学版）2022 年第 2 期。

⑤ 岳宏杰：《高校专业课教师课程思政能力建设研究》，《现代教育管理》2021 年第 11 期。

⑥ 2020 年 5 月，教育部印发《高等学校课程思政建设指导纲要》指出，“加强课程思政建设组织实施和条件保障”“课程思政建设是一项系统工程”。

实证证据与解决思路。

二 整体性治理：统计学课程思政建设的合理选择

（一）整体性治理的理论主张

20 世纪 80 年代末至 90 年代初，英国学者佩里·希克斯（Perry Hicks）提出整体性治理理论，创新性地解决了新公共管理的政府改革碎片化问题。[①] 该理论以“问题有效解决”作为政府活动的逻辑起点，强调通过在部门、功能、层级之间构建协调与整合的治理机制，实现不同利益主体团结协作，更高效地配置和使用稀缺资源，为公众提供无间隙而非分离的公共产品和服务。[②] 在传统科层制下专业化的职能分工与层级分化背景下，整体性治理理论以其“整体性主张”与“逆碎片化”高效的克服了跨界合作时部门中心主义严重、目标冲突、项目冲突、整体相机避责、资源重复浪费、公共服务全面性与针对性弱等困境，被广泛应用于多个领域。

（二）统计学课程思政建设整体性治理的理论互动

整体性治理能够解决统计学课程思政建设在理念、机制、资源配置等方面的碎片化难题，是新财经引领下统计学课程思政建设的合理选择。

在治理理念上，整体性治理立足整体主义思维，认为改变碎片化现象需要跨越部门、功能、层级之间的边界，基于多元主体间的信任，构建网络治理结构，采用集体行动共同解决棘手问题。这契合统计学课程思政建设的理念，基于培养新财经人才的需求，统计学课程思政建设嵌入大思政格局下横纵结构的聚合性治理网络，在“党的领导在场”的政治势能下，[③] 发挥教务处、人事处、学生处、高教所等多部门联动效应，专业课

---

① 曾凡军、定明捷：《向整体性治理的我国公共服务型财政研究》，《经济研究参考》2010 年第 65 期。

② 史云贵、周荃：《整体性治理：梳理、反思与趋势》，《天津行政学院学报》2014 年第 5 期。

③ 李波、于水：《从“碎片化”到“整体性”：课程思政建设的有效路径》，《黑龙江高教研究》2021 年第 8 期。

教师、思政课教师、学生工作人员等多元主体持续开展嵌入式互动，协同推进，权责明晰，共同承担育人责任。

在治理目标上，整体性治理主要是为了向公众提供无缝隙而非分离的公共服务。统计学课程思政建设需要满足知识传授、价值塑造与能力培养的目标要求，且这三者不可割裂，需要在统计学现有完整的教学大纲、知识结构、学术定位等基础上，挖掘其所蕴含的思想政治教育价值，实现专业教育与思想政治教育的深度融合与有机嵌入。

在治理机制上，为实现治理目标，整体性治理主要依靠层层递进的三个机制，即协调-整合-信任。其中协调是实现整合的前提条件，主要通过对话、共同决策等过程，达成多元主体认知的一致性；整合是治理机制的关键环节，相对于协调，整合侧重于行动，主要通过组织重构、流程优化、资源共享等方式，通过纵向层级、横向功能以及组织内外部等不同向度的整合，使治理目标与行动相协调；信任是治理机制中的保障性环节，调控和引导跨界合作式不同层级、部门关系可能出现的断层问题。统计学课程思政建设需要协调专业课程与思政课程之间、专业课教师、思政队伍与学工队伍之间、师生之间不同的认知与利益关系差异，构建能够凝聚跨层级多主体关系与功能协调互动工作机制，在交往互惠中形成信任，在共同的规则下产生共同价值，在协商对话中增进包容，最终形成统计学专业能力培养与育人合力。

三　碎片化问题：统计学课程思政建设的困局呈现

（一）大学生多样化发展需求亟须关注

统计学课程思政建设需要以有效回应学生的发展需求为目标。当代大学生成长在世界百年未有之大变局期间，面对日益多样化的社会经济发展模式、就业形式和社会资源分配方式，信息来源多元、接触面广，视野更为开阔，主体意识更强。[①] 因此，大学生对未来人力资本市场偏好交叉复合型人才有较清晰的认识，不仅想要掌握统计学提供的各种方法，还对使

① 黄一如、范凯璇：《学生发展需求视角的本科辅修学习体系设计》，《高等工程教育研究》2022 年第 1 期。

用这些方法分析和解决财经问题、习得数据分析能力、拓宽发展道路感兴趣，更希望在自身价值理性发展得到示范、发展、引导和锤炼的机会。[①] 但目前统计学教学在完成立德树人目标时，较少从需求侧关注大学生发展的多样化期待，这就使得大学生未充分发挥学习主体的作用，处于被动接受的状态，不仅觉得统计学课程思政学习很枯燥，甚至由于供需错位引发了普遍逆反问题，未能被有效解决。

（二）多元建设主体的认知不同

统计学课程思政建设涉及多部门、多专业的多元建设主体，是一项典型的跨界事务，在传统治理模式下，统计学教学只承担使学生系统掌握各种统计方法的不同特点、使用条件及适用场合；理解各种统计方法所蕴含的统计思想；能熟练地应用统计方法，使用 EXCEL 等软件，分析数据、解释结果并解决实际问题的能力，作为一门方法论课程，能够在日后满足科学研究或服务社会发展的要求。思想政治的第一课堂和第二课堂主要分别由一系列的思政课程和党委、团委、学生工作部门组织的各类教学活动组成。在这种模式下，专业课教师通常认为教学任务重心在培养学生专业素养，传授输送专业知识技能，对统计学课程的育人职责认识不深，课程思政教学能力不够。而思政课程的第一课堂与第二课堂一直以来共同承担着学生思想政治教育的任务，但是，思政课教师、学生工作人员等尤其是对于统计学这类在知识体系上育人特征或表征不显著的课程，了解程度不够，无法对课程思政建设形成有效支撑，导致了统计学在课程思政建设中，知识点与思政点契合程度有待提高，思政教学目标不明确不清晰，思政教学内容牵强附会，降低了统计学课程思政课堂对学生的吸引力与亲和力。

（三）未建立起协同育人的网络化治理结构

不同建设主体常态化协同育人工作机制与网络化治理结构的缺失导致统计学课程思政建设合力不够，专业课教师、思政课教师、学生管理部门之间在统计学课程思政建设上存在潜在的博弈格局。在大思政育人格局

---

① 曹勃：《价值理性发展需求与学生认知现实下的高校课程思政实施策略》，《思想政治教育研究》2021 年第 3 期。

下，不同课程在其中发挥的作用在本质上是一致的，但思政课程与课程思政主体部门具有较强的独立性，思政课教师主要关注本院思政教学任务的完成情况，专业课教师需要将“思政元素”在教学中溶盐于水。在传统教学实践中，统计学更关注学生对“术”与“法”的掌握，对学生运用统计学工具理解其他专业课知识，认识中国实际的作用挖掘不够充分，与思政课程和其他专业课程合作沟通不足，协同效应不显著，统计学课程思政建设还停留在“单打独斗”层面，与之相关的各部门存在过度关注职责明确的分工安排，而忽视了课程思政建设主体需要作为一个整体存在的客观需求。具体表现为课程思政各建设主体缺乏互动沟通，课程思政资源碎片化、重复化、分散化问题突出等。由此可以看出，统计学课程思政各建设主体在思想政治教育中关注的重点不同，缺乏有效衔接，无法形成良好的统计学课程思政生态系统。

四　整体性治理推进统计学课程思政教学高质量发展

（一）对大学生多样化发展需求的有效回应

大学生多样化发展需求为统计学课程思政整体性治理提出了新的标准。这就要求教师与学生充分共情，及时了解学生需求，将学生关心的话题套嵌在统计方法的学习上，吸引学生在“干中学”，在实践中习得数据分析能力与思维。教师以学生为主体，利用社群、社交网络等渠道是构建畅通科学的师生沟通反馈渠道的有效方法，这种沟通模式贴近学生生活，能够了解学生的真实看法，形成师生对具体话题的共同的语言、共同的理解，构建开放、交互的教学氛围与和谐平等的师生关系。

沟通中，教师将学生关心的话题改造成能够习得统计知识与方法的真实项目，将情境式、讨论式、翻转式等多种创新教学方法与之相结合，应用于统计学教学全过程。帮助学生实现统计学专业知识与方法的内化，回应学生习得统计学知识、获得数据分析能力、构建数据分析思维的发展需求。

在项目选择上，紧抓课程思政间接性、微观性特征，充分利用统计学反映中国经济发展成就的育人优势，引导学生关注中国经济发展现实，在积极的社会价值引领下，将学生自身数据能力与思维的提升与中国经济高质量发展融为一体，如在“数据可视化”教学中，可在学生充分掌握统计图表类型与绘制方法等相关知识点基础上，将翻转课堂与讨论式教学方法相结合，引导学生搜集中国经济发展相关数据，绘制图表并在课堂中展示，学生可利用统计方法探究财经问题了解中国发展现状与发展需求，不仅在实践中更灵活地掌握统计图表的绘制方法，也在无形中将自我能力提升与中国经济发展实践相融合，回应学生实现价值理性发展的需求。

（二）协调—整合—信任：统计学课程思政建设运行机制

构建多部门的协调机制，实现统计学课程思政的协同共建。形成在党委统一领导下，由各部门、各学院负责落实，推动马克思主义学院与各学院的沟通合作，推动应用经济学、理论经济学、管理学与理学等学科之间的互动交流，引导全体教师积极参与的工作模式。针对课程思政建设“单打独斗”问题，可形成包含专业课教师、思政课教师、学生工作人员等在内的常态化工作机制，通过集体学习、参观讨论、线上线下讨论等模式，共同提升政治素养、能力水平、思想意识，为思政课教师提供了解统计学及其他财经类专业课程的通道，学生工作人员了解学生所思所想，寻找合适的切入点，让统计学课程思政元素的挖掘与融入更贴近大学生学习生活，不同建设主体分工协作，构建专业素质与思政能力俱佳的高素质协同育人网络治理结构。

完善课程思政资源的整合机制，实现统计学课程思政资源共享。基于已构建的多部门协调机制，在课程思政资源挖掘阶段，需要将统计学课程思政建设模式转变为多主体“全员参与”，多建设主体协作挖掘统计学课程中丰富的思政资源，如在“统计数据收集”知识点，结合中国综合社会调查（CGSS）等大型社会调查项目，思政课教师可协助专业课教师深入挖掘其中所蕴含的“一切从实际出发”思政点，在讲清楚统计调查相关理论知识的同时，强化学生的职业道德素养。在课程思政资源配置阶段，将统计学整合进财经类各专业多课程的课程思政体系，与其他专业课程共同构建综合性、系统性与多样性的课程思政建设方案，实现课程思政资源以学科与专业为单位的纵深发展，避免相同学科相同专业下不同课程的简单重复建设。

形成多元建设主体信任机制，实现统计学课程思政价值支撑。保障多部门协调机制与协同育人网络治理结构稳定有效运行需要多元建设主体间达成信任，一方面，需要构建基于“互惠”的信任机制。统计学课程思政建设是一种增量式的课程建设与改革，需要多元建设主体付出诸多创新成本，需要建立教学改革项目、课程思政示范项目为课程思政建设提供支持，提供课程思政培训交流机会，打开建设主体的眼界与思路，完善相关奖励制度，不仅从物质更从精神层面为广大教师提供支持。另一方面，需要构建基于“责任”的信任机制。加强专业课教师与思政课教师对课程思政的认识，专业课教师应深刻地认识到，除了向学生传授知识外，还肩负着育人职责，激发全员参与课程思政建设的责任意识。

五　总结

统计学课程思政建设需要将工作重点向需求侧转移，利用整体性治理思路，关注大学生多样化发展需求，构建跨部门跨学科多元建设主体“协调—整合—信任”的统计学课程思政建设机制，解决课程思政建设多元建设主体间协调度低下、建设主体不明确、师生间沟通不流畅、教学资源孤岛化等“碎片化”问题，实现统计学课程思政高质量发展。

New Exploration of Ideological and Political Education in Financial Courses from the Perspective of Holistic Governance:

Taking Statistics Course as an Example

Ju Hualei Yang Jia Liu Xiaoyan

Abstract: With the continuous advancement of the ideological and political construction of statistics course, the "fragmentation" problems such as low coordination among the multiple construction subjects, unclear construction subjects, unsmooth communication between teachers and students, and isolated teaching resources have become the key problems to be solved in the ideological and political construction of statistics course. From the perspective of systematic governance, this paper realizes theoretical interaction with the ideological and political construction of statistics course in the dimensions of governance concept, governance goal and governance mechanism, and puts forward that teachers and students should form a harmonious, democratic and equal relationship, establish smooth communication channels, and effectively respond to the diversified development needs of college students. Construct a cross-departmental interdisciplinary multi-construction subject 'coordination-integration-trust' ideological and political construction mechanism of statistics courses, so as to solve the fragmentation dilemma and achieve high-quality development of statistics courses.

Keywords: holistic governance; curriculum ideology; new finance

最优化理论视角下课程思政的教学实现路径

——以《侦查讯问学》课程为例*

谭秀云**

摘　要："侦查讯问学"课程思政在教学中面临着忽略思政育人目标，教材内容缺少思政元素，教学方式难以实现课程思政的隐性融合，评价体系限制课程思政育人功能的发挥等诸多难题。在巴班斯基教学过程最优化理论的指导下，基于"侦查讯问学"课程思政的教学实践，通过强化课程思政目标，挖掘富含思政元素的教学内容，倡导引、领、扶、推"四位一体"的教学方法，完善"侦查讯问学"课程思政的质量评价体系，以期润物细无声地在专业课程中践行课程思政，实现全方位的育人目标。

关键词：课程思政；侦查讯问学；最优化理论

一　高校课程思政教学改革的研究现状

教育强则国强，人才兴则国兴。在国内，2014 年，上海率先出台了《上海高校课程思政教育教学体系建设专项计划》，提出了"课程思政"的概念，并在上海的一些高校推行课程思政改革，践行"育人为先、德育为先"的理念。2016 年 12 月，全国高校思想政治工作会议的召开，习近平总书记强调，"把思想政治工作贯穿教育教学全过程。"

---

* 基金项目：2021 年西北政法大学校级教改项目一般项目"最优化理论视角下侦查讯问课程思政的教学实现路径研究"（XJYB202111）；陕西省教育科学"十四五"规划 2021 年度一般课题（SGH21Y0073）；2021 年陕西省教育厅人文社科一般项目（21JK0400）；2022 年陕西省哲学社会科学重大理论与现实问题研究项目（2022ND0356）果。

** 谭秀云，西北政法大学公安学院讲师、法学博士、硕士研究生导师，研究方向：侦查学。

此次会议为推动全国开展“课程思政”奠定了坚实的基础。2017 年，全国诸多高校开始了“课程思政”改革，将高校思想政治教育以润物细无声的方式融入专业课程教学的各个方面。2019 年，习近平总书记进一步强调，深入挖掘专业课程中的思想政治教育资源。2020 年 5 月，教育部颁布了《高等学校课程思政建设指导纲要》，提出要切实解决“思政教育”与“专业教育”存在“两张皮”的问题，牢牢抓住课程建设的“主战场”。因而，如何形成“课程门门有思政，教师人人重育人”的教育新格局，充分挖掘高校专业课程中的思政元素，成为立德树人的发展趋势。

在高校课程思政的教学实践中，探索出了诸多模式，获得了良好反响。首届上海高校思政课教指委副主任委员忻平教授指出，上海高校为了推进“课程思政”工作，提出了“一个‘一’，三个‘度’模式”。“一”即一条主线，围绕课堂育人主渠道上的“课程思政”机制创新问题；三个“度”即理论的深度、实践的广度和机制的前瞻度。[①] 重庆师范大学在高校思想政治理论课实践教学改革中，逐步形成了“三维五步五课堂模式”,[②] 实现三维管理、五步教学、五个课堂的有效联动。河南工程学院提出“课程思政的‘345’模式”,[③] 即“线上 3 建设”“线下 4 建设”和“线上线下的 5 协调与整合”。又如，高职院校“五三”课程思政协同育人模式，以课程教师为主体，辅之以思政辅导员和企业指导教师，共同参与课程思政实施过程。[④] 这些为探索高校课程思政的教学改革进行了突破性的有益尝试。

理论界以“课程思政”为主题的相关著述，成果数量颇丰。笔者在“中国知网”数据库中，以“课程思政”为主题词，经过搜索后发现，国内各期刊发表有关“课程思政”的文章数量，从 2017—2021 年呈“井喷

① 忻平：《上海“课程思政”机制建设的两大关键》，《解放日报》2017 年 8 月 3 日第 4 版。

② 重庆高校思政工作者：《重庆师范大学：高校思政课实践教学模式的新探索“三维五步五课堂”》，载 https://mp.weixin.qq.com/s/mJ93d8K6lbzskbdvkvrz_A，2021 年 12 月 15 日访问。

③ 惠赞瑾：《会计学课程思政的“345”模式 助力教学改革和三全育人——访河南工程学院会计学院会计学系主任张悦》，《中国会计报》2021 年 4 月 2 日第 9 版。

④ 尹颜丽、曹茂庆：《高职院校“五三”课程思政协同育人模式的构建》，载 https://mp.weixin.qq.com/s/XVWbbSvts-yU7BoHdY7Lgw，2021 年 12 月 16 日访问。

式”增长，发文量分别为40篇、336篇、1887篇、5353篇和9689篇论文。其中，全国中文核心期刊或CSSCI来源期刊中关于“课程思政”的论文数量分别为12篇、39篇、119篇、313篇和631篇论文，核心期刊发文数量占到发文总数量的30%、11.60%、6.30%、5.84%和6.51%。涉及“侦查讯问学课程思政”的论文目前还处于空白状态。理论界以最优化理论为视角研究课程思政的文章有7篇，几乎全部集中在高校英语或高职英语领域。

高校课程思政的教学改革引起了学术界的高度关注。高德毅、宗爱东最先提出课程思政的内涵和实质，“‘课程思政’其实质不是增开一门课，也不是增设一项活动，而是将高校思想政治教育融入课程教学和改革的各环节、各方面，实现立德树人润物无声。”① 陆道坤、何玉海在此基础上，提出显性思政与隐性思政相结合的课程观，主张在高校专业课程教学的各方面、各环节、全方位、全过程地贯彻思想政治教育。② 还有学者对课程思政的实践逻辑进行了剖析，他们或是提出“遵循教育主导、文化助推、制度保障和生活渗透的‘四位一体’逻辑体系”③；或是从提升认识、审视问题、优化机制的三维向度，不断提升高校课程思政工作的针对性和有效性。④ 在如何加强课程思政的教学体系构建方面，郑燕林、任增强提出从专业知识、思政元素、教师角色、激发内生动力四个方面的举措进行完善。⑤ 张大良主张，应当从转变高校教师课程思政意识、落实评价体系和激励机制三大方面着手。⑥ 杨修平则提倡构建课程思政的“三

① 高德毅、宗爱东：《从思政课程到课程思政：从战略高度构建高校思想政治教育课程体系》，《中国高等教育》2017年第1期。

② 陆道坤：《课程思政推行中若干核心问题及解决思路——基于专业课程思政的探讨》，《思想理论教育》2018年第3期；何玉海：《关于“课程思政”的本质内涵与实现路径的探索》，《思想政治教育研究》2019年第10期。

③ 张铭凯、靳玉乐：《论立德树人的实践逻辑与推进机制》，《中国电化教育》2020年第8期。

④ 张驰、宋来：《“课程思政”升级与深化的三维向度》，《思想教育研究》2020年第2期。

⑤ 郑燕林、任增强：《落实课程思政的策略与举措——以〈教育传播学〉课程为例》，《中国电化教育》2021年第3期。

⑥ 张大良：《课程思政：新时期立德树人的根本遵循》，《中国高教研究》2021年第1期。

三三”育人机制。[①]

现有高校“课程思政”教学改革的研究著述呈现出快速增长态势，研究成果反映出的问题主要表现为以下三个方面：

一是研究选题有待细化。在国内研究“课程思政”的文献中，大多著述从宏观的角度切入“课程思政”改革，侧重于宏观式地讨论高校践行课程思政的研究背景及其必要性，对于如何选择微观视角，如何在专业课程中润物细无声地贯彻课程思政的内容，缺乏系统研究和全面回应，理论意义与实践价值将大打折扣。

二是研究内容有待强化。通过分析相关研究成果，理论界主要关注了课程思政的本质与内涵、显性思政与隐性思政、课程思政的实践逻辑等内容。对课程思政在高校专业课程践行中，如何树立育人目标、改革教学内容、转变教学方式、深化评价体系，缺乏系统研究和全面回应，从一定程度上反映了“课程思政”研究成果的质量。

三是研究方法有待完善。现有相关文章主要基于“课程思政”教学改革的经验总结，研究方法单一，抽象思辨多，实证考察少。有些关注的是热点案例，对专业课程教学中课程思政实践的其他问题缺乏足够关注。

《侦查讯问学》是研究侦查讯问策略与方法的一门学科，是公安人才培养的一门专业核心课程，是贯穿整个侦查活动的综合性课程，也是“课程思政”的一个重要阵地。这门课程主要面向侦查学、治安学、刑事科学技术、经济犯罪侦查等公安类专业和刑事法学方向的学生。在司法实践中，侦查人员坚持“口供至上”，犯罪嫌疑人、被告人的供述和辩解被称为“证据之王”。从非法证据排除规则的制定，到讯问时录音录像制度的出台，有些侦查人员法治意识淡薄、践踏法律红线，实施刑讯逼供的现象屡禁不止，造成冤假错案。现在《侦查讯问学》的教学观念陈旧，理论与实践脱节、教学内容交叉重叠、教学方法单一、教学手段落后等问题较为突出。近四年，没有关于“侦查讯问课程思政”的文献，在“侦查讯问学”专业课建设中，处于研究的空白领域。

① “三三三”育人机制的核心要素：落实落细与思政教育紧密关联的课程三大属性，即文化性、职业性和国际性；开发建设基于三大属性的三类课程思政教育教学资源；聚焦实现课程思政着力发展的三大育人目标，即家国情怀、职业素养和国家意识。参见杨修平《高职英语“课程思政”：理据、现状与路径》，《中国职业技术教育》2020 年第 8 期。

在高校的一线教学中，如何将新时代思政教育思想融入《侦查讯问学》的教学当中，落实课程思政“立德树人”的理念，挖掘专业课程中富含的思政教育元素，潜移默化地帮助学生“明其理、知其然、行其道”，提升学生的“法治意识”“平等意识”“爱国意识”，弘扬和宣传“社会主义核心价值观”，实现“全方位育人”，成为侦查讯问学专业课程建设的重要课题。本文在尤·克·巴班斯基教学过程最优化理论指导下，立足于西北政法大学“侦查讯问学”课程思政的教学实践，从教学全过程出发，首先探究高校课程思政教学改革的研究现状，继而洞察“侦查讯问学”课程思政中存在的问题，据此以最优化理论为切口，探索“侦查讯问学”课程思政的实现路径，以期探索“侦查讯问学”课程思政的有效教学模式，为进一步推进高校专业课程的思政建设提供参考。

二 “侦查讯问学”课程思政教学中存在的问题

课程思政的内涵丰富，推行方式多样。由于侦查讯问学课程思政自身的特定性，教学内容、教学方式和评价体系存在一定的局限性，导致课程思政的育人功能未能充分发挥。

（一）侦查讯问课程忽略思政育人目标

党的十九大报告指出：“全面依法治国是中国特色社会主义的本质要求和重要保障。”以审判为中心的司法改革要求，侦查讯问的规范性与取证合法性对查明案件事实、认定证据、保护诉讼权利的意义重大。侦查讯问学是实现“法治”与司法改革的核心课程之一，因而，教学改革要紧紧围绕侦查讯问能力建设标准要求，积极探索创新，采取有效措施，从源头上提高侦查讯问的教学水平，确保学生具备一定的侦查讯问能力。

学生通过本课程的学习，能系统地掌握侦查讯问的基本理论、侦查讯问的策略与方法、侦查讯问的组织与指挥、侦查讯问的操作程序、法律文书制作、综合分析研判等基本技能，并进一步拓展心理学知识的综合运用。确保侦查学专业毕业生具备较强的侦查讯问能力，治安学、刑事科学技术学、反恐法学、刑事法学专业的学生熟悉侦查讯问的基本理论与操作程序，具备一定的侦查讯问能力。传统侦查讯问学的教学目标旨在让学生掌握上述侦查讯问的基本理论操作程序等专业知识的传授，强调培养学生

"知法""懂法""守法""用法"。然而，传统教学没有将思政育人作为教学的目标，忽视了学生法治意识的形成，没有激发学生未来作为人民警察的责任感、使命感和荣誉感，没有培养学生平等、公正、诚信、自由、民主等意识，无法充分促其自觉地维护和支持党和国家的方针、政策，拥护和支持国家所采取的各项行动，没有实现"全方位育人"。

（二）教材内容缺少思政元素

国内有关《侦查讯问学》的教材主要有16种，从1988年薛宏伟主编的《审讯对策学》，到2019年胡明主编的《讯问学》，侦查讯问学的教材种类繁多，但是这些教材内容缺少思政元素。因为上述教材的出版年份几乎全部早于2019年，教材内容侧重于与侦查讯问相关的专业知识和侦查讯问的技能，鲜有融入社会主义核心价值观，渗透职业意识和匠人精神，培育团队合作与自主学习的能力，提升学生创新精神和思维能力，缺少爱国主义、家国情怀等思政元素的嵌入。即使有些教材在侦查讯问法律制度、讯问策略和方法等部分知识点涉及思政元素，也仅仅停留于零散的教学感悟和一般的哲理思辨，缺乏课程思政在专业课教学中的系统性。因而，传统侦查讯问学的教材内容不仅缺乏理论深度与应用价值，还难以彰显思政元素，没有实现专业知识与思政育人融合的目标。教师需要充分利用现代网络科技条件，为同学们准备相关的案例、资料、视频（其中有大量涉及社会主义核心价值观、中华优秀传统文化、职业理想与道德的内容），供同学们自学，拓展学生除教材以外知识的摄取，增强学生掌握知识的能力，激发学生的学习热情。

（三）教学方式难以实现课程思政的隐性融合

在政法公安院校里教授《侦查讯问学》这门课程时，大多采用以教为主的传统教学方式。教师注重显性的教学设计（如专业课内容的价值塑造、知识传授和学生能力培养的目标），往往忽略激发专业课程中思政元素的隐性推进。教学过分依赖于现有教材，教师"填鸭式"灌输专业知识，单一的教学方式，师生互动研讨和案例式教学稀少，不能充分发挥学生的主观能动性，以致教学效果忽略了课程思政的功能，无法深入探讨知识点背后所蕴含的文化背景、立法变革及教育内涵。转变教学方式，坚持"以学生为中心"，主讲教师充分发挥网络平台的信息化教学优势。课堂上，教师通过案例启发专业知识中蕴含的爱国主义、中国传统文化、理想信念等价值元素，学生分组讨论，相互评论，再由教师点评与总结；课后，师生之间可以利用腾讯会议、微信等网络平台继续深入研讨，实现“全员育人”“全程育人”，切实提升学生的“爱国意识”“法治意识”，崇尚“匠人精神”“爱岗敬业”理念，增强侦查讯问学课程思政的效果，实现全方位育人。

（四）评价体系限制课程思政育人功能的发挥

“课程思政”教学质量的评价内容，由教师的“教”与学生的“学”构成。传统的侦查讯问学的教学评价，强调学生“学”的结果，忽视教师“教”的质量。对学生的评价侧重于专业技能的考试结果和过程性评价（到课情况、课堂表现、课后作业等），忽视对学生批判性思维、人生观、价值观培养的评价，没有充分促进学生对“法治”精神的深入理解，对“平等”“公正”“诚信”“富强”“爱国”“和谐”等其他社会主义核心价值观的深入领会。对教师的评价主要围绕侦查讯问技能方面的教学技能、职业道德的考察，忽视课程思政内容的考核。现有教学质量的评价体系内容不利于推动课程思政在侦查讯问学中的贯彻。

三 最优化理论视角下实现“侦查讯问学”课程思政的教学路径

本文依据20世纪70年代尤·克·巴班斯基（1927–1987）在实践的基础上提出的教学过程最优化理论，即用最短可能的教学时间，取得最大可能的教学效果，确保很好地解决教养、教育和发展学生的任务。① 该理论立足于教学实践，运用辩证唯物主义思想和系统论的原则，对教学论的方法进行深入探究。根据巴班斯基的教学过程最优化理论，本课程立足于西北政法大学“侦查讯问学”课程思政的教学实践，坚持“以学生为中心、以产出为导向、以持续改进为方向”的三大理念，从侦查讯问自身的四大要素（法律法规、讯问策略、讯问方法和犯罪嫌疑人的心理）及

① ［苏］尤·克·巴班斯基：《教学过程最优化——一般教学论方面》，张定璋等译，人民教育出版社2007年版，第2页。

其相互作用的原理为切入，以现代教育的四大内容（教师、学生、内容、媒介）为主线，指向侦查讯问学教学效果的优化。

（一）强化课程思政目标，兼顾教养、教育和发展

巴班斯基提出教学有教养、教育和发展三大目标与任务，[①] 三者有机联系，共同致力于教学任务的最优化。在侦查讯问学课程思政中，教养的任务旨在使学生掌握侦查讯问的基本概念、基本原理、相关政策法规，能够运用侦查讯问的策略和方法讯问犯罪嫌疑人、被告人，能够从侦查讯问的视角反思并提升自己严格执法与规范执法、团队合作与个人沟通的能力，能够认识到口供笔录审查判断的综合育人功能。教育的任务是学生的学习以专业层面的侦查讯问知识为主，但在教学设计与实施的过程中，教师帮助学生树立正确的世界观、人生观与价值观，将思政元素隐性地融入侦查讯问的法律法规、讯问策略与方法等知识点的应用中，培养学生的问题意识、批判性思维、公平正义的执法理念、社会责任感、民族自豪感等价值目标。发展的任务是提高学生自主学习的能力，重视学生自我推导与理解领悟的能力，提升学生对侦查讯问的理解与应用力。

（二）挖掘思政元素，整合侦查讯问学的教学内容

在教学内容方面，引入最优化理论，重视内涵建构。巴班斯基主张，分出教学内容中主要的、本质的东西，精选教学内容。[②] 基于“立德树人”这一教育的根本任务，结合教育哲学和人本主义心理学的基本原理，重点阐释侦查讯问学课程思政的价值内涵和学理逻辑，并特别重视行动方案的系统探索，力求“名其理”“知其然”和“行其道”。2020 年 5 月，教育部颁发了《高等学校课程思政建设指导纲要》，其明确提出了践行课程思政的五大方面的内容，包括：“推进习近平新时代中国特色社会主义思想进教材进课堂进头脑；培育和践行社会主义核心价值观；加强中华优

---

① ［苏］尤·克·巴班斯基：《论教学过程最优化》，高等教育出版社 2001 年第 2 版，第 51 页。

② ［苏］尤·克·巴班斯基：《论教学过程最优化》，高等教育出版社 2001 年第 2 版，第 198 页。

秀传统文化教育；深入开展宪法法治教育；深化职业理想和职业道德教育。”① 为了切实解决思政教育与专业教育两张皮的难题，专业教师应当按照纲要的要求，运用问题牵引、正面素材引导、负面素材串联等多种举措，充分利用互联网、图书、期刊等资源，及时补充现有教材的不足，将翻转课堂、智慧讯问等最新教改、科研成果引入教学，及时充实、更新教学内容，使教学内容更具时代性、科学性和综合性。深入挖掘“侦查讯问学”课程中的思政元素，形成思政元素清单，恰当地融入教学当中。

在素材选择方面，可以选取一些有关中国传统文化、工匠精神、职业意识、天文地理等方面的文章和材料，易于学生吸收，潜移默化中推进课程思政的育人作用。“侦查讯问学”作为一门实践性很强的公安类课程，其内容既关涉侦查讯问的法律法规、讯问策略、讯问方法、犯罪嫌疑人心理、口供的审查判断等内容，也涉及人民警察事业心、责任感、秉公执法、求真务实等价值观的传播，这些易于与思政方面的教学内容结合，培养学生的职业素养、家国情怀和国际视野。在“侦查讯问学”思政元素的素材选择中，需要坚持三个策略：一是选择正面与负面案例，借助于多媒体、小组讨论、课堂案例分析等多种方式呈现出来，激发学生们的正能量。二是选择与学生或公安类专业相关的素材，让学生们感同身受，提升学生参与的积极性。三是注重知识点与素材之间的关联性，关联性程度越高，越有助于实现育人目标。通过合适思政素材的融入，实现课程思政“育人无声”。

（三）倡导引、领、扶、推“四位一体”的教学方法，重视课程思政师生参与

巴班斯基认为，真理是具体的，教学场合下应该运用不同的教学方法和形式，“选择能最有效地解决相应任务的组织学习、刺激学习和检查学习的方法和手段。”② 专业课程中的课程思政应当发挥隐性思政的功效，

① 教育部：《教育部关于印发高等学校课程思政建设指导纲要的通知》，载 http：//www.moe.gov.cn/srcsite/A08/s7056/202006/t20200603_462437.html，2021 年 10 月 30 日访问。

② ［苏］尤·克·巴班斯基：《论教学过程最优化》，高等教育出版社 2001 年第 2 版，第 198、202 页。

教师应该倡导“引”“领”“扶”“推”四位一体的教学方法,[①] 润物无声地践行社会主义核心价值观。

第一,“引”是指教师引导学生的学习方向,充分激发学生的学习热情和兴趣。笔者串联正面和负面的案例,借助于多媒体等方式呈现出来。以云南杜培武案、河南佘祥林案、浙江张氏叔侄案等冤假错案为例,引发学生对刑讯逼供的危害及产生原因的思考。再由这些内容迁移到侦查讯问中来,逐步引导学生要忠于事实和法律,忠于职守,严禁刑讯逼供,树立人民警察执法为民的理想信念。当遇到冤假错案时,要敢于坚持真理,勇于纠正错误。

第二,“领”是指教师参与学生的学习过程,为学生提供学习上的指导和建议。伴随着大数据信息技术的应用,侦查讯问学更多地引入案例式教学、实训教学、情景模拟教学、虚拟仿真教学和实战现场教学等教学方法。教师在不断提升信息化教学工作时,要带领学生共同参与实训、实习与实战,有效提升学生讯问的专业素质和实践能力。

第三,“扶”是指当学生遇到问题时,教师为不同学生提供针对性的帮助和扶持。为了尽可能使每位学生获得该阶段所可能获得的最好成绩,最优化理论要求教师对学生进行区别帮助和扶持。教师采取特殊方法对待成绩最优的学生,对他们的发展能力提出建议,引导他们的自学能力,减少依赖心理。对于成绩靠后的学生,教师能及时辅助他们解决某种类型的问题,尽可能掌握教学大纲中的内容。提升教师课程思政的育人意识,使教师把育人之责落实到人才培养的各个环节,每一个专题找出对学生进行区别教学的最合理方式。

第四,“推”是指教师设置一系列问题,培养学生主动参与学习,激发学习的自主性。习近平总书记说:“一个优秀的老师,应该是‘经师’和‘人师’的统一,既要精于‘授业’、‘解惑’,更要以‘传道’为责任和使命。”[②] 培养学生的批判性思维和问题意识,要求其既要思考“被批判事物”存在的背景和合理性,又要分析其存在的弊端,结合发展的

① 郑燕林、任增强:《落实课程思政的策略与举措——以〈教育传播学〉课程为例》,《中国电化教育》2021 年第 3 期。

② 习近平:《做党和人民满意的好老师——同北京师范大学师生代表座谈时的讲话》,《人民日报》2014 年 9 月 10 日第 2 版。

眼光全面审视，激发学生学习的自主性。在课例中，课本上对“侦查讯问”的界定主要是指“口头提问并加以固定的一种侦查行为”。课堂上，笔者通过设置层层问题，不断推进学生们带着问题深入思考。比如，提出“侦查讯问的性质是什么?”由此引领学生追本溯源；以“除了教材的定义之外，还有谁对它作了何种界定?”“每种概念之间存在哪些共同点和区别点?”“教材上对‘侦查讯问’概念的界定又有哪些优势和局限?”“侦查讯问的主体与对象有哪些?”通过一系列的问题引领学生批判性地学习侦查讯问的概念，思考侦查讯问不仅仅是一种侦查行为、侦查活动、侦查措施，还是一种法律性对话。

（四）转变侦查讯问学课程思政的质量评价体系，注重思政的育人导向

教学最优化的评价注重教学效果标准和时间标准的评价，实现教授最优化和学习最优化融合，保证教学最优化的完整过程。[①] 教学评价要由传统以“学”为主的评价，向以“教”为主的评价方向转变。习近平总书记指出，“办好思想政治理论课关键在教师，关键在发挥教师的积极性、主动性、创造性。”[②] 对教师“教”与“育”的评价是侦查讯问学课程思政质量的评价核心，对学生“学”与“得”的评价是了解“教”与“育”质量的辅助器，以更全面分析“教”与“育”中存在的优势与不足。

对教师的评价，既要考察其政治立场、政治信仰、政治观点，又要考量教师的教育理念的运用、教学方法的采用、教学内容的阐释、教学总体效果的运行、敬业精神和职业道德的践行等基本要素。科学合理的评价体系是保障“课程思政”实效的基石。第一，通过访谈法进行调研。在试验过程中随时召集课题组成员开会研讨，听取当期上课同学们对思政入课堂版“侦查讯问学”教学效果的反馈，并有针对性地对思政入课堂模式的偏好、意愿和想法等提出修改意见。第二，通过发放问卷的方式，进行

---

① ［苏］尤·克·巴班斯基：《论教学过程最优化》，高等教育出版社2001年第2版。

② 《习近平主持召开学校思想政治理论课教师座谈会强调：用新时代中国特色社会主义思想铸魂育人 贯彻党的教育方针落实立德树人根本任务》，载《人民日报》2019年3月19日第1版。

班级对比研究。将所代班级分为课程思政班级与非课程思政班级，在经过一段教学之后，对二者之间在品格修养、思想政治、学习等方面进行差异化对比研究。此外，对课程思政班还要展开课程开始前与课程结束后的调查问卷，就学生思想品德培养、学生成长、思想政治教育、专业学习、教师的专业能力、职业道德、敬业水平等问题，再次评价“侦查讯问学”课程思政的育人效果。

对学生的评价，优化课程成绩评定方式。评价既要考量学习效果，又要考量学习过程，还要考量课程思政育人的导向。注重个人成绩与团队成绩结合，参与度与贡献度结合的成绩评定；平时成绩与期末成绩相结合：总成绩=40%平时成绩（其中包含学生学习过程中参与课堂发言、小组讨论、课后作业、思想政治、道德教育等）+60%期末成绩。对学生的评价核心是全体学生学习的效果与表现，而非个别优秀学生的表现，最终促使学生实现课程思政目标和培养目标的预期。

四 结语

深入挖掘高校专业课程中所蕴含的思政元素，发挥专业课程中的思想政治教育作用，实现专业课程与课程思政的充分融合，既是落实立德树人根本任务的迫切需要，又是践行高校思想政治工作的应有之义。作为教育工作者，在《侦查讯问》课程思政教学中，不仅要教授学生们有关侦查讯问的知识和技能，还要潜移默化地在专业课程中传播爱国教育、法治意识、中国传统文化、社会主义核心价值观等内容，帮助学生“明其理、知其然、行其道”，实现全方位的育人目标。

Paths of Curriculum Ideological and Political Teaching from the Perspective of Optimization Theory:

Taking the Course of Investigative Interrogation as an Example

Tan Xiuyun

Abstract: The ideological and political education of " criminal investigative interrogation" course is faced with many difficulties in teaching, such as ignoring the goal of ideological and political education, lacking of ideological and political elements in the content of the teaching material, difficulty in realizing the implicit integration of curriculum ideological and political education, limiting the education function of curriculum ideological and political by evaluation system, and so on. Under the guidance of the teaching process optimization theory, we should better to base on the ideological and political teaching practice of "criminal investigation interrogation" course, through strengthening curriculum education target, exploring teaching content rich in ideological and political elements, advocating the "four-in-one" teaching method of guiding, leading, supporting and pushing, improving the quality evaluation system of ideological and political affairs of the "criminal investigation interrogation" course, to enrich things quietly in the professional curriculum practice curriculum ideological and political, and to achieve the goal of all-round education.

Keywords: curriculum ideology and politics; criminal investigation and interrogation science; optimization theory

研究生教育

高校研究生数字化课程建设路径研究*

李笑笑　姚聪莉　胥晚舟**

摘　要： 为了有效促进高校的研究生教学水平，充分利用数字化课程建设赋能教学任务的开展，促进课程教学效率的提升，为研究生提供多样化的学习渠道具有重要意义。当前，部分高校数字化课程开发不足、课程建设缺乏贯通性、缺少专业的课程开展团队与人才以及未能与线下课程有效衔接等问题都制约了研究生数字化课程的建设与发展。因此，本文探讨了高校研究生数字课程的建设路径，认为要明确课程开发标准，加强研究生数字化课程开发、整合各方资源，提升数字化课程建设的贯通性、引进数字化课程开发人才，实现校企和不同院校之间的积极合作并且建立线上线下课程融合机制。

关键词： 研究生教育；数字化课程；建设路径

引　言

近年来，信息技术的飞速发展使得高校教育进入数字化时代，数字化教育已成为当前高校教育发展的重要方向之一③。研究生教育作为高等教育中的重要环节，面对新形势、新任务，快速适应数字化教育已成为高校教育改革发展的重要措施之一。传统的研究生课堂教学方式受到时间、空

---

* 基金项目：2021 年度陕西高等教育教学改革研究项目（重大攻关项目）“新发展格局下省域高质量高等教育体系建设研究”（21ZG008）、教育部高等教育司首批新文科研究与改革实践项目“新时代陕西文科专业结构优化研究与实践”。

** 李笑笑、胥晚舟为西北大学公共管理学院硕士研究生、博士研究生；姚聪莉，教育部人文社会科学重点研究基地——西北大学中国西部经济发展研究院研究员，西北大学高等教育研究中心主任、教授、博士生导师，研究方向为高等教育理论及政策分析。

③ 杨宗凯：《教育的全面数字化转型已成必然趋势》，http：//news. youth. cn/sh/202204/t20220411_13600292. htm，2022 年 7 月 28 日。

间等限制，难以满足学生的多样化需求，为了更好地适应教育发展需求，数字化课程建设成为高校研究生教育的必然选择。目前，在建设适应数字化时代的数字课程领域，许多学者进行了广泛的研究与探讨。但是现有的研究大部分针对本科教育，探讨研究生数字课程建设的相关研究与实践相对较少。因此，本文从数字化教育的角度出发，针对高校研究生教育的教学实践与研究需求，阐述了数字化教育与研究生教育相结合的必要性，探讨了数字化课程建设的重要意义，提出了高校研究生数字化课程建设的有效路径，旨在提高高校研究生教育的教学质量和水平，推动高校数字化教育的深入发展。

一 高校研究生数字化课程建设的意义

（一）打破教学时空限制

数字化课程在提供学习的自主性方面，能够为研究生提供完全不同于传统教育的学习体验。在数字化课程中，学生能够自由地选择学习进度、学习方式以及学习内容，这种全新的学习方式不仅打破了时间与地域的限制，还大幅提升了学习者的自主性和学习兴趣。此外，对于那些在校园内外都需要协调其他事务的研究生，数字化课程更是为其带来了巨大的便利。① 根据自己的时间规划，选取适合的课程、自学教学视频，使研究生能够更好地投入到学习当中。数字化课程的优势就在于它能够让每个学生根据自己的需求和特点来选择学习的方式，并且为学生提供通常难以获得的学习资源，从而带来了更加优质和个性化的学习体验。②

（二）弥补课堂教学的不足

通过数字化课程的设计和开发，高校能够提供全新的、更为丰富的教学方式和资源，以应对传统教育中存在的问题，更好地支持研究生的

① 马永红、刘润泽：《研究生教育的本质和发展逻辑探究》，《清华大学教育研究》2020 年第 3 期。

② 侯君、李千目：《信息技术与治理双向赋能高校教学——从填平“数字鸿沟”到补齐高质量发展“短板”》，《中国大学教学》2022 年第 5 期。

学习过程。① 数字化课程不仅可以提供新的学习方式，还能够为研究生提供特色课程及更为丰富、多样化的学科课程、教学资源和学习机会。通过数字化手段，高校可以让学生了解经典、先进、前瞻的学术研究，使学生站在各个国家研究的最前沿，在学习中不断拓展自己的视野。数字化课程还可以使教学变得更加灵活和个性化，通过开发不同的课程模块和内容，满足研究生不同的学习兴趣和需求。这种个性化学习的特点是在传统教育中很难实现的，但是通过数字化课程可以实现这一目标。综上所述，数字化课程能够为研究生提供更多的可选择的教学课程和资源，弥补传统教育中的不足，并为研究生提供更加个性化的学习体验。

（三）实现课程资源共享

研究生教育往往需要更加深入地学习和探索，因此数字化课程带来的资源共享可以为研究生提供更多更好的资源支持。数字化课程通过在线教学平台、视频课程等多种形式实现课程资源的共享，因此能扩大学生的学习范围，促进教育资源的流通和共享。通过数字化手段形成互联网学习社区，不仅能让研究生直接分享自己的学习心得、思考和研究成果，还可以推动不同地区、不同种类、不同办学层次高校之间资源的共享和合作，让学生获得更加广泛、更加深入地学习与研讨的机会。② 此外，数字化课程还可以促进教师、学生之间更多维的交流和互动，提高教育的互动性和可参与性。通过线上互动、论坛讨论等方式，学生和教师可以共享知识，互学互鉴，增进学术交流和合作，加强教学效果和质量。

二　高校研究生数字化课程建设的现状与问题

（一）部分高校数字化课程开发不足

数字化技术的发展让高校数字化课程建设受到越来越多的重视，许多

① PAYNE D. G., *Advancing Graduate Education by Supporting the Graduate Student Lifecycle*, http://cgsnet.org/ckfinder/userfiles/files/2017%20Global%20Summi t%20Booklet_web.pdf，2017 年 10 月 11 日。

② 陈苗：《双一流背景下高校学科建设的认识与思考》，《文化创新比较研究》2018 年第 2 期。

高校纷纷加快了数字化教育的进程并逐渐建设了数字化课程。目前，许多高校已经建立了完善的数字化教育平台和教学资源库，使用多媒体技术、网络技术等多种技术手段，将多种专业知识融合在一起，形成以多形式、多媒体、交互式、自主与协作学习相结合的数字化课程体系，从基础课程到专业选修课程都有所涉猎。① 在数字化建设过程中，高校不断探索新的数字教育模式以及教育资源建设和管理模式，加强师生互动和教学评价，致力于构建适应数字化时代的教育体系。但同时在数字化课程建设的过程中，大部分高校仅仅关注到本科教育，针对本科课程开设了数字化教学平台，并且录制了相关的课程视频，建设了完善的教学体系。由于研究生阶段学生人数较少，课程内容相对来说较为深入，同时一些专业的教学过程中可能缺乏确定的教材，为课程的开设造成了一定的难度。因此从整体上来看，当前大部分高校研究生数字化课程开发不足，课程建设情况不容乐观。

（二）数字化课程建设缺乏贯通性

数字化课程建设的贯通性不足主要指教学资源的开发、共享以及教学过程的管理等环节之间的协同不足，使得数字化课程建设难以形成有效的闭环。需要高校建立整合全校力量、贯通整个教学体系的数字化课程管理平台，发挥数字化课程的整体效应。目前对于高校研究生数字化课程建设现状来看，最突出的问题是教学资源的共享不够全面。对于大部分高校来说，数字化课程建设起步较晚，各个学院、部门、实验室等之间存在着较大的差距，课程资源开发无法形成整体性，同时也难以完成教学资源的共享。② 其次是教学过程管理的协同意识不足，在数字化课程的建设过程中，由于各个行业、领域之间所涵盖的知识内容、教学方法和教学体系有着较大的不同，教学过程管理的协同意识不足，有些需求和问题无法得到及时解决。最后是教学与学科之间的配合不足也是影响贯通性的重要因素。数字化课程建设需要老师、学科专业以及教育技术部门之间的紧密配

---

① 仇苗苗、姚志友、董维春：《战略势能视域下研究生教育治理体系建设的三重逻辑》，《研究生教育研究》2022 年第 4 期。

② 程明梅、黄姗姗：《赋能理论视角下研究生学术创新能力培育与提升研究》，《科教文汇》（中旬刊）2020 年第 14 期。

合。目前，许多数字化课程缺乏学科专业性，过于注重技术手段，忽略了专业精神、教育思想、教学目标等方面的探索，导致研究生数字化课程建设面临层层阻碍。

（三）缺少专业的研究生数字化课程开发团队与人才

当前，高校研究生数字化课程建设已成为趋势。然而，由于数字化课程建设需要涉及多个专业领域，因此数字化课程建设人才需求也日渐增多。然而，目前高校研究生数字化课程建设普遍存在专业人才匮乏的问题，已经成为数字化课程建设进程的瓶颈。[①] 具体表现在三个方面：

首先，缺乏数字化课程设计与开发人才。数字化课程的开发涉及多个领域，包括教育学、心理学、计算机科学等，需要相应专业人才来进行系统的设计与开发。然而，高校现有的数字化课程建设人才数量不足，这也制约了数字化课程建设的规模和质量。其次，缺乏高水平的授课与教学管理人才。数字化课程需要配合相关专业的老师进行授课和管理。但由于数字化课程教学和管理的特殊性，需要具备相应的技能和素质，这也导致高水平的数字化课程所需的授课和教学管理人才极为稀缺。最后，缺乏数字化教育技术支持人才。数字化课程的建设需要技术支持，包括教育技术开发、多媒体技术等等，而这些方面的专业人才同样很难招聘到。因此，高校应采取措施加强数字化课程建设人才的培养和引进，并与相关行业和人才合作推进数字化课程建设。

（四）数字化课程未能与线下课程有效衔接

数字化课程建设的目的是提高教学效果并满足学生的个性化需求。然而，数字化课程与线下课程的衔接一直是高校所面临的挑战之一。具体表现在以下几个方面：首先，缺乏适当的技术设施。数字化课程需要使用特定的技术设备和软件来保证教学效果。如果学校没有提供适当的设施，学生就无法充分发挥学习作用，这也影响到了线上课程和线下课程的衔接。其次，教学内容存在着不一致。教师在线上教学的过程中可能会涵盖的内容不同于线下课程，在学生进行在线学习时未能涉猎到线下课程中的内

---

① 于妍、蔺跟荣：《数字技术赋能研究生教育高质量发展：何以可能与何以可为》，《中国高教研究》2022 年第 11 期。

容，这使得学生难以完全掌握学科知识。最后，在高校研究生数字课程建设的过程中，教师与学生往往会缺乏高效的互动。在线上教学的过程中，教师和学生之间的交流难以像线下一样，这使得在线课程的互动性受到了限制，这也是线上课程和线下课程无法有效衔接的原因之一。除此之外，学校和教师缺乏一套标准的教学评估方法，使师生双方在线课程中的表现无法与线下课程同等对待，可能会降低学生对在线课程的参与热情和学习动力。①

三 高校研究生数字化课程建设的有效路径

（一）明确课程开发标准，加强研究生数字化课程开发

数字化课程是提高研究生教育质量和实现教育现代化的有效途径。要加强研究生数字化课程建设，高校应制定研究生数字化课程开发标准，明确数字化课程开发要求，提高数字化课程质量和规范化水平，同时在课程标准设计的过程中应当做好各方面内容的涵盖，包括课程设计、教学内容、教学方法、学生评价等方面。此外，借鉴优秀数字化课程案例也是促进高校研究生数字化课程建设的有效手段。高校可以借鉴国内外优秀的数字化课程案例，例如国内清华大学的学堂在线（Open Course Ware），国外的 Coursera、EdX 等，学习它们的成功经验和有效实践，从而提高数字化课程开发水平。除此之外，针对研究生与本科生的不同特点，高校在建设数字化课程时应做好互动设计的采用，使得数字化课程开设过程中教师与学生能够进行互动和交流，并结合数字化课程以及多媒体技术的应用，使课堂内容更具生动性和趣味性。这一系列措施的采取可以促进研究生数字化课程的开发，并通过师生之间的不断磨合与交流不断改进数字化课程的建设，从而提升数字化课程开设的效果，加强研究生数字化课程的设计与开发水平。

（二）整合各方资源，提升数字化课程建设的贯通性

为了有效应对数字化课程建设贯通性不足的问题，高校可积极整合各

① 华晓波：《UOI 课程评价解析及其启示》，硕士学位论文，上海师范大学，2015 年。

方资源、充分发挥数字化课程的整体效应。首先，高校可以建立数字化课程管理平台，实现全校教学资源的整合、共享和管理，通过课程管理平台的建设可充分解决数字化课程建设过程中教学资源分散、管理混乱等问题。同时高校也可以建立数字化教学资源库，提供全校一体化教学资源，促进数字化课程建设的互联互通。同时，借助云计算、智能化等辅助教学工具的技术手段，提高数字化课程的开发和实施效率，优化数字化教学流程。同时能够充分提升数字化课程建设水平。其次，加强对教师数字化教学的培训和引导，提高教师数字化教学能力和素养，并通过组织数字化教学培训班、教学视频开发培训等方式，帮助教师掌握数字化教学的基本要素和技能，增加数字化课程建设的贯通度和稳定性。此外，为了有效提升各学科数字化课程之间的协同性，降低新课程的开发成本，促进课程贯通度的提升，高校可以通过增强教师与学科之间的交流、合作和协调，确保数字化课程的设计和实施与专业知识和学科特点相符合，不断地提高数字化课程的质量与贯通性，从而帮助研究生更加科学、高效地进行学习和研究工作。①

（三）引进数字化课程开发人才，实现校企和不同院校之间的积极合作

为了缓解数字化课程建设人才缺乏的问题，高校可以采取以下措施。首先，高校应该加强数字化课程设计、管理和技术支撑等领域人才的培养。在课程设置、教学管理等方面，强化数字化课程设计专业以及高质量师资队伍的建设。与此同时，开展数字化课程建设的相关学科专业、研讨会和实践活动，为人才的培养提供多方面的支持和保障必不可少。其次，数字化课程在开设的过程中需要与时俱进不断进行修订与改进，因此为了适应数字化课程建设的快速发展，高校应该建立数字化课程建设人才引进机制，并积极开展数字化课程建设人才引进工作。通过引进业内顶尖数字化课程建设人才，使数字化课程建设质量和效益不断提升。为了能够用人才赋能研究生数字化课程的建设，高校应该提高数字化课程建设人员的工资待遇，增强数字化课程建设人员的归属感和工作热情。同时，优化数字

① 郝祥军、顾小清：《技术促进课程创新：如何走向教育公平》，《中国电化教育》2022年第6期。

化课程建设人员的职业晋升和评价机制，建立层次分明、激励机制合理的数字化课程建设人才队伍建设体系。此外，高校应当合理区别针对学术性学位与专业性学位的数字化课程建设，例如，针对专业性学位的课程开发，高校可以积极与数字化教育行业合作，借助企业、研究机构等的力量支持数字化课程建设，高校也可以通过产学研合作，开展数字化课程建设人才的实习、实践等活动，为数字化课程建设人才提供更多的学习和发展机会。针对学术性研究生数字化课程的开发高校可以与其他院校进行合作，积极跟进研究热点，促进课程学术性的提升。通过以上措施，高校可以有效解决数字化课程建设人才缺乏的问题，进一步提升数字化课程建设质量和效益，推动研究生数字化课程建设取得更加显著的成效，为高校数字化教育事业的发展注入强劲动力。

（四）建立线上线下课程融合机制

随着信息技术的快速发展，数字化课程建设已经成为高校研究生教育的趋势。但在数字化课程建设过程中，高校需要秉持融会贯通的思想，将线下研究生教育与线上研究生数字化课程的建设进行有效融合。具体来说，高校需要采取以下措施：首先，需优化研究生数字化课程的教学安排。高校需要根据研究生数字化课程建设的特点，制定合理的教学计划和安排。例如，在线上课程和线下教学的时间上进行合理调配，保证研究生在线上学习和线下互动之间的有效衔接，使数字化课程切实地为研究生教育奠定良好的基础。在数字化课程开设的过程中，高校可以采用多元化、灵活的教学模式，例如利用视频教学、在线交流平台等多种形式，提高研究生数字化课程的教学效果和互动性。同时，可以针对不同的研究生需求，开设专业化、个性化的数字化课程，为不同层次、不同类型的研究生提供精准贴近其需求的课程教学。最后，值得一提的是，数字化课程建设过程中，高校需要建立相应的质量监测机制和保障机制，通过对数字化课程建设实施全面、系统的监测和评估，及时发现和解决问题，优化研究生数字化课程教育质量，确保数字化课程建设效果的稳定提升。总之，高校需要通过数字化课程建设的融会贯通，充分发挥数字化课程与线下教育相结合的利益互补，提高研究生数字化课程的教育质量和教学效果，加强数字化课程建设的师资队伍建设和质量保障，推动数字化课程建设取得更加显著的成效，为高校研究生教育提供强有力的支撑。

四　结语

在研究的过程中，本文立足于高校研究生数字课程建设的现状与问题，并针对性地提出了研究生数字化课程建设的有效路径。数字化教育是推进高等教育现代化和全球化的重要途径。数字化教育不仅为研究生学习提供了更加灵活的途径和时间，而且更好地满足了研究生个性化的学习需求。在高校研究生数字课程建设的过程中，要注重教育教学质量的提高，坚持人本、多元化和开放性，为研究生提供优质高效的数字化课程教育服务。相信随着数字化教育的不断发展和完善，高校研究生数字化课程将在未来发挥更为重要的作用。

Research on the Path of Digital Curriculum Construction for Graduate Students in Universities

Li Xiaoxiao　Yao Congli　Xu Wanzhou

Abstract: In order to effectively promote the teaching level of graduate students in universities, fully utilize digital course construction to empower the implementation of teaching tasks, promote the improvement of course teaching efficiency, and provide diversified learning channels for graduate students is of great significance. Currently, issues such as insufficient development of digital courses, lack of continuity in course construction, lack of professional course development teams and talents, and failure to effectively connect with offline courses in some universities have all constrained the construction and development of digital courses for graduate students. Therefore, this article explores the construction path of digital courses for graduate students in universities, and believes that it is necessary to clarify curriculum development standards, strengthen the development of digital courses for graduatestudents, integrate various resources, improve the continuity of digital course construction, introduce digital course development talents, achieve active cooperation between schools, enterprises, and different universities, and establish a mechanism for integrating online and offline courses.

Keywords: graduate education; digital courses; construction path

研究生自主学习与科研能力“立体式”培养模式的探索与实践*

赵杭莉　王之路**

摘　要：自主学习与科研能力是研究生综合能力的核心，文章在对研究生自主学习与科研能力“立体式”培养内涵界定的基础上，指出了高校培养学生这两种能力的重要性。同时以西北政法大学为例，从教学与科研两个维度兼教学设计、教学方式和科研训练三个方面探索了该“立体式”培养模式的具体内容。最后从学生专业基础、综合能力以及学习研究能力三个方面评价了该模式实施的效果。

关键词：自主学习能力；科研能力；研究生教育；立体式培养模式；西北政法大学

随着时代的发展，党和国家的事业迫切需要培养造就大批德才兼备的高层次人才，对研究生的实践、创新等能力也提出了更高的要求，要求研究生的培育致力于社会经济发展的需求，跨越“类本科化”教育形态，从教学理念、指导方式和培养目标上进行转变与改革。研究生教育是我国新型高科技、高水平、高质量人才培养的重中之重，自主学习与科研能力是研究生符合现阶段社会和行业发展需要的关键素质。国家对于研究生教育内容的深化和社会经济对高学历创新型人才的需求要求高校不断进行教学改革，其授课形式和培养重点亟待改变。① 研究生要加强学习的自主性和科研的独立性以满足专业研究学习的需要和就业市场的需求，高校应该

---

* 基金项目：西北政法大学研究生教学改革项目“以‘自主学习与科研’能力提升为导向的研究生教学方法改革研究”。(编号：XJYY202106)。

** 赵杭莉，西北政法大学副教授，西北政法大学土地资源管理专业硕士生导师。王之路，西北政法大学管理学院硕士研究生。

① 黄莹莹：《研究生思政课探究性学习的实践理路——基于对分课堂教学模式的探索与思考》，《研究生教育研究》2022 年第 4 期。

主动以社会经济需求为导向来调整包括课程培养目标、教学内容与教育模式等内容的人才培养方案，以培养出兼具理论研究水平与实践能力的高级人才。开展研究生自主学习与科研能力交互融合“立体式”培养模式的探索和实践对提升研究生综合素质和教育质量具有重要意义。

一 自主学习与科研能力“立体式”培养的内涵和必要性

1. 自主学习与科研能力“立体式”培养内涵

自主学习理论最早由西方学者提出，早期的自主学习理论基于心理学视角，从意识角度出发，出现了“阶段论”和“过程论”两种不同的研究理论。“阶段论”的自主学习心理主要分为前瞻阶段、表现阶段和自我反思三个阶段。[①]“过程论”则认为自主学习实际上是学生在认知、动机、行为三个方面都积极参与的心理反应与学习过程，学习者应具备确定学习目标、选择学习方法、监控学习过程、评价学习结果的能力。[②] 我国学者结合国内教育实际情况，形成以识别“学习主体”为要点的新“过程论”理论体系，[③] 认为自主学习主体是特定的学生，这些学生是愿意且能够参与到学习活动全过程。

科研能力内容广泛，有学者认为该能力主要包括创新能力、发现与提出问题能力、分析问题能力、解决问题能力和反思能力五个维度及其细化。[④] 研究生论文的产出、课题项目、学术发表等具体行为是学生科研能力水平的直接体现与反馈。自主学习能力既是科研的前提和基础，又直接决定着科研的成效，可以进一步夯实学生的科研能力，以达到研究领域的创新

---

① 孙佳林、郑长龙：《自主学习能力评价的国际研究：现状、趋势与启示》，《比较教育学报》2021 年第 1 期。

② Zimmerman B. J.，“Becoming A Self-regulated Learner：Which are the Key Subprocesser?” *Contemporary Education Psychology*，1986，11（4）：307-313.

③ 薛欣欣、胡莉芳：《研究生课程教学中的自主学习：内涵、作用与实践策略》，《研究生教育研究》2020 年第 4 期。

④ 曾冬梅、潘炳如：《研究生协同培养对科研能力的影响》，《中国高校科技》2019 年第 3 期。

性。① 同时，科研中获得的直接经验和实践技能等，可对研究生自主学习能力的提升产生积极影响，而科研思维的树立则能够帮助学生提高自主学习效率捕捉专业前沿信息。

自主学习与科研能力二者具有密不可分、相互促进的关系，是当代研究生必备的核心能力，对研究生素质的培养至关重要。研究认为，“自主学习能力”是指有目的地采用科学的方法主动去学习知识的能力，“科研能力”是指学生在学习相关课程理论与方法之后，经过一定的训练，运用课程所学知识结合现实解决问题的能力，研究生“自主学习与科研能力”即以研究生为载体的这两种能力的综合。研究生“自主学习与科研能力”的具体内容及细分如表 1 所示。

表 1　“自主学习与科研能力”具体内容及细分

<table>
<tr><td rowspan="19">自主学习
与
科研能力</td><td rowspan="9">自主
学习
能力</td><td rowspan="3">自我认知能力</td><td>内在驱动力</td></tr>
<tr><td>自我情绪管理能力</td></tr>
<tr><td>抵抗外界干扰能力</td></tr>
<tr><td rowspan="2">自主学习目标设定</td><td>自主确定学习目标的能力</td></tr>
<tr><td>自主规划学习计划的能力</td></tr>
<tr><td rowspan="2">自主学习过程控制</td><td>自主选择学习方法的能力</td></tr>
<tr><td>自主监测学习进度的能力</td></tr>
<tr><td rowspan="2">自主学习结果反馈</td><td>自主评价学习效果的能力</td></tr>
<tr><td>自主改进学习过程的能力</td></tr>
<tr><td rowspan="10">科研
能力</td><td rowspan="3">逻辑推理能力</td><td>发现与提出问题的能力</td></tr>
<tr><td>分析问题的能力</td></tr>
<tr><td>解决与反思问题的能力</td></tr>
<tr><td rowspan="3">写作能力</td><td>文献查阅与总结能力</td></tr>
<tr><td>数据收集与处理能力</td></tr>
<tr><td>语言表达与写作能力</td></tr>
<tr><td rowspan="2">实践能力</td><td>动手操作能力</td></tr>
<tr><td>社会调查能力</td></tr>
<tr><td rowspan="2">创新能力</td><td>技术/方法创新能力</td></tr>
<tr><td>理论创新能力</td></tr>
</table>

① 李遥、陈晔、佘明等：《研究生层次化学习能力影响因素分析及对策研究》，《学位与研究生教育》2015 年第 7 期。

研究基于学生学习的不同阶段和侧重点对“自主学习与科研能力”进行具体内容的划分，主要是为了区别各能力水平之间培养的差异性和社会需求方向，研究生各类素养之间实际上存在一定的关联性和共通性。“立体式”培养就是以各种能力的训练为导向，注重学生自身禀赋的同时对其展开全面性、系统性的渗透式教学，多方位地实施培养策略，为补足研究生能力短板、输出高素质人才提供教育基础。

“立体式”培养可以根据研究生的专业和发展目标不同而构建不同的培养体系，科学、翔实、周密地制定出学生的训练计划，优化国内教育固有的填鸭式教学模式。因此，研究生自主学习与科研能力的“立体式”培养是以激发学生自主学习意识、训练学生科研实践能力为目标，重新调整教学思路和培养方式，对不同基础水平的研究生采取针对性教学与科研两个维度兼“教学设计、教学方式及科研训练”三个方面立体递进式培养的一种新型教育理念。

2. 自主学习与科研能力“立体式”培养必要性

自2020年起，我国高等教育已进入普及化发展阶段，随着高等教育的扩张和结构的变化，2017—2022年间研究生考试报名人数持续攀升，《2022年全国研究生招生调查报告》显示，我国具有研究生学历的就业者比例从2007年的0.2%上升至2019年的1.1%。随着我国经济增长速度放缓、行业发展不均匀、产业结构变动，用人单位对高校研究生能力需求转型升级，① 研究生能力的供需状况不断调整，社会组织对人才的需求从以前单一专业技能型转变为复合型人才。部分研究生本身具备的专业基础不够扎实、就业核心竞争力不强，科研水平、通用技能、实践经验等无法满足用人单位的岗位需求，从而产生能力结构的不匹配，高校作为研究生人才的供给端，应该对标社会需求，在研究生自主学习与科研能力的培养上紧跟时代发展，向各类用人单位输出高质量人才。

国内高校最为普遍的研究生授课方式为教材讲授式、任务分配式及科研训练式，相比教材讲授式注重理论基础讲解、任务分配式注重思想观念交流，以科研能力分专题教学是提升研究生科研能力的最佳方式。不同院校对研究生科研训练强度和内容存在较大差别，传统授课方式在大部分院

① 李雨晴、岳英：《我国经济发展水平与硕士研究生教育供求关系的实证研究——基于1994—2019年我国研究生报考与录取人数的分析》，《学位与研究生教育》2022年第5期。

校仍占主流，这种方式下研究生容易依赖课堂或课后布置任务“被动性”学习，其“自主学习过程控制”能力较弱、自主接受科研训练机会较少，不利于科研素养培养，培养效果往往弱于分阶段、系统化、常态化进行科研训练院校培养的人才。

对研究生自主学习与科研能力的培养既能提升学生自身综合素质水平，又是经济发展和市场运营的社会需求，三维“立体式”培养模式是在常规教学的基础上，根据不同专业要求和学生禀赋探索出的具有科学性和可行性的新型培养模式。这种模式通过教学与科研两个维度以及教学设计、教学方式与科研训练三个方面的变革致力于多角度“立体”提升研究生的自主学习与科研能力，能够实现对研究生在未来工作中应该具备的创新能力、人际交往能力、实践动手能力、文稿写作能力、政策执行能力、组织管理能力等全方位胜任力的培养，对实现培养目标、提升研究生培养质量、对接社会就业需求具有重要意义。

二 研究生自主学习与科研能力“立体式”培养模式探索

研究以西北政法大学为试点，针对研究生自主学习与科研能力培养存在的问题进行改革模式探索。西北政法大学于 1979 年开始招收培养硕士研究生，现有在校硕士研究生 3700 余人、博士研究生 100 余人，在读研究生多数源于本校或者与本校类同甚至弱于本校的其他高校，学生普遍存在自主学习意识较弱，自主学习能力与方法欠缺的问题。因此，有必要立足院校研究生培养实际状况，基于系统的视角，兼顾知识与技能、过程与方法、情感态度与价值观的统一，探索构建研究生自主学习与科研能力三维“立体式”培养模式，以提高在校研究生自主学习与科研能力，进一步巩固课堂教学成果，提升学生培养质量，满足社会对研究生就业基础能力的需求。

（一）教学维度：调整课堂教学设计，优化线下教学质量

课堂学习是研究生在校的基本学习任务，合理设置课程结构、优化线下课程内容，有效利用课堂时间能够帮助研究生树立积极、主动的学习习惯，对研究生“内在驱动力”和“抵抗外界干扰能力”等自主学习能力有良好的促进作用，在教学过程中激励学生不断探寻知识理论的深度与广

度，有利于提升学生“发现、提出、分析”问题的能力。

1. 合理分配教学时间

教学时间的合理分配在很大程度上决定了教学的效果和质量。教学时间的分配主要包括：一是对总体教学时间的分配，根据所授学科课程标准的规定和教学任务总量，对整个学期的教学时间进行合理规划安排；二是课堂教学时间的分配，教师根据学生学习的实际情况和每堂课的知识容量灵活调整学习进度和内容，以达到实时跟踪和监测教学效果的目的。课程较多、作业任务较重的研究生容易产生应付心理，为后面自主学习缺乏机动性和科研训练时间不足埋下隐患，所以教学利用优质课程等相应资源引导学生培养自主学习意识，课堂时间分配用于检查自主学习成果、答疑与对应知识模块的科研训练，既能够减轻学生“填鸭式”教学的学习负担，又能够培养其自主学习能力和“发现与提出问题”的科研能力，最后通过课堂答疑帮助学生增强“解决与反思问题的能力”。

2. 改革创新教学方法

西北政法大学部分专业课程通过“三人学习小组”“分组展示”等方式在提升学生自主学习和团队协作能力方面已经初见成效。教师以合理的任务分配或采取组长负责制要求每名学生参与到学习过程当中，并规定统一时间进行学习成果的考核，一方面可以增强学生自主学习的“目标设定”与“过程控制”能力，另一方面对研究生的逻辑推理能力和实践能力进行提升训练，接收关于科研训练延长时间与效果的相关反馈。

3. 推行“激励式”考核方法

以往的专业课程大多按照平时成绩占课程总成绩30%、课程论文或考试成绩占课程总成绩70%的传统分值比例，部分教师对学生平时成绩仅以“不迟到、不早退、不旷课”作为考核要求，学生容易产生惫懒思想，甚至导致学生对平时课堂漠视，只在最后“临时抱佛脚”的现象。推行“激励式”考核方法，首先，将平时成绩的分值比例提高到50%，以有效提高学生对课堂的重视程度；其次，教师将学生每次线下课堂汇报内容的“质”与“量”综合作为考核依据，对每名学生的平时成绩进行打分，其中“质”衡量学生汇报内容的水平，“量”反映学生自主学习的工作量；最后，为期末课程论文或考试内容划分详细的评分标准，并强调课程论文或考试主观题部分要求以课程所学内容进行撰写和作答，将课程论文与课程模块化内容的结合度纳入考核标准当中。

4. 将“思政教育”融入课堂

目前教育环境下，学术不端现象偶有发生、研究生缺乏相应爱国情怀、科研素养以及课堂知识与现实需求不匹配等问题较为突出，凸显了对学生“思政教育”高度重视的需求。将“思政教育”融入课堂体现在三个方面：首先，教师在首节课强化对学生学术行为规范与学术道德修养教育，划定课程学习与科研训练中的道德底线，帮助学生树立正确的科研动机与真诚的科研态度，尤其是对科研训练较少的研一学生格外重视。其次，在日常的学习任务和课堂教学中注重对学生基本科研素养的培养，强化研究方法训练的重要性并积极组织学生交流讨论。研究方法的训练能有效提高学生正确使用方法与技术的能力，讨论和交流能够帮助研究生拓宽思维，提高其创新能力。最后，教师通过对学生课堂汇报及交流点评，适时引导学生树立正确的世界观、人生观与价值观，学会将理论研究与现实需求相结合，激发他们的家国情怀；积极引导学生学会不断发现、提出、分析、解决问题，鼓励学生大胆表达自己的见解，对学习进行评价与总结，

5. 构建教学评价机制

课程教学评价是一项复杂的系统性工程。为体现评价的科学性、合理性与公正性，试点学院和课程采用学生教评、教学管理人员评教与教师点评于一体的教学评价机制。学生评教即学生对教师的课程教学活动进行评价，主要在期末由学生以提交教学改革评价材料的形式反馈，由教师指导学生从自主学习能力提升、科研能力提升、弹性课时长短效果、授课内容容量、考核模式改革效果以及学生接受程度六个方面但不限于这些方面对课程教学进行评价，为课程教学改革效果测评提供参考依据，这也是“以学生为主体”教学理念和落实学生学习主体地位的重要体现。教师点评即在期末由课程授课教师对所开设的课程教学情况及学生能力提升效果进行评价与反馈，这既是教师自我检查教学效果的重要途径，也是对改革过程的详细回顾与自我思考，有利于发现改革进程的问题与经验的总结。教学管理人员对教学效果的评价主要是通过平时教学管理过程中实施改革课程与其他未实施改革课程的管理表现细节来评价，有利于从管理的视角思考培养改革的效果。

（二）教学维度：发展“线上[①]”教学模式，激发学生自主意识

线上教学模式分为“线上线下”混合教学、“主线—模块”教学和“文献研读活动”三种形态。增加“线上”教学一方面有效破除了学生因课程繁重而缺乏精力进行自主学习的困境；另外，教师听取学生学习内容汇报，对学生自主设定学习目标、自主控制学习过程有明显锻炼和提升。同时，文献研读活动的开展能够拉长弹性课时，也有利于学生在相互交流中收获新思路、新方法。

1. “线上线下”混合教学方式

由于课程内容和课时限制，教师有时很难在有限的时间内将庞大的知识体系讲授完整，学生也难以在短时间内对知识进行消化。因此试点课程和专业在考虑现有实际教学条件、充分运用网络资源的基础上，采用以提高研究生“自主学习与科研能力”为目标的线上线下混合教学方式将线上教学与线下教学结合起来，发挥各自的优势，共同实现设定的课堂教学目标。区别于常规“线上”与“线下”相结合的教学方式，课程施行的“线上线下”混合教学方式强调将线上自主学习融入线下课堂中，即将原有 4 个课时的线下课堂拆分为“2+课时线下+2−课时线上”两部分，线下课程完成后，教师布置科研任务要求学生在教室利用电脑进行线上自主学习，在课堂结束前规定时间内，由学生分别向教师汇报各自学习内容，教师逐一做出点评和答复并计入平时成绩，部分同学未按时完成的线上学习任务由其自主安排课后时间完成。

2. 强化“主线—模块”教学方法

随着近年来知识信息指数型的增长与国家社会经济的高速发展，许多课程的理论内容也快速持续更新，大量前沿、新兴的研究成果不断融入其中。仅以课本结构为主线，很难保障学生能够较全面地掌握课程新增的专业知识与技能，因此，试点课程遵循提升学生自主学习与科研能力的教学目标，强化“主线—模块”的教学方法。其中，“主线”教学方法强调以学生为中心，根据学生不同的研究方向，以专业性与前沿性两个维度作为支撑，将课程内容按照学科结构分为不同主线，要求学生结合自身选择某

---

① 此处的线上教学主要指对多媒体资源的利用，空间上既包括课堂上学生利用多媒体的教学形式，也包括课后利用线上资源的网络教学。

一主线作为切入点，在学习基础理论的同时探索该主线中最前沿的研究成果；“模块”教学方法则是以科研写作为导向，参照论文“文献综述/引言、理论框架构建、研究方法、实证分析、结论与建议”等常规组成部分进行划分，进行模块化教学。在“模块”教学中，教师要求学生自主收集整理经典文献中的相关内容，并对其在课堂中的汇报结果进行点评。

3. 定期开展“文献研读活动”

文献研读活动是西北政法大学相关课程教学方法改革中配合课堂学习的辅助活动，同时也提供了一个让学生分享学科最新政策背景与研究视角的学术交流平台。活动的主要参与者为选修该课程的学生，开展方式为课外线上进行，每两周开展一次，文献研读会的时间不占用规定的课时，作为弹性学习时间将该课程的总时长适当增加。活动开展的流程为：①课上确定每次文献研读主题与时间；②主要参与者依次展示文献并分享研读感受，具体包括文献的思路、理论框架、写作方法等；③其他学生针对文献进行提问，分享人对问题进行回答；④老师最后进行点评与总结。文献研读的内容随课堂教学设定，主题紧扣专业理论，督促学生自主学习丰富的专业知识、拓宽学习方式的同时促进学生对自我学习过程的控制。

（三）科研维度：渗透科研素养训练，提升学生专业水平

课题研究是研究生科研训练的主要形式，了解课题来源、调研课题背景、参与课题写作对提高研究生的科研能力至关重要。不同的课研项目具有不同的特征，研究中配合课堂教学设计，利用不同特征的项目对不同科研基础的学生进行针对性科研训练，以提升学生的自主学习与科研能力。

1. “已有报告为载体”的“科研范式”训练

已有报告是前期已经完成的项目报告，对于自主学习能力不足、科研基础能力较弱的研究生来说，已有报告的研究内容相对完整，写作范式较为规范，是进行学习和模仿以提高科研能力的合适材料。由于课题研究与写作具有时效性，已结项的课题报告在相关的政策法规、数据资料等方面存在滞后情况，学生根据现有资料对其进行更新和改进，有利于训练提高研究生的写作、文献收集、数据处理及学术语言表达等科研能力。导师依照学生自身的实际情况，针对不同的学生布置特定的写作训练任务，设定写作目标，并通过例会的形式及时对研究生的写作成果进行批阅和调整，通过循序渐进的科研训练初步提升研究生的写作和分析能力，不断通过对

已有项目修订的日常任务分配来增加研究生科研范式仿写训练，使基础较弱或某方面能力欠缺的研究生能够掌握学术语言表达等基础科研素养，树立基础的科研写作意识或提升某一方面的科研能力。

2. “教改项目为载体”的“科研逻辑”训练

教学改革是高校为促进教学进步，顺应社会对人才质量的需求，而进行的关于教学内容、方法及制度的改革。教学改革的主体是教师与学生，学生参与其中能够有效地反馈改革效果，教改项目相较厅局级与国家课题而言难度适中，研究生在教师的指导下参与部分教改报告的写作任务，能够有效训练其科研逻辑组织能力，有利于自主学习能力的培养。教改项目的撰写材料包含申请书、调查报告和结题报告，参与申请书的撰写能够让学生从理论方面建立完整的研究逻辑；参与调查并承担部分报告写作可以让学生深入到实际调查，培养其发现问题和解决问题的能力；而结题报告是对教学改革过程的描述，学生作为教学改革的受众群体，更能够切实地反馈教学效果。从参与教改过程到部分研究工作的承担再到部分材料的撰写，整个过程中可以培养学生发现问题、解决问题、查阅文献与提升科研逻辑的能力。

3. “厅局级课题为载体”的“科研实战”训练

科研活动是高校发展的重要活动，而课题研究是科研活动的主要组成部分，厅局级课题与国家课题相比，研究对象范围更小、时间更短，研究结果更具有地域针对性，适合研究生真正开展“科研实战”训练。由于厅局级课题研究难度较小，学生能够充分参与课题研究并承担科研任务，通过厅局级课题的研究能够在一定程度上锻炼和提升学生的自主学习能力与科研能力。学生全程跟进课题的申报、立项、研究和结项过程，不仅有助于了解课题研究的流程，而且通过大量阅读分析文献、参与调研并对调查资料进行分析和整理，对学生写作能力的提升具有良好的训练效果。厅局级课题是继“科研范式”和“科研逻辑”训练完成后适合进一步巩固加强学生更高层科研能力水平的一种训练方式。学生在参与厅局级课题时，通过阅读、探究、交流、解决问题等方式训练，能够有效提升其“自主学习能力”与“科研能力”，完成实际意义上的“科研实战”训练。

4. “国家课题为载体”的“科研提升”训练

学生经历前期科研写作训练后，已经具备了基础的科研素养，因此需要给予更高的目标定位，国家课题的参与式写作成为该阶段重要的提升路径。相较于前一阶段的厅局级课题写作训练，此阶段更加关注学生剖析问题、提纲挈领的能力以及学术写作的取精用宏能力，致力于引领学生系统性地探讨问题，思辨性地解释原理，实效性地建言献策。国家课题的主要训练任务包括分组进行调研、分工进行不同部分文字撰写与修改、定期开展研讨会总结阶段性进展、头脑风暴开拓创新研究思路和方法等。“国家课题为载体”的“科研提升”训练虽然完成难度较高，且对师生配合的默契程度提出要求，但作为学生“自主学习与科研能力”提升的关键一环，能够切实地授学生以渔，帮助学生形成系统化、整体性的科学研究逻辑，为学生独立自主完成学术成果奠定基础。

5. “期刊论文为载体”的“科研成果”训练

我国相当一部分高校实施研究生发表论文与获得学位挂钩这一举措，即研究生毕业前必须在核心期刊或指定期刊目录中发表一定数量的论文才会授予相应学位。发表论文是对研究生科研能力和学术水平的综合检验，是我国目前各高校普遍采取的评价研究生学术能力的主要标准。期刊论文写作实训是在“科研范式”、“科研逻辑”及“科研实战”等训练的基础上，以学生自主写作为主，教师定期指导为辅开展的一种训练形式。期刊论文写作实训前期，学生通过各项课题写作训练具备了基本的写作能力，以课题研究为载体，结合专业及个人研究方向确定写作主题。写作过程中教师只在较为关键的节点给予针对性的指导，避免全盘指挥，最大程度激发学生的自主写作能力。期刊论文写作要求学生持续关注学术研究动向和重点，全面掌握写作主题的研究现状、保证研究结论的正确性，且体现研究的意义和成果的学术价值，最终形成结构完整、逻辑自洽、具有价值的期刊论文写作成果，[①] 是真正意义上独立自主的科研写作实战。

三　研究生自主学习与科研能力“立体式”培养模式实施效果

研究生自主学习与科研能力的“立体式”培养改革注重理论与实践相结合，在试点单位取得良好成效，不仅夯实了学生的专业基础，增强了

① 张品纯：《科技期刊编辑提高学术研究能力和论文写作水平的一些要点》，《中国科技期刊研究》2020 年第 10 期。

学生的综合能力，还高效地提高了不同基础研究生的自主学习与科研能力，促进了他们学习与研究的共同进步。

1. 线上线下相互促进，夯实学生专业基础

“线上线下”相互促进的教学模式创建了一个新的教学平台和学习机会，对加强学科建设、营造第二课堂文化环境、督促学生丰富专业知识、拓宽学习方式和渠道大有裨益。在线上、线下穿插式教学中，逐渐实现了将教师为中心的“复习导入—传授新知—总结归纳”传统教学模式向以学生为中心的“新知导入—学生讨论—教师点评”现代教学模式的转化，通过将教学思想、方法及管理三者的融合，不仅提升了学生的学习动力和自主学习效率，而且将学科与学术结合起来充分发挥了师生合作的教学优势。互动式教学更容易激发起学生学习的兴趣，学生根据不同的课程任务选择自己的研究方向并进行深入挖掘，增强其学习的主观能动性。线上与线下相结合的方式解决了学生自觉性欠缺与教学时间不足的弊病，学生对课堂反馈效果有切身感受，为达到更优的成果展示愿意自主优化学习过程，增强自主学习的能力。同时，线上教学以学生的参与为主，他们通常会根据自己的理解呈现出问题的不同视角，不仅有利于多角度的探讨主题，也有利于促进学生对自我学习过程的控制。

2. 分层叠加培养内容，增强学生综合能力

通过“已有报告”“教改项目”“厅局级课题”“国家课题”和“期刊论文”逐步叠加对研究生进行科研能力训练，学生整体综合素质和科研水平有了明显的提升。自我认知能力方面，学生通过参与研究接触学科前沿，寻找自己的研究方向，为论文撰写和未来职业规划奠定基础；逻辑推理和创新能力方面，学生会循序渐进地学习文章编排架构、逻辑体系和内容填充，在此期间他们发现、提出、分析问题以及创新和实践的能力能够得到有效锻炼；写作能力方面，利用不同等级的课题研究特征分门别类对研究生进行不同程度的科研训练，对他们认识科研规律、更加深入探索学术研究领域具有积极意义；实践能力方面，通过参与课题的前期调研、中期写作、后期修改，全程跟进问题逐级分解、探求本质的过程，能够积极推进学生对科研工作开展的独立把控，形成适于自身的良好科研模式和习惯，促进独立学术成果的产出。

3. 构建科研训练体系，实现学习研究并进

教学与科研训练体系构建本着“实践—总结—实践”的思路，首先

在明确现状的基础上有针对性地在线上、线下教学与科研培养中实施相应措施；其次在实际运用中不断总结经验教训，并定期测评教学效果和科研训练成果，及时对新型教学模式中发现的问题做出矫正和调整；最后，在总结反思的基础上进行新一轮教学优化，遵循培养提升研究生“自主学习与科研能力”为目标，创设出一套完善的教学与科研有机融合体系。科研教学体系中，师生定位重新明确：教师引导、答疑、设计方案、监督落实；学生钻研专业理论方法、研读文献与经典书目、参与科研训练与写作。强化课程内容与科研训练的界限与衔接、推动研究生树立“研究与主动学习相融合”的学习思维意识、转变学生科研思维方式、强调自主学习与科研训练的重要性，不仅补充了研究生创新型素质教育的空白，而且对研究生符合时代经济发展和社会人才需求的输出进行了高质量提升。

Research on the Three-Dimensional Training Model of Graduate Students' Self-regulated Learning and Scientific Research Ability

Zhao Hangli　Wang Zhilu

Abstract: Independent study andscientific research ability is the core of graduate students'comprehensive ability. On the basis of the definition of the "three-dimensional" cultivation connotation of graduate students' independent study and scientific research ability, this paper points out the importance of cultivating students'two abilities. At the same time, taking Northwest University of Political Science and Law as an example, it explores the specific content of the "three-dimensional" training mode from two dimensions of teaching and scientific research, as well as three aspects of teaching design, teaching methods and scientific research training. Finally, the implementation effect of this model is evaluated from three aspects of students'professional foundation, comprehensive ability and learning and research ability.

Keywords: independent learning ability; scientific research ability; postgraduate education; three-dimensional training mode; northwest university of political science and law

研究生教育高质量发展视域下的导学关系建设

龚会莲　何斯俊玉*

摘　要： 导学关系及导学共同体的建设对研究生教育高质量发展意义重大，受多方面因素影响，当前的导学关系建设面临德育缺位、二元疏离、情感阻隔、权责体系模糊等现实困境。作为德智双育目标的重要实现载体，研究生导学关系的建设优化应以新型德育理念的确立为先，夯实双主体导学新格局，对导学内部的互动方式和协作机制进行针对性的创新。

关键词： 导学关系；高质量发展；德智双育

研究生教育高质量发展是研究生教育改革的方向，是推动高等教育内涵式发展的必然要求。① 作为高等教育结构体系中的最高层级，研究生教育的高质量发展需要从多个层面协同推进，其中研究生教育活动主体——导师和研究生间的关系（简称导学关系）对高质量发展具有直接影响。本文基于相关文献及有关导学关系的问卷调查，在分析导学关系及基于导学关系型构的导学共同体在当下面临的诸多困境之后，提出若干优化导学关系的建议。

一　研究生教育中的导学关系、导学共同体及其意义

研究生与导师之间的导学关系在实践中通常表现为一种综合性的教学关系，即导师在指导学生学习课程知识、参与课题研究、撰写学术论文，

---

* 龚会莲，西北政法大学政治与公共管理学院教授。研究方向：公共政策研究。何斯俊玉，西北政法大学管理学院行政管理专业 2021 级研究生。

① 姜澄、黄书光：《自信与增信：中国特色社会主义研究生教育道路的发展逻辑》，《研究生教育研究》2022 年第 5 期。

并以此类活动为载体教会学生如何为学、如何为人的过程中，与学生形成的多重互动关系。正是在导学关系之上，导师与研究生进一步被整合为一个有机联结体，逐渐建构起被称为导学共同体的教育组织形态。在以知识传创和全面育人为目的导学过程中，导师与研究生基于共同的道德遵循和价值追求，通过广泛多重的参与、合作和交流，最终形成具有科研导向性、价值导向性和情感导向性的导学共同体。[①] 稳固的导学关系促成导学共同体的建立，同时健康的导学共同体也能帮助导学间在目标、价值观上更好地保持一致，从而促进导学关系的和谐发展。

导学共同体作为一种新型的教育模式，以构建健康的导学关系为基础，关注导学间有效的互动合作与情感交流，旨在实现对研究生的德智双育，提升其以学术创新、社会适应、价值取向为主导的综合能力，从而进一步落实研究生教育高质量发展的目标。因此，作为高等教育现代化必经之路的研究生教育高质量发展，需要从构建良好的导学关系入手，通过加强对研究生的德智双育，构建民主和谐的学术生态环境，为高质量发展提供不竭动力。

具体而言，融汇导学间共同需求的健康关系有助于校正导师定位偏差、研究生科研被动、社会责任感缺失等问题，进一步提高导师在德智双育中的自觉性和责任感。导师为实现职业发展，愿意将更多的精力投入到对研究生的培养之中，在教学过程中，通过与研究生的互动交流，吸收新的思想，在育人的同时提升自身的能力和德性。研究生在与导师的对话中丰富自身学识、提高认知水平，实现自身能力的持续进步。导学间相互交融，彼此促进，实现真正意义上的教学相长。

二　研究生教育中导学关系的发展现状与困境

（一）发展现状

导学关系是研究生与导师间建立在共同目标之上，通过彼此之间知识传习、思想互动、情感交流而形成的多维度关系。它不仅体现为以学术为

① 方磊：《高校研究生教育中导学共同体的三重意蕴》，《青少年研究与实践》2021 年第 1 期。

主导的教学关系，更包含了导学间互动交往中产生的德性、价值观等综合层面的关系。导学关系是关乎高等教育质量以及研究生个人成长与发展的直接要素。然而随着现代社会工具理性对各领域的广泛渗透，过度强化的工具性价值观在一定程度上异化了当前的导学关系，产生了形形色色背离“理想型”导学关系的形态。根据现有研究，结合我们的调研结果，将目前的导学关系归纳为以下几种典型类型。

1. 老板雇员型

在过度“功利主义”的风气之下，某些研究生导师与学生的关系异化为劳务与经济报酬交换的雇佣关系。通常表现为导师基于经济收益考量，利用其业务能力和业务影响承接某些学术性不强的项目，尤其是某些来自于市场的横向项目；研究生则或主动或被动承担完成项目的主要工作，个别情况下甚至因此挤占了自身的学业和学术活动——虽然多数学生能收到导师以“津贴”名义发放的数额不等的额外报酬。这种情况在工科类专业中更为常见。在异化后的导学关系中，某些非正式场合下，学生对导师本应的“老师”称谓甚至都异变为“老板”。

2. 放任自由型

由于近年来研究生扩招，导师人均指导研究生数量随之增加。一份随机的调查问卷显示，有 50.49%的被调查对象，其导师名下有 5 个甚至更多数量的学生。由此造成导师精力有限，无法顾及所有学生的不利局面。此外，部分被调查对象还反映，其导师除科研任务之外，还担任某些行政职务，很难投入大量精力对学生进行学业指导和监督。也有部分导师被反映将全部精力投入自身发展，忽视其在研究生教育过程中“导”的责任，任由学生自由发展，疏于对学生在学术、价值观念、心理健康等方面的引导职责。对于这类自由放任型的导学关系，部分研究生认为其有助于发挥学生的自主性，按照自己的安排合理规划科研生活；然而大多数研究生则认为，放任自由会造成学无所成、毕业压力巨大等负面影响，浪费教育资源。

3. 科研合作型

研究生与导师双方以科研任务为导向，交流仅局限于学术研究方面。研究生依照导师和高校培养计划的要求完成相应的学术任务，并围绕任务与导师进行互动交流；导师在相关科研领域对学生进行引导，认真履行学业指导责任，但双方缺乏心理和情感的交流碰撞。科研合作型导学关系往往表现出合作顺利、无冲突的表象，实则师生间由于缺乏情感交流，深层次的不和谐因素被隐藏。我们的调查问卷显示，35.92%的研究生在面对师生关系冲突时，均选择回避、避免冲突产生。导师在教育过程中也忽视了德智双育的重要性。

4. 良师益友型

良师益友型导学关系中，导师与研究生在学业与生活方面均能够产生良好的互动。在研究生教育中，导师充当着引导者与伙伴的角色，在科研中对学生进行负责任的指导，在生活中也能很好地关心爱护学生，帮助学生树立良好的价值观，塑造健康的心理状态。在平等的相互交往过程中建立起良好的师生情谊，形成以导师为主导，研究生为主体参与的民主合作模式，同时也能更好地进行合作，推动科研任务的完成，对于研究生教育起到了德智双育的效果。

（二）困境表现

根据调查，当下的导学关系对研究生教育高质量发展的要求还相去较远，导学双方在德育供需、情感互动、角色关系和权责界定等方面都存在较大困境。

1. 导学间的德育供需失当

在对研究生的培养过程中注重德性与能力的一体化培育是实现人才高质量发展的关键。缺乏德育支撑的智育不但不能实现全面育人，并且其智育活动也无法持续深入。在放任自由型和科研合作型的导学关系中，德育被放逐，而在老板雇员型的导学关系中，德育更是被进一步歪曲。我们的问卷也显示，在接受调查的学生中，仅有20%的受访者曾在人际矛盾、为人处世和人生态度等价值观方面接受过导师指导，也就是说，有80%的受访者认为其导师缺乏对他们进行德育方面的引导，尤其在包括个人价值抉择和人生意义塑造等领域的德育活动中，指导老师的缺位成为较为普遍的现象，学生遇到类似问题或困惑时也鲜有第一时间想到求助导师，没有意识到导师肩负着对研究生的德育职责。导学双方在德育供需上双向微弱。

2. 导学间的情感互动不足

在导学关系中，情感及情感互动全方位地渗入和影响全面育人活动。一方面，积极健康的情感体验及情感互动本身就是育人活动的一部分，在导学活动中，学生在对重大命题的真知灼见的碰撞中体验到深刻的理智感，在对深沉幽微的先贤遗训的讨论中领悟到神圣的道德感。这些导学过程中的个体情感体验有力地支撑学生完成道德升华和人格完善的德育目标。另一方面，适度积极的情感体验也会转化为育人活动尤其是智育活动中的强大动机，促进双育目标尤其是智育目标的达成。① 但现实中的导学关系，受制于主客观因素，导学双方很难有优裕充足的人际空间展开丰富情感互动，发挥情感育人的作用。首先，生师比不断拉大使导师愈发难以及时兼顾到对学生情感互动要求的回应。据官方数据显示，在经历逐年递增后，2022 年全国共录取研究生新生达 110.7 万人之多，生师比势必进一步拉大。其次，在过度追求量化的导师考核机制下，不易量化的育人职责被忽视和削弱，情感育人更沦为空洞的口号，导师缺乏足够的动力兼顾到与学生的情感互动。比如上文中的放任自由型、科研合作型及老板雇员型导学关系中根本没有情感育人的位置。我们调查中也发现，部分导师全身心投入到自身的科研工作和行政事务中，鲜少与学生有高频长时的互动，更遑论需要长时间、多精力投入的情感互动和情感育人。比如在导学交流的频次方面，仅有 35.92%的受访者选择了每月一次及以上，竟然有 15.53%的学生选择了每学期不到一次；在导学交流的时长方面，高达 61.16%的学生选择了 1 小时以内的选项。

3. 导学间的二元主体关系疏离

在理想类型的导学关系中，双方本应借由充分沟通和深入互动，交相推动主客互易和角色翻转，重新确认学生的主体地位，激活学生的主体意识，复苏学生全面发展的主体意志，从根本上解决传统导学关系中，学生被锁死为教学客体的不利局面，最终实现全面性的教学相长。而目前相当数量导学关系的现实表现，则大异于以上理想类型之旨趣。或如放任自由型一样，放弃对导学双方关系的良性建构；或如科研合作型一样片面化导学双方关系的丰富内涵，使导学关系单向化；又或如老板雇员型一样异化和对立导学双方关系，延续乃至进一步庸俗化了传统僵化的导学关系。我们的问卷调查也显示，有部分受访学生确实表达了在学习生活中遭遇到类似的困扰，导学之间二元主体关系疏离。

① 邹吉林、张小聪、张环等：《超越效价和唤醒——情绪的动机维度模型述评》，《心理科学进展》2011 年第 9 期。

4. 导学间的权责界定不清

权责一致是确保良性导学关系持续稳固存在的基础条件，这需要导学双方知晓和谨守各自的职责权限，保持权责的相对平衡性。研究生教育高质量发展要求导师对学生的德智双育全面尽责，但对如何衡量导师的职责履行目前尚未形成稳定共识，甚至对其具体职责范围也缺乏清晰的界定；就学生而言，除培养计划中规定的应当完成的实质性目标之外，对在日常学业生活中如何积极进取，配合导师完成全面育人目标也是“一片懵懂”。我们的问卷调查显示，研究生与导师的日常交流中，51.46%的受访者表示有时导师主动、有时自己主动，24.27%的受访者表示导师经常主动找自己，还有12.62%的受访者表示导学双方都不主动，结合上文中师生交流频率的调查表明，研究生对在日常学习中自身的角色责任和义务都缺乏清晰稳定的认识。权责界定的模糊阻碍了良好导学关系的建设。

三　研究生教育中导学关系建设的困境分析

（一）功利主义价值观的消极影响

市场机制促进了全球经济和社会的蓬勃发展，也带来了利益至上这种观念的副产品，功利主义的价值观渗透到社会各个领域，高校也难“出淤泥而不染”。反映在导学关系中，有如下具体表现：第一，由于社会功利主义价值观念的影响，研究生导师过分倾向于学术教育的工具性，将研究生教育等同于对“物”的培养，忽视了在教育过程中人的价值意义和主观能动性。研究生作为一个独立的个体，每个人都有其自身的独特性，在受教育的过程中，导师应当充分重视到每个学生的特点，因材施教，而非以经济利益为目标，一味地带领学生申报课题、承接项目，致使研究生不仅没有受到正向的价值引领，学术水平也难有实质提高。第二，社会功利主义价值观同样会对研究生造成一定的负面影响，利益的追逐势必诱发学业中的短视效应。研究生在学术研究中，跟随导师申报课题、完成项目能够相应地得到部分经济报酬，同时，课题与项目也能够成为研究生在学期末评奖评优的加分项，因此，为获得经济上的报酬和名誉的奖励，部分研究生会将其全部精力投入于此，从而放弃对学术的深入研究。除此之外，由于功利主义价值观的影响，研究生的学术道德和个人修养也会因此发生异化，如频繁爆出的研究生学术抄袭丑闻。功利主义价值观对于导学关系的维护产生了十分不良的影响。

（二）二元主体目标割裂的不良影响

研究生教育中，作为教育者的导师和作为参与者的学生的有效配合只能基于二者共同的需要和目标，一旦共同的目标破裂或无法达成，则健康良性的导学关系势必难以维系。常见的导学双方目标理念的割裂有以下几种具体表现。第一，导师追求教育目标，研究生追求非教育目标。导师潜心学术，希望能够带领学生提高学术造诣，因此会频繁督促学生并布置较多的学习任务。而对于部分学生来说，开启研究生生涯并不是因为对学术感兴趣，仅仅是为了提升学历；还有部分学生因为研究生学习方式与本科出现了强烈的差异而无法适应，失去了对学术研究的兴趣和热情。第二，导师追求非教育目标，研究生追求教育目标。研究生由于对所选择专业和方向具有浓厚的兴趣，渴望在导师的指导下进行更深入的学术探索，然而导师由于自身责任心不强、行政职务繁忙、功利主义取向等原因疏于对研究生的指导，致使双方难以协作前行。第三，研究生与导师的教育目标不一致。通常情况下，为提升研究生学术水平，导师会安排多项基础任务，旨在为之后的学术研究做积淀。而研究生为迫切获得短期成绩，希望能得到实质性近期回报，导致导学双方目标发生冲突。

（三）导学双方有效协同受阻的不利影响

导师与研究生之间的学术协同是健康导学关系建设的重要内容，然而调研数据显示，研究生与导师之间协同程度均不尽如人意，原因主要集中于三个方面。首先，导学双方间的“不了解”阻碍有效协同。一方面，由于导师与研究生之间在心理成熟程度、资讯丰富程度等方面的差异，产生认识上的相互“隔膜”。导师以自认为有效的方式对研究生的学业和生活进行干预，引发“不理解”的研究生的反感，破坏双方在教育过程中的有效协同。另一方面，对部分有独特性格特征和学习方式的研究生，“不理解”的导师难以以惯常的方式对其进行指导，有效协同难以展开。其次，导学双方各自的片面逐利行为破坏有效协同。导师片面追求自身发展和利益回报，缺乏对研究生的学术指导和德性引导。研究生仅仅将完成毕业条件作为学习目标，未能发挥自身的主观能动性，缺少学术创新精神，使得导学双方背道而驰、渐行渐远。最后，僵化刻板的导学文化影响有效协同。现实中某些导学关系有意无意地凸显不平等的导学文化氛围，导师在导学关系中居于绝对领导地位，习惯于以命令的方式支配学生完成相应任务，学生则在学习过程中迫于导师威严，不敢袒露内心想法，导致双方难以开展有效的协同互动。

（四）相关管理制度对健康导学关系的桎梏

教育管理制度是推动良性导学关系建设的重要保障，不适宜的管理制度则阻碍良性导学关系的建立。具体表现有二。其一，现有研究生招生培养制度不利于健康导学关系的建立。在研究生招生过程中，多数高校规定初试的卷面成绩在总考核成绩中占比超过 50%，而在复试当中，研究生与导师相处时间十分有限，近年来由于疫情影响，线上复试更使得导学之间难以对彼此进行深入了解。导学关系确立之后，在培养过程中部分研究生和导师会由于对方与自己心理预期不符而产生落差感，培养制度又往往限制了重新选择的机会。对于导师而言，招收的学生无论能力与性格是否合适，都必须接受并加以指导，对于研究生而言，无论导师是何种教育风格，是否适合自己，都只能听之任之。其二，高校教育评价机制不利于健康导学关系的建立。目前高校职称评定、绩效考核中对科研成果的权重赋分过高，使不少导师沦为“科研的奴隶”，在巨大的科研压力下，一些导师要么“雇佣”学生协助自己的科研，要么对学生的学术指导不闻不问。研究生为了具备毕业资格，需要按照规定完成一定数额的论文和课题，在替导师做科研“助理”的过程中自顾无暇继而心生不满。由于上述制度的不足，引发了导学关系异化，对良性导学关系的建设造成了严重的阻碍。

四 高质量发展视域下研究生导学关系建设的优化路径

（一）确立研究生教育高质量发展视域下的新型德育理念

人的全面发展是现代教育的根本任务，《教育部关于进一步加强和改进研究生思想政治教育的若干意见》中明确提出导师负有对研究生思想政治教育的首要责任，“要充分发挥导师在研究生思想政治教育中首要责任人的作用。”[①] 德育作为育人的关键环节之一，也是推动导学关系建设的动力源泉。为促进研究生教育高质量发展视域下的导学共同体建设，需要确立新型的德育理念。第一，强化师德师风，实现对研究生的高质量引导。在导学关系当中，导师是构建和谐的导学关系，促进德育发展的主体，导师作为教育者，在言传身教的过程中除了向学生传授专业知识与技能之外，其自身的价值观和思维品质也会潜移默化地被学生所吸收，因此第一要务是提高导师自身的道德修养。第二，创新教育方式，将智育与德育相融合。扎实的专业知识是促进研究生教育高质量发展的物质基础，良好的德性是促进研究生教育高质量发展的精神动力，只有实现二者的充分融合，才能够相互促进。在对研究生的教育过程中，导师应该注重培养其思维能力和创新意识，教会学生应该如何学习，在学术研究中能够做到静心钻研，在未知领域敢于大胆创新，在探索知识的过程中驱动德育的创新，在德育的创新中提升学习能力。第三，立足导学双方，构建德育共同体。为改善导学关系，推动导学共同体建设，应当促进导学德性的共同成长。对于研究生而言，应当明确自身的责任和义务，在开启新的学习阶段之时，需要主动与导师和课题组建立密切的导学关系，导学关系并不是导师与研究生的单向互动，而需要双方进行双向交流才能够实现教学相长，在德性的提升中推进导学共同体的构建。

（二）夯实研究生教育高质量发展视域下的双主体导学新格局[②]

新型导学关系的建构是导学新格局的地基和骨架，双方同为主体，视情况而交相主客易位和角色翻转。对于导学双方而言，按照各自作为主体的职责要求有必要在以下方面做实做优。就导师而言，首先应当夯实自身的专业能力。导师过硬的学术能力和丰富的学术资源是教育研究生的必备条件，为实现研究生教育的高质量发展，需要导师为研究生创造参与科研的机会，在参与中提升能力，丰富经验与见识。除此之外，导师组也应当不断提升专业化水平，集思广益创新教学模式。其次，导师应当夯实自身

---

① 覃鑫渊、任少波：《德育共同体：建构导学关系的新视野》，《学位与研究生教育》2021 年第 9 期。

② 胡洪武：《师生发展共同体：破解研究生导学矛盾新路径》，《研究生教育研究》2021 年第 4 期。

的管理能力。在对研究生的教育中，导师需要的不仅仅是专业知识的传授，更需要具备对课题组和学生的管理能力，学会打造一个目标一致、价值共享、作风优良的团队。将每一个学生视为独立的个体，摒弃传统的教学方法，根据不同个体的兴趣与差异因材施教，实施个性化管理。最后，导师应当夯实自身的责任意识。研究生教育作为我国国民教育体系中最重要的一环，是实现民族复兴的中坚力量，导师作为育人的主体，应当自觉将一定的精力投入到研究生的教学和德育上，确保能够及时有效地提供所需的学术指导和心理疏导。在培养过程中，重视对研究生学术道德和创新意识的引导，同时以身作则，带领整个团队共同发展。就研究生而言，一方面，应当树立起主体意识。转变思想观念，从被动学习到主动进取，学会带着批判的眼光看待问题，在学术研究中勇于探索、敢于创新，提高自身的素质水平。另一方面，研究生在学习的过程中，应当积极主动地与导师之间建立联系，学会带着问题与导师共同探讨，在学习的过程中提高自身水平。

（三）搭建研究生教育高质量发展视域下的新型对话方式

沟通是人与人之间传递信息、交流情感的直接通道，在研究生教育高质量发展视域下的导学共同体构建过程中，也需重视导学间的对话与情感互动。首先，导师应当主动关心学生，适时对学生当前的学习情况、日常生活与心理状态加以了解，尊重学生独立的人格。其次，研究生也同样应当主动与导师联系，积极向导师汇报近期的学习情况，遇到困难及时向导师寻求帮助，加强双方沟通，避免隐性冲突的产生。再次，要实现导学间有效的互动，需要构建新型对话渠道。当今互联网时代打破了时间与空间的限制，导学间可以通过创建多种网络沟通平台来实现信息的交流与互动。高校可以通过创设专门的网上交流平台，为师生之间提供思维碰撞、学术交流的空间，导学间可以通过定期开展网络主题组会、组建线上教研室等方式实现双方无障碍对话。最后，导学关系在不同的发展阶段应采用不同的对话方式以维系良性导学关系。在导学关系建立初期，导学间应当以从个体发展角度出发进行对话，导师应当明确学生个体能力的强弱、对学术的理解和未来的学业生涯规划，针对学生当前存在的目标不清晰、专业知识不扎实、学习方式不适应等问题进行引导，帮助学生尽快找到方向，开启学术探索之旅。在导学关系建立中期，导学间应当以引导和激励出发进行对话，导师应当鼓励学生提出自己的观点，充分调动其主观能动性，帮助学生建立起自信心和对学术研究的热情，提升学生的学业能力。在导学关系建立后期，导学间应当以自主和创新出发进行对话。在经历了前期与中期的彼此磨合，导学关系趋向成熟，导师可以适当放手，鼓励研究生进行自主创新，敢于试错并不断反思，导学双方在合作中实现共同成长。

（四）优化研究生教育高质量发展视域下的新型协作机制

研究生教育高质量发展视域下的健康导学关系的建设和维护需要以制度的改进作为保障。首先，适当延后导学双选时机并搭建导学互动的平台。在新生入学之后，应当给予导学双方充分的时间增进彼此的了解，可以通过日常授课、课后交流等方式让导师队伍和研究生之间彼此熟悉；个别导师不承担研究生课程教学无法借助直接交流途径的，可以通过学术交流会或答辩会来实现，确保在双选之前导学双方都能够熟悉对方的性格、能力、风格等要素。其次，导学双方作为主体，应当在权责上保持一致，一方面应当健全导师的岗位责任体系，规定导师对研究生指导的内容范围、指导频率和所需完成的成果标准。另一方面，规定研究生应当遵循的行为准则，对其进行全面的、动态的追踪考核，确保教育的有效性。最后，应当重视对研究生培养质量评价标准的优化。旧有的以论文篇数和课题参与数为指标的评价体系容易导致导学关系的异化，为加强导学间的德育建设，新的评价指标应当转为重点关注导师对研究生的学业指导频率、价值观引领状况和双方的有效沟通频次的考察，以及关注研究生的论文优秀率、社会适应性和学术创新性等指标。通过完善研究生高质量教育培养评价机制，促进导学双方教学相长，从而推动良性导学关系的建设与维护。

On the Building of the Tutor–Students Relationship from the Perspective of High–quality Development of Graduate Education

Gong Huilian He Sijunyu

Abstract: The building of the relationship between tutor and postgraduate students and of the community of them is of great significance to the high–quality development of graduate education. Influenced by many factors, the former is faced with practical difficulties such as absence of moral education, dual alienation, emotional barrier, and fuzzy power and responsibility system. As an important carrier to realize the goal of moral and intellectual education, the construction and optimization of the relationship between tutor and postgraduate students should take the establishment of new moral education concept first, consolidate the new pattern of dual–subject in tutoring and learning, and carry out targeted innovation on the interaction mode and cooperation mechanism within the tutoring and learning.

Keywords: the relationship between tutor and postgraduate students; high–quality development; moral and intellectual education

《西北高教评论》稿约

《西北高教评论》是由西北政法大学主办、中国社会科学出版社出版的以高等教育研究为主的学术刊物，计划每年出版两卷。

宗旨：恪守科学性、实践性、创新性、开放性原则，紧密围绕高等教育发展中的理论和实践问题，努力探索高等教育规律，研究发展趋势，把握难点热点，为提高高等教育质量和水平服务，为繁荣陕西省、西北地区和我国高等教育科学研究服务。

主要栏目：本刊主要面向高校教师、高等教育管理者、高等教育专业研究人员。主要栏目设置：[高教理论]、[高教发展]、[高校教学]、[高教管理]、[比较研究]、[高等教育资讯] 等栏目。

本刊致力于搭建高水平的学术探讨平台，所有来稿均以学术价值为用稿标准。

稿件规范：

（1）中英文题目及作者姓名。标题尽量确切、简洁；

（2）中英文摘要（不超过 300 字）；中英文关键词（3—5 个）；

（3）作者简介（含姓名、工作单位、职务职称、学历学位、研究方向、通信地址、邮政编码、联系电话、电子邮箱）。如果来稿系作者承担的省级以上科研基金项目，请注明项目来源、名称和编号；

（4）正文不低于 6000 字，鼓励深度长文；

（5）注释及参考文献一律采用当页脚注方式。注释：是对文内某一特定内容的进一步解释或补充说明。用圈码标注序号，采用当页脚注每页重新编号形式。著作类包括序号，著者：《书名》，出版社出版年，起止页码。论文类包括序号，作者：《题目》，《报刊名》出版日期或期号。不采用文末参考文献。

《西北高教评论》编辑部联系方式：

刊社地址：	西安市西长安街 558 号，西北政法大学长安校区，行政楼 A 座 319 室
信箱：	西安市西长安街 558 号西北政法大学长安校区 80 号邮箱（710122）
联系电话：	029-88182798
联系人：	宋老师
电子邮箱：	xbgjpl@ 126. com
网址：	http：//nwher. nwupl. cn
微信号